생각하고
배 우 고
성공하라

Think, Learn, Succeed
by Dr. Caroline Leaf

Copyright © 2018 by Dr. Caroline Leaf

Originally published in English under the title
Think, Learn, Succeed by Baker Books

P. O. Box 6287, Grand Rapids, MI 49516-6287

Korean translation Copyright © 2019 by Pure Nard
2F 16, Eonju-ro 69-gil, Gangnam-gu, Seoul

The Korean edition is published by arrangement with Baker Books
All rights reserved.

본 제작물의 한국어판 저작권은 Baker Books와의 독점 계약으로 한국어 판권은 '순전한 나드'가 소유합니다.
저작권자의 허락 없이 이 책의 일부 또는 전체를 무단 복제, 전재, 발췌하면 저작권법에 의해 처벌을 받습니다.

인생을 변화시킬 성공하는 생각습관 기르기
생각하고 배우고 성공하라

초판인쇄 | 2020년 5월 8일
초판발행 | 2020년 5월 15일

지 은 이 | 캐롤라인 리프
옮 긴 이 | 심현석

펴 낸 이 | 허철
총   괄 | 허현숙
편   집 | 김혜진
디 자 인 | 한영애
인 쇄 소 | 예원프린팅

펴 낸 곳 | 도서출판 순전한 나드
등록번호 | 제2010-000128
주   소 | 서울특별시 강남구 언주로69길 16, (역삼동) 2층
도서문의 | 02) 574-6702
편 집 실 | 02) 574-9702
팩   스 | 02) 574-9704
홈페이지 | www.purenard.co.kr

Printed in Korea

ISBN 978-89-6237-306-6

이 도서의 국립중앙도서관 출판예정도서목록(CIP)은 서지정보유통지원시스템 홈페이지(http://seoji.nl.go.kr)와 국가자료종합목록 구축시스템(http://kolis-net.nl.go.kr)에서 이용하실 수 있습니다. (CIP제어번호 : CIP2020015743)

생각하고
배우고
성공하라

캐롤라인 리프 지음 | 심현석 옮김

생각의 변화는 뇌의 변화로,
뇌의 변화는 삶의 변화로 이어진다!

인생을 변화시킬 성공하는 생각습관 기르기

THINK,
LEARN,
SUCCEED

이 책을 모든 사람에게 바친다.
왜냐하면 우리 모두가 학교와 직장과 가정에서
생각하고 배우고 성공해야 하기 때문이다.
더 이상 근근이 살아가지 말라.
우리 함께 넉넉히 살아가자!

추천사

캐롤라인 리프는 우리 삶에서 가장 중요한 이슈를 멋지게 이야기했다. 그것은 바로 우리가 마음으로 뇌를 통제한다는 사실이다. 당신은 마음으로 뇌를 통제하여 생각하고 느끼는 방식을 발전시킬 수 있다. 당신에겐 정신과 처방이 필요 없다. 당신은 얼마든지 현재의 고통을 이겨내고 만족스러운 삶을 향해 나아갈 수 있다.

피터 R. 브레긴, 정신과 전문의

지난 30년 가까이 신경학을 연구한 학자로서, 나는 전 세계 사람들의 정신건강이 크게 악화되고 신경생리학적 장애가 전염병처럼 번지는 것을 목격해 왔다. 사람들의 '생각하는 방식'도 30년 전과는 크게 달라졌다. 이러한 때, 캐롤라인 리프 박사의 신간은 매우 시의적절하다. 올바르게 생각하고 배우고 성공 하기 원한다면, 이 책을 반드시 읽고 공부해야 한다. 이 책에 소개된 방법들은 과학적 사실에 근거를 둔 실용적 도구이므로, 우리는 실질적인 효과를 기대할 수 있다.

로버트 P. 터너, 사우스캘리포니아 의학대학 임상신경 소아과 교수

당신이 처한 상황이 어떠하든, 당신에겐 긍정적 변화를 일으킬 능력이 있다. 캐롤라인 리프 박사는 서로 다른 사고구조들의 양자 효과를 통해 우리의 뇌가 변화되는 과정을 명쾌하게 보여 준다. 이 책이 건네는 지침을 따르면 당

신의 뇌가 변하고, 그 결과 성공적인 삶을 살게 될 것이다. 실패와 좌절감에 눌러앉지 말라. 이 책의 지침들을 실천하라. 그리고 승리하라!

티모시 R. 제닝스, DFAPA(미국 정신과의사 연합) 테네시 및 남부 정신과의사연합 전 회장

캐롤라인 리프 박사는 아름다운 마음과 놀라운 재능으로 소통하는 사람이다. 나는 상담가로서 또 세계 여러 나라 상담가들의 상담가로서, 이 책《생각하고 배우고 성공하라》를 강력히 추천한다. 생각하는 방식을 바꾸면 살아가는 방식도 바뀐다. 당신은 얼마든지 행복할 수 있다. 이 책은 독자 스스로 생각하는 방식을 바꿀 수 있도록 친절하게 안내하는 참으로 멋진 지혜의 보고이다!

팀 클린턴, 미국 기독교상담가연합 회장

정신과 의사로서 많은 이들을 상담하다 보면, 어떤 생각을 하고 사는지가 인생에 얼마나 큰 영향을 끼치는지를 절감하게 된다. 이것과 관련하여 이 책은 우리가 막연히 상상했던 것에 대한 실제적인 증거를 제시한다. 복잡한 뇌과학과 양자역학이 어렵게 느껴질 수 있지만, 찬찬히 읽어가다 보면 충분히 공감하고 동의하게 된다.

'단번에 성공하는 법', '인생역전' 같은 달콤한 유혹은 없다. 그런 종류의 책에 얼마나 많은 시간과 에너지를 소비하고, 기대와 좌절을 반복했던가. 진리는 단순하지만, 그 길은 좁다. 이 책은 거짓된 유혹 없이 성실하게 생각을 훈련하여 성공적인 삶을 살 수 있도록 구체적인 방법을 제시한다. 책을 읽는 동안 몇 번이고 저자가 제시하는 방법을 삶에 적용하고 싶은 갈망이 일었다. 나에게 선물처럼 다가온 이 책을 보다 나은 삶을 살기 원하는 모든 이들에게 기쁜 마음으로 추천한다.

지구덕, 정신과 전문의, 한서중앙병원 원장

감사의 글

이 책을 완성하기까지 많은 도움을 준 사랑하는 나의 가족에게 감사의 마음을 전한다. 원고 마감을 앞두고 6주 동안 한 팀이 되어 수고해 준 가족들 덕분에 가장 위대하고 정직한 비평가들인 네 명의 자녀들로부터 '가장 훌륭한 내용'으로 평가받는 책이 탄생하였다.

초고 원고를 보고 쓴 소리를 아끼지 않은 둘째 딸 도미니크 덕분에 부족한 점을 보완할 수 있었다. 도미니크의 놀라운 통찰력은 복잡하고 어려운 내용을 독자들이 이해하기 쉽게 풀어내는 데 많은 도움이 되었다. 나에 대한 신뢰와 사랑으로 조언을 아끼지 않은 도미니크가 정말 고맙다.

신학역사학 석사 과정 중인 큰 딸 제시카는 탁월한 편집 능력을 발휘해 주었다. 그야말로 마법과 같다. 심지어 나조차 또 읽고 싶은 생각이 들 정도로 완벽하게 편집해 주었다. 경이로운 능력으로 나에게 큰 도움을 준 제시카에게 감사의 마음을 전한다.

UCLA에서 영문학을 전공하는 제프리는 번뜩이는 아이디어로 이 책에 무게감을 더해 주었고, 책 제목을 정하는 데도 도움을 주었다. 그리고 같은 학교에서 생물학과 사회학을 공부하는 막내 딸 알렉시는 "엄마, 이 책은 내 친구들에게 꼭 필요해요. 하지만 그들이 원하는 내용을 좀 더 보충해야 할 것 같아요"라며 소중한 조언을 건넸다.

사랑하는 남편 맥에게 감사드린다. 그는 항상 내게 용기를 북돋워 주는 최고의 응원단장이다. 오랜 시간 경영 일선에 몸담았던 남편은 연륜이 묻어나는 놀라운 통찰력으로 내가 쓴 모든 글을 꼼꼼하게 살펴주었다.

나는 이 책 안에 과학과 삶을 한데 엮어 넣기 위해 임상실험 결과 및 교육계와 다양한 조직에서의 경험들을 비롯한 수많은 연구결과물을 가감 없이 기재했다. 이를 위해 많은 도움을 주신 여러 교수님과 멘토들에게 감사드린다. 특히 지난 30여 년간 친구로 지내면서 나의 실험 기술을 한층 발전시켜 준 브렌다 루 박사에게 깊이 감사드린다. 또한 함께 일했던 동료들, 실험에 참가해 준 모든 환자와 각지각처의 의뢰인들에게도 감사드린다.

내 연구논문 및 저서를 읽어 준 독자들, 컨퍼런스 참가자들, 그리고 TV와 유튜브 채널, 팟캐스트의 시청자와 청취자들에게도 감사드린다. 독자들에게서 받은 피드백이 얼마나 소중한지, 그 가치를 감히 논할 수 없다. 독자들 한 명 한 명이 건넨 조언은 이 책에 기록한 내용들을 재조직하고 날카롭게 다듬는 데 큰 도움이 되었다.

마지막으로 내가 쓴 책들을 이 세상에 널리 퍼뜨려 준 베이커 출판사의 채드, 마크, 패티, 린지, 에린, 콜레트, 데이브를 비롯한 모든 직원들에게 감사를 전한다. 오랜 시간 함께 작업한 나는 이들의 탁월함과 전문성을 인정하며 칭찬할 수밖에 없다. 참으로 앞으로가 더욱 기대되는 사람들이다.

나를 둘러싼 밤이라!
북극에서 남극까지, 온통 검은 그 밤에
나는 신에게 감사하리라!
불굴의 정신을 주셨음에

견디기 힘든 상황에도
움츠리지 않았고, 소리 내어 울지 않았다
휘몰아치는 운명의 뭇매에도
피범벅 된 머리를 조아리지 않았다

원한의 눈물 얼룩진 이 땅 너머로
또 다시 어둠의 공포가 그 모습을 드러내리
오랜 세월 재앙이 엄습하여도
나는 두려워 않네, 두려워 않으리

그 문이 좁아도, 신경 쓰지 않겠고
많은 형벌 도사려도, 괘념치 않으리
내가 내 삶의 주인이고
내 영혼의 선장기에

- 윌리엄 어니스트 헨리 '정복되지 않는'

(원제: Invictus - 역자의 번역)

목 차

추천사 · 5
감사의 글 · 7
서문 · 12
머리말 · 18

1부 —— 사고구조 가이드

1장 ◆ 성공하기 위해 생각하고 배우다	···	34
2장 ◆ 사색가 사고구조	···	50
3장 ◆ 통제 사고구조	···	62
4장 ◆ 말 사고구조	···	71
5장 ◆ 통제된 감정 사고구조	···	77
6장 ◆ 용서의 사고구조	···	85
7장 ◆ 행복 사고구조	···	91
8장 ◆ 시간 사고구조	···	98
9장 ◆ 가능성 사고구조	···	104
10장 ◆ 감사 사고구조	···	110
11장 ◆ 공동체 사고구조	···	114
12장 ◆ 도움 사고구조	···	119
13장 ◆ 건강한 스트레스 사고구조	···	124
14장 ◆ 기대 사고구조	···	128
15장 ◆ 의지력 사고구조	···	133
16장 ◆ 영적 사고구조	···	136

2부 —— 은사 프로파일

- 17장 ♦ 은사 프로파일의 목적 · · · 144
- 18장 ♦ 은사 프로파일 · · · 169
- 19장 ♦ 일곱 모듈의 특징 · · · 198

3부 —— 뇌의 스위치를 켜라 - 5단계 학습과정

- 20장 ♦ 학습이란 무엇인가? · · · 228

4부 —— 과학

- 21장 ♦ 기억이란 무엇인가? · · · 274
- 22장 ♦ 측지 정보처리 이론 · · · 302

에필로그 · 322
부록 · 326
주 · 328

서문

요즘 많은 사람들이 '내면 성찰'이나 '자기개발'과 같은 주제에 몰두한다. 그러나 다음의 질문에는 쉽게 답하지 못할 것이다.

"어떻게 해야 더 나은 생각을 품을 수 있는가?"
"어떻게 해야 나의 마음가짐이 삶에 도움이 되겠는가?"
"뇌도 건강해지고, 몸도 건강해지는 생활습관은 무엇인가?"
"어떻게 해야 이러한 생활습관을 장착할 수 있는가?"
"감정과 생각과 몸의 반응은 어떻게 통제해야 하는가?"
"어떻게 해야 감정·생각·신체 반응 개선을 위한 노력이 꾸준히 효과를 나타낼 수 있는가?"

답을 하든, 못하든 상관없다. 당신은 자신의 마음을 책임져야 하는 지휘관이다! 이 모든 것이 당신의 책임이다.

어떠면 당신은 "저는 저 자신을 책임질 수 있습니다!"라고 말하고 싶을 것이다. 물론, 말하는 것은 쉽다. 하지만 마음(생각)을 다스리는 일은 말처럼 쉽지 않다. 우리 삶의 전반을 좌우하는 것이 마음인데, 과연 이것을 어떻게 다스릴 수 있을까? 당신은 그 방법을 아는가? 좋은 약을 복용하면 될까? 적절한 식이요법을 사용하는 것은 어떨까? 특정한 목표치를 정하고, 그것을 달성하면 될까? 백만 명 이상의 팔로워를 거느린 인스타그램의 주인공이 되면 가능할까? 아니다. 이러한 방법으로는 마음을 다스릴 수 없다.

"당신에겐 엄청난 자원이 있습니다. 그리고 언제든 그 자원을 활용할 수 있습니다." 누군가 당신에게 이같이 말하면, 당신은 환호성을 지르며 흥분한 목소리로 물을 것이다. "정말요? 그 자원이 뭔데요?" 하지만 그다지 궁금해할 필요는 없다. 그것은 다름 아닌 마음이다!

우리의 마음은 매우 강력한 자원이다. 마음이 지닌 능력은 당신이 상상하는 수준 이상이다. 생각 하나만 바꿔도 지적 능력이 향상되고, 인지 행동의 질 또한 개선된다. 생각의 변화를 통해 정신적·신체적 생활 수준wellbeing 또한 나아질 수 있다. 이러한 내적 자원을 통제하면, 당신은 자신의 '현재'를 바꿀 수 있다. 게다가 과거의 사건들에 새로운 해석을 가할 수도 있고(새로운 해석의 틀로 과거의 일들을 재해석할 수 있다), 찬란하게 빛나는 미래를 기대할 수도 있다. 그렇다. 미래의 성공 여부는 현재, 자신의 마음을 어떻게 이해하고 활용하느냐에 달렸다.

사람들이 생각하고 느끼고 선택하는 방식은 저마다 다르다. 성공에 대한 정의도 제각각이고, 그 기준도 다르다. 그러나 이 책은 모든 사람이 성공에 이르도록 도와줄 것이다. 다시 말해서 당신이 중요하게 여기는 영역에서 의미 있는 성공을 거두도록 도와줄 것이다. 그 영역에서의 성공 경험은 당신의 삶을 향상시켜 줄 것이다.

나는 '자가 정신 케어'mental self-care를 주제로 삼아 이 책을 써내려 갔다. 이 책에 소개한 '자가 정신 케어' 방법을 시행하면, 당신은 다음과 같은 유익을 얻을 것이다. 첫째, 당신의 의식이 활성화된다. 둘째, 그 효과는 의식 차원에만 머물지 않고 '인식(인지 활동)의 변화'로까지 이어진다. 셋째, 인식의 변화는 유기적이며 지속적인 '삶의 변화'를 낳는다. 즉 자신의 '완전한 나'에 꼭 들어맞는 상태로 변화되는 것이다.

그렇다! 자가 정신 케어는 '의미 있는 삶'(학교와 일터와 삶의 다양한 영역에서의 성공)을 이끌어 낸다. 자신의 소명(매일 아침마다 당신이 잠에서 깨어야 하는 이유)을 찾는 핵심 방법 역시 자가 정신 케어이다. 오직 당신만이 '당신'이 될 수 있다. 당신은 찬란하고 멋지고 훌륭하다!

수천 명을 대상으로 자가 정신 케어를 시행한 결과, 나는 마음의 능력이 얼마나 대단한지를 몸소 확인할 수 있었다. 우리의 마음은 아래와 같은 능력을 지니고 있다.

- 효과적 학습을 가능하게 한다.
- 상황을 변화시킬 수 있다.
- 창조력을 향상시킬 수 있다.
- 기억력을 증진시키고, 그 기능을 개선시킬 수 있다.
- 감정조절 능력을 높일 수 있다.
- 각각의 감정(또는 스트레스)을 유익한 방향으로 작동시킬 수 있다.
- 지적 만족을 경험하게 한다.

당신이 학생이든, 그저 무언가를 배우려는 생각을 가진 사람이든 상관없다. 당신에겐 이 책이 필요하다.

직장에서 업무 성과를 높이기 원하는가? 집에서 가사를 돌보며 효율적으로 시간을 활용하기 원하는가? 일하는 부모로서 직장일과 집안일을 멋지게 해내기 원하는가? 그렇다면 당신에겐 이 책이 필요하다. 혹시 당신의 마음이나 기억력이 제대로 작동하지 않는가? 당신에게도 이 책이 필요하다.

우리는 생각하고 학습하는 존재이다. 우리는 매일 매 순간 무언가를 생각하고 배운다. 그러므로 꼭 한 번은 다음의 질문들을 스스로에게 던져야 한다.

"나는 무엇을 생각하고 배워야 하는가?"
"나는 어떻게 생각하고 배우는가?"
"현재 나의 사고방식과 학습방식은 '성공적인 삶'을 낳고 있는가?"

이 책에서 나는 세 가지 자가 정신 케어 도구를 소개할 것이다. 매우 실용적이고 과학적인 이 세 가지 도구를 활용하여 당신은 '성공적인 사고구조와 학습습관'을 자신의 삶에 정착시킬 수 있다. 성공적인 사고구조와 학습습관의 열매는 '지속적이고 장기적인 삶의 변화'이다.

나는 지난 30년 동안 이 세 가지 도구를 연구하고 개발하여 전 세계 수십만에 달하는 사람들에게 적용해 보았다. 그리고 그들에게서 아주 놀라운 효과가 나타나는 것을 두 눈으로 확인하였다.

자가 정신 케어를 위한 세 가지 도구는 다음과 같다.

1. 사고구조 – 사고구조(사고방식) 가이드

사고구조 가이드는 '우리의 사고구조가 뇌를 변화시키고 인식회복 능력을 증진시킨다'는 사실을 알려 주며, 또 어떻게 사고구조를 활용할 수 있을지도 알려 준다. 참고로 뇌의 변화와 인식회복 능력은 성공을 위한 필수 요소라고 할 수 있다.

2. 맞춤형 사고 – 은사 프로파일

자신에게 꼭 맞는 사고구조가 무엇인지 알려 주고, 이를 스스로 발견하도록 도와주는 도구이다. 자신이 생각하는 방식이 어떠한지 알려면, 먼저 자신만의 독특한 '정보처리 방식'을 이해해야 한다. 그렇게 자신이 어떻게 생각하는지를 알면, 이후 사고구조의 능력을 증진시킬 수 있다. 사고구조의 능력이 증진되면, 당신은 무언가를 아는 데서 멈추지 않고 그 지식을 통해 삶의 변화를 꾀하게 될 것이다. 다시 말해서, 말만 하는 것이 아니라 실제로 행하게 되는 것이다.

3. 학습 – 〈뇌의 스위치를 켜라 – 5단계 학습과정〉

나는 인간의 마음이 뇌를 활용하여 어떻게 정보를 처리하는지 살펴보았다(뇌가 생각을 지배하는 것이 아니라 마음의 생각이 뇌를 지배한다). 이 사실을 근간으로 개발한 테크닉이 바로 5단계 학습과정이다. 이 도구는 기억력 증진과 효과적 학습을 돕는다.

우리의 뇌는 끊임없이 성장한다. 우리가 '개인 맞춤' 방식으로 생각하기 시작하고, 건강한 기억들을 하나하나 구축해 나갈 때, 생각의 힘은 삶의 변화(성공)에 박차를 가한다. 사고구조에는 '힘'이 담겨 있다. 우리가 개인 맞춤 방식으로 생각할 때, 이 힘이 활성화된다. 5단계 학습과정은 이 힘을 더욱 증폭시켜 장기적·지속적 변화를 이끌어 낸다.

이 강력한 도구들은 당신의 기억력, 학습능력, 인지행동, 지적 행동, 업무 능력, 신체활동 능력, 대인관계 기술, 감정적 건강 유지 및 발전에 도움을 준다. 이제 당신은 '생존 모드'의 삶을 끝내고 '성공 모드'의 삶을 시작하게 될 것이다.

머리말

당신은 성공하고 있는가? 아니면 근근이 살아가는가?

오늘날, 우리는 엄청난 양의 정보를 손쉽게 얻는다. 그러나 정작 중요한 것은 정보의 습득이 아니라 '처리' 과정이다. 그 많은 정보를 어떻게 처리해야 학교, 일터, 가정에서 성공적인 삶을 영위할 수 있을까? 안타깝게도 그 방법을 아는 사람은 거의 없다. 그러므로 시간이 흐를수록 '무엇을'(습득된 정보)과 '어떻게'(정보처리 방법)의 간극은 점점 커져 간다.

기술혁명은 우리의 정보이해 능력, 정보처리 능력을 크게 신장시켰다. 하지만 그 동일한 기술혁명이 우리의 정보이해·정보처리 능력에 걸림돌이 되어 온 것도 사실이다. 클릭 한 번이면, 우리는 어디든 접속할 수 있다. 하지만 아이러니하게도 사람들의 삶은 점점 더 고립되어 간다. 솔직히 말해, 이 시대를 살아가는 우리는 어떻게 생각하고, 어떻게 배워야 하는지 알지 못한다. 사고 능력을 잃어버린 우리에게 기술혁명은 학교, 기업, 기관, 가정에서의 문제를 증폭시킬 뿐이다. 예외는 없다. 이것은 전 세계가 앓고 있는 '정신건강' 문제이다.

지금 전 세계적으로 학습 곤란, 부적절한 사회화, 정신건강 저하, 고독 등이 전염병처럼 아주 빠르게 번지고 있다. 게다가 이로 인한 사망률은 비만으로 인한 사망률보다 높다.[1] 이러한 상황이 속출하자, 학계는 인간의 '사고 능력'을 재평가하기 위해 분주하다.

그동안 부모들은 자녀가 무작위로 정보를 습득하여 시험에서 100점을 맞으면 이를 자랑스레 여겼고, 이에 자녀들은 자존감을 느꼈다. 하지만 지금은 그럴 때가 아니다. 지금은 공동체적 지혜(사회 통상적 지혜)의 중요성을 인식하여 "왜 인간은 배워야만 하는가?"라는 질문에 답해야 할 때이다.

한 가지 예를 들겠다. 오늘 당신은 트위터에 올라온 140문자 포스팅들을 읽느라 엄청난 양의 시간을 소비했을 것이다. 그러나 그 글들이 당신을 '깊은 사고'deep thinking로 인도했는가? 아니다! 결국 오랜 시간을 들였지만, 당신은 생각(마음)의 만족을 누리지 못했다. 이제 이와 같은 미디어들이 우리의 삶에 어떤 피해를 주는지 이해하겠는가? 당신은 이에 맞설 수 있는가?

퍼즐 조각은 퍼즐판에 맞춰 넣을 때 비로소 의미가 있다. 퍼즐 조각을 수집하는 데서 멈추면 무슨 소용이 있겠는가? 정보도 마찬가지이다. 정보 조각들을 맞추지 않고 수집하기만 한다면, 지적知的 성장은 미미할 것이다.

그러나 우리 사회는 질보다 양을 추구해 왔다. 위에 언급한 문제들은 질보다 양을 추구해 온 결과, 우리가 맞닥뜨리게 된 참사이다. 바로 지금 그 참혹한 현상들이 사회 전반에 걸쳐 현저하게 나타나고 있다. 선진국들은 너나 할 것 없이 ADHD(주의력결핍 과잉행동 장애증상)의 만연에 골머리를 앓고 있다. 이러한 증상이 세대를 가리지 않고 나타나기 때문에 심지어는 'ADHD 전염병'이라고까지 부른다.[2] 나이가 많고 적음을 떠나 너무나 많은 사람들이 제대로 집중하지 못하고 학습 곤란을 느낀다. 또 배운 내용을 기억하지 못하고 깊게 생각하는 것을 어려워한다. 더 큰 문제는 이들 대다수가 정확한 진단을 받지 못한다는 것이다. 병원을 방문하면 의사는 그들에게 "생리적인 문제입니다. 특정 호르몬이 부족합니다"라며 치료제로 뇌를 망가뜨리는 물질을 처방해 준다. 이것은 엄연한 오진이고 오판이다.[3]

지금껏 우리는 이 사회가 안고 있는 문제들 중 무엇 때문에 이러한 현상이 나타났는지, 또 사회의 어떤 시스템 때문에 사람들 안에 병적인 사고패턴이 구축되었는지 묻지 않았다. 다만 ADHD와 같은 정신질환을 앓는 개개인에게(더 정확히 말하자면 그들의 뇌에) 책임을 떠넘기며 그들을 비난해 왔을 뿐이다. 말하자면, 개개인을 '사회 환경'(사회적 전후 상황)으로부터 완벽하게 분리한 채, 문제를 진단하려 했던 것이다.

오늘날 사람들은 질병이나 장애를 개인의 문제로 규정하고 각 사람에게 책임을 묻는 데 빠르다. 그러나 사회 전반적으로 어떤 일들이 발생하고 있는지, 또 특정 문제에 대해 어떤 지혜를 적용하여 해결할지에는 관심이 없다. 문제의 크기와 상관없이 우리는 속수무책이다.[4]

이러한 환경 속에서 우리의 삶은 생산자동화 및 인공지능AI 의 위협까지 받고 있다. 실제로 인공지능의 도전은 두려워할 만하다. 그동안 기계는 사람이 해왔던 일들을 빼앗아갔다. 지금도 수많은 직업군이 사라질 위기에 처해 있다. 인공지능은 더 이상 실리콘밸리만의 트렌드가 아니다. 심지어 옥스퍼드 대학의 인문학 학자들마저 인공지능 시대의 무서운 도전을 예견하고 있다.[5]

자동화 시스템이나 인공지능의 출현이 가져올 사회적 파급 효과에 대한 연구는 많다. 하지만 안타깝게도 우리는 잘못된 질문을 던져 왔다.

물론, 산업 전반에 걸쳐 자동화 시스템이 구축되면 우리의 일자리가 줄어드는 것은 사실이다. 그러나 이것은 그리 심각하게 걱정할 문제가 아니다. 그동안의 연구가 이 문제에만 집중되었는데, 참으로 안타까운 일이다.

'자동화'에 대해 정작 우리가 고민해야 할 문제는 따로 있다. 그것은 바로 자동화가 우리의 사고방식을 바꿔 놓는다는 것이다. 이를테면 인간을 생리적 자동화기계로 간주하는 등, 자동화 시대에는 우리의 사고 속에 비인간화_dehumanization_ 과정이 급속도로 진행될 것이다. 언제나 그렇듯 변화가 항상 '좋은 쪽'으로만 이뤄지지는 않는다.[6]

기술 혁신은 우리가 생각하고, 배우고, 대인관계를 맺고, 일상의 문제를 해결하는 능력에 어떤 영향을 끼쳤는가? 기술 혁신으로 인해 오늘날 일(노동)을 구성하는 요소는 어떻게 달라졌는가? 현재 우리가 일하는 방식을 일이라고 말할 수 있는가? 우리는 무엇을 배우고 있는가? 교육의 목적은 무엇인가? 우리의 사고구조는 어떻게 바뀌고 있는가?

기술 혁신이 우리의 사고체계를 어떻게 바꾸는지, 간단한 예를 들어 설명해 보겠다. 종이 책을 읽을 때, 우리의 뇌는 책 속에 담긴 정보를 추상적으로 또는 종합적으로 해석·처리하곤 한다. 그러나 태블릿 PC나 노트북 컴퓨터 등의 디지털 플랫폼을 사용하여 전자책을 읽을 때, 우리의 뇌는 전체 그림보다 세부내용에 집중하는 경향이 있다.[7] 기술 혁신에 따른 '읽기 행위'의 변화가 인간 두뇌의 정보 해석 및 문제해결 능력에 변화를 준 경우라 할 수 있다.

다음은 세계경제포럼_World Economic Forum_ 보고서에 실린 내용이다. 2013년 〈하버드 경영 리뷰〉_Harvard Business Review_지는 여러 분야의 전문가

12,000명을 대상으로 "자신의 직업을 중요하게 여기는가?"를 주제로 설문조사를 실시했는데, 약 50%에 달하는 사람이 "내가 하는 일에서 나는 아무런 의미도 발견하지 못한다," "나는 내 직업을 중요하게 여기지 않는다"고 대답했다고 한다.[8]

어떻게 해야 '지식'을 중요한 것으로 여길 수 있는가? 무엇이 '일'을 '소명'으로 바꾸는가? 왜 사람들은 "당신은 무슨 일을 하십니까?"라고만 물을 뿐 "왜 그 일을 하십니까?"라고는 묻지 않는가? 어떻게 해야 A지점(지식)에서 B지점(중요성)으로 이동할 수 있는가? 이러한 질문을 받으면, 우리는 으레 움츠리기 마련이다. "정보의 볏단 속에서 '지혜'라는 바늘을 어떻게 찾으란 말인가?" 하지만 우리는 인간이기 때문에 이러한 질문을 던져야 한다.

우리가 생각하고 배우고 가르치고 치료하고 사색하는 까닭은 '더 나은 세상'을 만들기 위해서이다. 물론 여기에는 더 나은 세상의 핵심 가치인 '인간성'(인간다움)과 '공동체성'(서로서로 연결됨)이 가미되어야 한다. 저널리스트인 루트거 브레그먼은 'TED 강연' 중 유창한 말솜씨로 이같이 말했다. "지금껏 우리는 쓸모없는 직업을 얻기 위해 오랜 시간 교육을 받아 왔습니다. 그러나 미래에는 '삶을 잘 살기 위해' 교육을 받게 될 것입니다. 저는 그러한 미래가 올 것이라 확신합니다."[9]

잘 사는 삶, 성공하는 삶, 이것이 바로 '자가 정신 케어'이다. '잘 사는 삶'으로의 여정은 오래전에 인류가 시작했던 여정이다. 솔직히 말해 보자. 당신은 '잘 사는 삶'을 원하지 않는가?

흔히들 삶의 향방은 한 가지 유일한 요인에 의해 결정된다고 생각한다. 어떤 사람은 사회가 그 요인이라 말한다. 또 어떤 사람은 인간의 뇌가 삶의 향방을 결정한다고 생각한다. 그러나 사회도 아니고, 뇌도 아니다. 아니, 유일한 요인 같은 것은 없다. 우리는 이 사실부터 이해해야 한다.

당신에겐 생각할 능력, 배울 능력, 사회적 제약을 넘어 성공에 이를 능력이 내재한다. 그런데 왜 당신은 성공하지 못하는가? 이 능력을 저해하는 방해물이 무엇인지 아는가? 바로 당신의 '생각'이다!

인스타그램에 올라온 수많은 사진들을 훑는 동안 갑자기 '내 삶은 평균 수준에도 못 미치는구나'라는 생각이 불현듯 떠올라, 사고기능 자체가 마비되었던 경험이 있는가? 직장 동료나 상관들 앞에서 자신도 모르게 의기소침해졌던 경험이 있는가? 영화 '악마는 프라다를 입는다'의 메릴 스트립과 같은 상사가 당신에게 소리 지를 때, '나는 지금 책임감 있는 어른이 되어 가는 중이야. 어른들은 모두 이와 같이 의미 없는 일을 하잖아?'라며 스스로를 위안해 본 적이 있는가?

'그래, 이 하찮은 삶이 내가 바랐던 삶이지, 뭐' 하며 푸념한 적이 있는가? 떨어질 것이 확실해 보이는 시험인데도 어쩔 수 없이 치러야 했던 적이 있는가? 그렇다면 시험을 준비하는 내내 정신이 나가 버리는 두려움을 제대로 맛보았을 것이다. 당신은 매일매일 해야 할 일들에 이리 치이고 저리 치이며 살아가는가? 이 모든 상황 속에서 우리의 가장 큰 적은 남이 아니라 바로 나 자신이다!

당신이 지닌 생각하고, 느끼고, 선택하는 능력은 선천적으로 강력하다. 또한 쉽게 회복될 수 있다. 이 모든 것이 당신의 '마음'에 달렸다. 자신이 처한 사회·문화적 상황을 정확히 진단하고 생각의 힘을 올바르게 인식할 때, 당신은 자신의 과거를 다시 정의할 수 있고, 현재를 새롭게 인식할 수 있으며, 찬란한 미래를 기대할 수 있다.

신경중심성과 신경에 대한 오해

실험실 밖으로 나가라. 각종 소셜미디어 SNS를 끊어 보라. 그러면 우리가 사는 세상이 매우 역동적이고, 복잡하게 얽혀 있으며, 점점 발전해 나간다는 사실을 금방 알게 될 것이다. 이 세상은 우리의 도움을 절실히 필요로 한다. 지금은 우리 모두가 교육, 노동, 일상의 영역에 각자의 라이프 스타일을 적용해야 할 때이다.

현대 문명은 인간의 사고와 학습을 방해해 왔다. 이를 극복하려는 노력의 일환으로 사람들은 신경과학에 주목했다. 그래서 최근 몇 년 동안, 신경과학이 큰 인기를 끌었다. 심지어 거의 모든 단어에 '신경' neuro이라는 접두어가 붙었다. 이를테면, 신경교육 neuroeducation, 신경리더십 neuroleadership, 신경영성 neurospirituality 등이 그렇다. 어떤 교육과정이나 학습 프로그램이든 '신경'이라는 접두어가 붙으면 이상하게도 대중의 신뢰도가 높아졌다. 이러한 이유로 책 제목에까지 '신경'이란 접두어가 오르곤 했다.

이처럼 신경과학에 대한 관심이 높아지면서 '신경'에 대한 오해와 맹신 역시 커지기 시작했다. 사람들은 '신경'에 집중하면 창조력과 상상력이 증진될 것이라 기대했다. 하지만, 이 같은 접근 방식은 오히려 창조력과 상상력을 저해할 뿐이었다. 사람들은 신속한 답, 모호하지 않은 해석, 명쾌한 설명을 갈망했지만, 안타깝게도 그들의 성급한 갈망 때문에 신경에 대한 오해만 속출했다. 모든 문제의 해결책을 신경에서 찾으려고 하니, 그럴 수밖에 없는 것이다.

이 같은 맹신은 그릇된 해석을 도출했다. 그럼에도 신경에 대한 맹신은 각종 대중매체를 통해 확산되었다. 이들 매체의 영향으로 인해 사람들의 인식 속에 지속적인 편견이 구축되었는데, 이것은 매우 심각한 문제이다.

사람들은 사회 전반에 걸쳐 대두되는 문제를 신속하게 해결하기 원하며, 각계각층의 다양한 요구까지 충족하기를 원한다. 이를 위한 노력의 일환으로 그들은 복잡한 인간의 본성을 단순한 '신경생리학'으로 치환·설명하였다. 그러나 '단순화'는 결코 해결책이 될 수 없다. 오히려 이러한 단순화는 오해와 오인(誤認)을 낳을 뿐이다. 그리고 오인은 학습 실패, 교육 실패, 경영 실패로 이어졌다.[10]

우리는 각 사람의 생각을 살펴야 한다. 각 사람의 생각이 중요하다. 각자가 자신과 국가, 전 세계에 대해 어떤 생각을 갖고 있는지 진지하게 살펴야 한다. 왜냐하면, 대중은 기업들의 야비한 마케팅 전략이나 언론 플레이, 정치가들의 감언이설에 쉽게 놀아나기 때문이다. 기업과 정치가들이 주로 사용하는 전략이 바로 대중의 오해(맹신)이다. 그들은 소위, 무지한 대중을 속이기 위해 '기만'이라는 방법을 사용하여, 심지어는 민주정치의 뼈대까지 흔들어 버린다.

그렇다면 신경에 대한 맹신(신화)은 무엇인가? 간단히 말해 뇌와 관련하여 대중에 널리 퍼진 일반적 오해를 말하는데, '신경신화'라고도 한다. 이러한 신화를 덥석 물어 버릴 경우 학습, 교육, 업무, 일상에 대해 그릇된 개념을 갖게 된다. 연구자들은 교육가, 일반 대중, 그리고 신경과학을 공부한 학위 수여자들을 대상으로 그들이 어떠한 '신경신화'를 믿고 있는지 조사했다.[11] 조사 결과는 놀라웠다. 소위 무지한 대중, 교육가, 심지어 신경과학자들마저 신경신화를 확고히 믿고 있었다!(신경과학을 공부했다고 해서 '믿을 만한' 심리학자나 교육가가 되는 것은 아니다)

조사 결과는 우리가 뇌 관련 정보를 다룰 때, 해석상의 '오류' 가능성이 크게 대두될 수 있음을 시사한다.[12] 한 가지 예를 들어 보자. 어떤 현상이 발생할 경우, 사람들은 이에 대한 요인이 하나뿐일 것이라고 생각하는 경향이 있다. 즉, 특정 현상과 그에 대한 원인이 1대 1로 연결된다고 생각하는 것이다. 이러한 접근 방식을 채택하는 것은 인간의 행동양식이 복잡다단하다는 사실을 크게 간과하기 때문이다. 우리의 삶을 구성하는 집중, 추론, 기억, 학습 등의 인지 또는 메타인지 영역에서의 활동은 대단히 복잡하다.[13]

조사 결과, 사람들이 가장 많이 믿는 신경신화는 "자신이 선호하는 특정 학습 스타일로 정보를 취득할 경우, 학습의 질은 더 나아진다"는 것이다. 얼핏 보면 아무 문제없는 말 같지만, 이것은 엄연한 오류이다. 나는 17-18장에서 왜 이 '맹신'이 오류이고 신화인지 과학적 근거를 곁들여 설명하고, 또 각 사람이 어떤 방식으로 독특하게 생각하는지를 설명할 것이다. 나는 이 분야에서 30년 넘게 연구하며 가르쳐 왔다.

물론 과학은 시행착오를 통해 발전한다. 하나의 이론이 정립된 후 새로운 현상이 나타나면, 그것이 이론을 확고히 다져 주거나 변형시키거나 아예 반박해 버리는 식이다. 불행히도 과학은 이처럼 무질서한 방법으로 발전할 수밖에 없다. 게다가 확증되지 않은 가설은 언제든 '신화'로 변질될 가능성을 내포하고 있다. 대중에 퍼진 '거짓 믿음'은 과학의 진보를 통해 근본적으로 폐기된다. 하지만 사회 전체가 이를 폐기하기로 합의할 때까지 신화는 계속 퍼져나갈 것이다. 심지어 주요 기관과 단체들은 이를 핫이슈로 삼고 일종의 '세계관'으로까지 드높일 것이다.

나는 신경과학자로 살아온 기간 내내 신경신화를 대적했다. 그중 30년 넘도록 반대해 왔던 두 가지 신경신화가 있는데, 하나는 '좌뇌·우뇌 이론'이고, 또 다른 하나는 '학습 스타일 이론'이다. 나는 켈리 맥도널드와 로렌 맥그래스의 '신경신화 연구'에 감사를 표한다.[14] 맥도널드와 맥그래스가 확인한 또 다른 신화로는 '모차르트 효과', '난독증', '사람은 뇌의 10%밖에 사용하지 못한다는 설', '설탕이 집중력에 미치는 영향' 등이 있다. 이들은 이러한 고전적 신경신화들이 한데 뭉쳐지는 경향이 있음을 발견했다. 즉 하나의 신화를 믿으면, 다른 신화들을 차례로 믿게 된다는 것이다. 나 또한 교육가들, 정신건강 전문의들과의 공동 연구를 통해 이것이 사실임을 확인했다. 사람들이 굳게 믿는 '신경신화'를 '오류'로 확신시키고 그들의 사고구조를 바꾸는 일은 결코 쉽지 않았다.[15]

'기억'에 대한 신경신화 역시 넘쳐난다. 기억은 학습 영역뿐 아니라 삶의 모든 영역에 꼭 필요한 요소이다. 하지만 기억은 허무맹랑한 입소문(판타지와 오류)의 주된 주제이기도 하다. "기억력을 증진하라!", "기억 용량을 키우라!", "신속하게 기억(암기)하는 법!" 등은 다양한 학습 프로그램과 스마트폰 어플리케이션과 각종 도서, 의약품이 내세우는 광고 슬로건의 전형이다. 이러한 광고 슬로건은 기억을 단순한 정보 정도로 취급한다. 그러나 기억은 매우 복잡하다. 그리고 기억에 대한 연구는 아직 미미한 수준이다.

학계는 기억을 집중적으로 연구해야 한다. 장기기억 형성 과정, 습관의 형성 과정에는 많은 시간이 걸린다. 이를 발전시키려면 많은 노력을 기울여야 한다. 기억 형성에 지름길은 없다. 간단한 해결책도 없다. 그러니 기억의 신경신화를 전면에 내세운 상술에 속지 말라.

요즘 컴퓨터를 기반으로 한 기억 훈련 프로그램(상업 프로그램)이 유행하고 있다. 안타깝게도 이러한 프로그램은 신경중심(맹신)적 접근법에 기반을 두고 있다. 그럼에도 판매자들은 이러한 프로그램이 ADHD, 난독증, 언어장애, 학습장애, 치매, 정신질환을 비롯한 다양한 증상의 치료에 도움이 된다고 주장한다. 심지어 어떤 프로그램은 IQ와 EQ 지수를 높여 준다고까지 광고하지만, 결국 '신경신화'일 뿐이다.[16] 그럼에도 전 세계 곳곳의 교육 기관과 진료소에서 이러한 프로그램을 사용하고 있다.

대부분의 프로그램은 디지털 플랫폼을 사용하여 체험서비스를 제공하기 때문에 참가자들은 직접 '기억테스트'를 시행해 볼 수 있는데, 참가자들이 풀어야 할 문제들은 매우 어려운 수준이다. 그러므로 이 같은 '두뇌 게임' 프로그램을 시행할 경우, 단기기억이나 뇌의 감각 기술이 소폭 상승할 수 있다. 이것은 실제 관찰된 결과이다. 하지만 이러한 변화가 '깊은 생각'이나 '인식 능력'의 진보로 이어지지는 않았다(즉, 성공을 보장하는 행동의 변화를 일으키지는 못했다).[17] 기억력 훈련 게임(프로그램)으로 소폭 증진되는 지적 능력은 논리 추론, 문제해결 능력, 현명한 선택 능력과는 아무 관련이 없다.

반면, 깊은 사고를 통해 학습하고 기억을 구축하는 정신 훈련(이 책에 기록된 훈련 방법)은 오랫동안 생존할 뉴런의 개체수를 크게 증가시켜 준다. 특히 훈련의 강도가 강할수록 이러한 현상이 뚜렷하다.[18] 수지상돌기를 지닌 뉴런들이 오랫동안 생존한다는 것은 곧 의미 있는 기억들이 장기기억으로 전환되는 것을 의미한다(수지상돌기는 기억의 저장소이다).

미국 심리학회American Psychological Association, APA에서 펴낸 연구 자료는, 기

억력 게임으로 시행하는 '작업 기억'working memory 훈련('작업 기억'은 감각기관을 통해 들어온 정보들을 일시적으로 저장하는 인식 시스템이다 – 역자 주)이 학습장애로 고생하는 어린이들에게 그리 효율적인 치료 방법이 될 수 없음을 말해 주고 있다.[19] 마찬가지로 이 같은 기억 훈련은 건강한 성인이나 아동에게서도 극히 제한적인 효과만을 거둘 뿐이다. 사람들은 이 훈련을 통해 더 나은 학습 성과를 얻고 지성과 인식 능력이 증진되기를 기대하지만, 그 효과는 미미하다.[20]

대다수 기억 훈련 프로그램의 효과는 기계적으로 저장한(암기한) 기억을 일부 활용하는 정도이다. 그러니 총체적인 이해나 종합적 사고의 증진은 기대할 수 없다. 아니, 오히려 저하된다! 왜냐하면 우리는 모든 것을, 혹은 아무것이나 기억하도록 설계된 존재가 아니기 때문이다. 우리는 '성공'에 필요한 것들을 기억하도록 설계된 존재이다! 성공에 필요한 것은 총체적 사고, 깊은 이해, 집중력 등이다. 우리는 무엇을 배워야 하고, 또 어떻게 배워야 할지를 배워야 한다.

나는 이 책의 20장에서 '의미 있는 기억'을 어떻게 구축할 수 있는지, 그 방법을 설명할 것이다. 참고로, '의미 있는 기억'이란 지성을 높일 뿐 아니라 뇌의 건강을 증진시키고, 또 사고과정의 복잡성을 반영하는 기억을 뜻한다.[21]

기억을 증진시키는 방법은 많다. 그러나 시중에 떠도는 방법은 특정한 기억에만 유효하다. 이를테면 연상법이나 동일한 자극을 여러 번 주는 반복 자극법 등이 이에 해당한다. 하지만 나는 어떻게 해야 중요하고 유용한 기억을 총체적으로 구축할 수 있을지 알려 줄 것이다. 또 어떻게 해야 학교와 직장과 가정에서 성공할 수 있을지에 대해 가르칠 것이다.

내가 담당했던 환자들처럼 일단 마음 사용법을 배우면, 당신은 의미 있는 기억을 구축할 수 있다. 게다가 문제해결 능력과 인식의 유연성도 눈에 띄게 좋아질 것이다.

우리의 사고방식은 지성과 감성과 인식 능력과 신체적 웰빙에 지대한 영향을 미친다. 이를 말해 주는 명백한 증거들이 점점 더 많아지고 있다. 개인의 생각은 개인이 할 수 있는 일들을 제한하기도 하고, 능력 이상의 일을 너끈히 수행하도록 자유롭게 풀어 주기도 한다. 참으로, 우리의 능력은 우리의 생각에 달려 있다. 자신의 능력을 제한하는 대신, 확장하는 쪽으로 사고구조를 선택하라. 그러면 당신은 더 큰 지적 만족, 감정적 조화, 정신건강, 신체건강을 얻게 될 것이다.

문제는 '어떻게'이다. 어떻게 해야 하는가? 어떻게 해야 생각의 힘을 통제하여 '깊은 생각'을 이끌어낼 수 있는가? 어떻게 해야 학습에 집중할 수 있는가? 빠르게 변화하는 디지털 시대에 어떻게 해야 인생의 의미를 느낄 수 있는가? 어떻게 해야 성공할 수 있는가?

지난 30여 년 동안 나는 ADHD, 자폐, 치매, 학습장애, 감정조절 장애 등을 진단받은 3천 명 이상의 어린이, 십대 청소년, 성인들에게 문제해결 방법과 사고방식 개선 방법을 가르쳤다. 직업상의 경험 및 나의 개인적 체험은 물론, 내 책을 읽은 독자들의 간증, 내가 출연한 TV쇼 시청자들의 피드백은 동일한 사실을 말해 준다. 그것은 "깊게 생각하는 법을 배우면 우리가 '생각한'(계획한) 모든 것을 해낼 수 있다"[22]는 것이다. 당신은 '올바르게 배우는 법'을 배울 수 있다!

누가 뭐라고 말하든 상관없다. 당신은 얼마든지 배울 수 있다. 당신은 얼마든지 성공할 수 있다. '자가 정신 케어' 방법을 배우고, 탐구하고, 이해하고, 마스터하라. 그러면 '생각한 것' 이상으로 발전할 것이다. 게다가 새로이 장착된 사고구조를 통해 당신은 이웃과 공동체와 국가와 세상을 변화시킬 수 있다.

1부

사고구조 가이드

1장

성공하기 위해
생각하고 배우다

사고구조$_{mindset}$는 한마디로 '태도'이자 '생각 덩어리'이다. 각각의 생각에는 특정 '인지'$_{perception}$를 유발하는 '정보'와 '감정'이 달라붙어 있는데, 이러한 생각들의 덩어리를 가리켜 '사고구조'라 한다.

사고구조는 세상을 바라보는 관점(세계관)이다. 또한 세상과 교류하는 방식이다. 어떤 사고구조를 지녔느냐에 따라 당신은 꿈을 성취하며 진보할 수도 있고, 꿈을 포기한 채 퇴보할 수도 있다. 또한 사고구조에 따라 삶에 대한 당신의 기대(무엇을 기대하고, 얼마나 기대하는지)도 달라질 것이다. 자신 안에 어떤 사고구조가 형성되었는지 살펴보라. 형성된 사고구조에 의해 당신은 긍정적인 기대를 안고 살거나 부정적인 기대를 안고 살아갈 것이다. 이처럼 사고구조는 매우 중요한 정신적 자원이자 '힘'의 원천이다.

매일 매 순간 우리의 뇌와 몸은 생각에 반응하며 변화한다. 사실, 뇌와 몸의 변화는 생각에 대한 물리적(물질적) 반응이라고 할 수 있다. 그런데 이 과정에서 당신의 사고구조가 생각에 풍미를 덧입힌다. 그러므로 사고구조(생각 덩어리)에 의해 당신의 뇌와 몸이 이로운 방향 또는 해로운 방향으로 변화한다고 할 수 있다.

그런데 이 같은 사고구조를 통제하는 것은 바로 당신 자신이다! 사고구조는 처음부터 내장되어 있는 기능이 아니다. 당신의 몸과 뇌가 (이로운 쪽으로든, 해로운 쪽으로든) 어떤 방향으로 변화될지는 오로지 당신의 선택에 달렸다. 일단, 사고구조가 어떻게 생각을 형성하고, 또 어떻게 생각을 변화시키는지 이해해야 한다. 그러면 생각에 의해 뇌의 구조가 바뀐다는 사실도 쉽게 이해할 수 있다.

살면서 우리는 여러 가지 선택을 한다('선택'과 '결정' 행위는 사고구조의 영향을 받는다). 그리고 뇌는 우리가 내린 결정과 선택에 반응하며 변화한다. 감정적으로 고갈되었든, 마음이 혼란하든 상관없다. 마음이 뇌를 지배하는 것이지, 뇌가 마음을 지배하는 것이 아니다. 우리는 생태 biology (생리 또는 유전)에 조종당하는 존재가 아니다.[1]

우리가 생각하는 동안 에너지 파동이 발생하고, 에너지 파동에 의해 우리의 뇌가 변화(변형)된다. 뇌의 변화 과정을 세분해 보자. 일단, 생각이 유전자 발현을 일으킨다. 그리고 유전자 발현을 통해 뇌의 구조가 바뀌며, 이 과정에서 신경전달물질이 분비되어 뇌 속 화학물질 구성에도 변화가 생긴다. 결론을 말하면 "생각의 힘이 뇌를 바꿔 놓는다"는 것이다. 생각의 힘은 참으로 흥미롭다!

생각은 내면의 평정심에 기여한다. 또한 건강, 시력, 체형, 근력 등 신체적 조건에도 영향을 미친다.[2] 그러므로 생각, 감정, 선택을 한데 뭉쳐 사고구조화하는 능력은 이 세상에서 가장 강력한 힘이라 할 수 있다. 이 힘은 모든 인간이 지닌 창조력과 상상력의 원천이다. 과학자 린 맥태거트가 말했다. "생각은 단순한 것이 아닙니다. '별 것 아니다'라고 말해선 안 됩니다. 왜냐하면 생각은 다른 모든 것에 영향을 주는 '그 무언가'이기 때문입니다."3)

"당신의 생각이 가는 곳으로, 당신의 삶이 따라갈 것이다." 이것은 일반 상식이기도 하지만, 여러 과학자들이 내놓은 연구결과이기도 하다. '나는 성공할 수 있다'라는 믿음은 성공을 위한 필수조건이다.4) 마찬가지로 '나는 못 해', '난 아무리 해도 안 돼'라는 신념 역시 자신을 제한하는 일등공신이다. 바꿔 말해, 실패를 위한 필수 조건이란 뜻이다. 일종의 노시보 효과(nocebo effect) (노시보는 본래 해롭지 않은 물질이지만, '해로울 것 같다'는 믿음을 갖고 섭취할 경우 실제로 해악을 끼치는 물질을 뜻한다. 내원한 환자에게 의사가 부정적인 뉘앙스를 전달할 경우 의학적으로는 설명할 수 없지만 환자의 상태가 나빠지는 현상이 노시보 효과에 해당한다 – 역자 주)로 보면 될 것이다.5)

어떤 사고구조를 채택하느냐에 따라 당신의 창조력과 업무수행 능력이 향상 또는 저하될 수 있다. 이것은 어디까지나 당신의 몫이다. 선순환을 일으키는 사고구조를 채택할 것인가? 아니면 자신을 제한하는 사고구조(태도)를 채택할 것인가? 이것은 전적으로 당신이 결정해야 한다.

많은 사람이 "상자 밖으로 나가라"고 말한다. 생각의 범위를 넓히라는 권면이다. 하지만 우리는 상자 밖으로 나갈 필요가 없다. 왜냐하면 상자 자체가 허상이기 때문이다. 애초에 한계 같은 것은 없다! 우리는 원하는 만큼 지적인 사람이 될 수 있다.

이 책의 목적은 당신의 사고가 얼마나 강력한지를(생각이 '한계' 없는 능력임을) 알려 주는 데 있다. 당신은 생각으로 자신의 뇌를 설계하며 조각하는 '뇌 조각가'이다.

생각할 때 일어나는 일

생각을 '정보의 이동' 또는 신경계를 통과하는 '에너지의 흐름'으로 여기라. 실제로 우리의 생각에는 양자에너지, 전자화학적 신호, 전자기적 신호가 담겨 있다. 양자에너지, 전자화학 신호, 전자기 신호는 당신의 뇌와 몸 안에서 유동流動하는데, 이 현상은 무의식 차원에서 이루어지는 일이므로 당신은 에너지의 체내 유동을 지각할 수 없다(이에 대해 더 많은 것을 알고 싶으면 21장을 참고하라).

예를 들어, 사랑하는 사람을 머릿속에 떠올려 본다고 하자. 이때 당신의 뇌 속 미상핵 안에서 긍정적인 구조의 변화가 일어난다. 이러한 변화는 마음속에 행복의 감정이 일거나 또는 보상이 이뤄질 때의 변화와 매우 유사하다.[6] 선한 생각을 할 경우, 이에 대한 반응으로 건강한 전자기 신호와 양자장 quantum fields 이 발동하여 뇌와 몸 전체를 뜨겁게 달군다. 이에 당신은 '살아갈 에너지'를 부여받는다.[7]

그 역도 마찬가지이다. 일단 스트레스를 받는 상황을 설정해 보자. 물론 스트레스는 본질적으로 당신에게 유익하지만, 당신의 인식에 따라 해로운 요인이 될 수도 있다.[8]

며칠 전, 친구 한 명이 찾아와 말했다. "내가 전에 다녔던 직장 알지? 그곳의 근무환경이 내게는 독毒과 같았어. 그런데 며칠 전에 차를 타고 그 앞을 지나가는데, 갑자기 심장에 통증이 느껴지는 것 아니겠어?" 일을 그만둔 지 오래되었지만, 그때의 기억이 되살아나자 그녀는 실제로 통증을 느꼈다. 해결되지 않은 스트레스가 물리적 실체로 드러난 것이다.

사실, 그녀는 직장을 다니는 동안 심장 통증이 시작되고 나날이 악화되어 일을 그만두고 당장 심장 전문의를 찾아야겠다는 생각을 했다. 그런데 퇴직하자마자 심장 통증이 감쪽같이 사라져 버린 것 아닌가? 이 경우, 그녀에게 필요한 것은 의약품이나 수술이 아니었다. 그녀 스스로 다른 직장을 찾기로 결심할 수 있도록 '자가 정신 케어' 방법을 알려 주었어야 했다.

양자물리학 연구 및 생각-신체 연계성의 연구결과, 인간 존재의 90-99%를 구성하는 요소는 생각의 신호(비물리적 빛의 파동 또는 에너지 다발)라는 사실이 밝혀졌다. 그렇다. 이러한 파동이 우리의 실존을 구성한다. 우리는 무형의 요소들(인간 존재로서 우리를 구성하는 강력한 생각들)을 결코 무시해선 안 된다.[9]

생각은 양자의 속도로 뇌 속을 이동한다. 이때 다양한 정보들이 처리되는데, 정보의 특정성에 따라 각각의 뉴런은 독특한 방식으로 불타오른다. 이 같은 뉴런의 활동은 신경구조를 변형시킨다(이에 대해서는 22장에서 더 자세히 배우게 될 것이다). 당신이 어떤 사고구조를 선택하느냐에 따라 당신의 '생각하는 방식'이 달라지고, 그렇게 달라진 사고방식은 뇌 속 신경상관관계 neural correlates 에 영향을 끼친다.

생각은 당신의 말과 행동에도 영향을 준다. 이후 말과 행동은 다시 뇌에 영향을 준다. 이로써 피드백 순환고리가 형성된다. 그러나 자신의 사고구조를 바꾸기로 결심하면, 언제든 이 피드백 순환고리는 바뀔 수 있다.

이와 관련된 흥미로운 연구가 있어 소개한다. 당신이 직장상사를 만나러 가거나 대중 앞에서 연설하거나 혹은 수학 시험을 치러야 한다고 가정해 보자. 아직 직장상사를 만나지도 않았고, 단상에 서지도 않았으며, 고사장에 들어가지도 않았지만, 당신은 극도의 불안감을 느낄 것이다. 이러한 상태를 일컬어 '수행 전 불안'~pre-performance anxiety~이라고 하는데, 수행 전 불안감을 잠재우기 위해 사람들은 다양한 방법을 시도한다. 사탕과 같이 단 것을 먹거나 가볍게 산책을 하는 식으로 말이다.

하지만 이러한 노력보다 생각을 바꾸는 것이 훨씬 더 효과가 있다. 즉 불안감을 흥분으로 치환하여 생각하거나 불안의 의미를 재개념화하는 것이 가장 좋은 방법이란 뜻이다. 이를테면, 크게 한 번 심호흡한 후 '이것은 불안해할 일이 아니라 매우 흥미로운 일이다'라고 생각하는 것이다. 이렇게 하는 편이 다른 노력을 기울이는 것보다 훨씬 더 낫다. 이처럼 '위협'의 사고구조를 '기회'의 사고구조로 전환할 때, 불안은 흥분으로 (기능 자체가) 바뀐다.[10]

이처럼 당신에겐 엄청난 능력이 있다. 당신은 더 이상 근근이 살아가는 사람이 아니다. 당신은 크게 번창할 것이다. 모든 것에 감사하는 마음(사고구조)을 지닌 채 생각하고 행동하기로 선택하라. 그러면 당신의 뇌 안에서는 도파민과 같은 보상성 있는 신경전달물질의 분비량이 크게 증가할 것이다. 이에 당신은 생각이 밝아지는 것을 체험하게 된다. 밝아진 생각은 삶의 전반에 긍정적인 영향을 미친다. 당신의 뇌 역시 이러한 생각에 반응하며 변화된다. 이처럼 성공의 길은 '생각'으로부터 시작된다.

이와 반대로, 당신이 부정적인 생각을 한다고 하자. 과연 어떤 일이 일어나겠는가? 75-100조 개에 달하는 뇌세포와 신체세포들이 유해한 사고 신호에 '융단폭격'을 당한다. 그 결과 각 세포 안에서의 양자적 활동이나 유전자 발현은 부정적으로 진행될 것이고, 이로써 가까운 미래에 우리의 몸도 부정적으로 변화될 것이다(부정적 변화의 재생산). 부정적인 생각을 반복하는 것은 자신의 마음과 뇌와 몸을 망가뜨리기로 작정하는 것과 같다. 부정적 사고구조가 구축된 결과, 마음은 물론 신체도 망가질 것이다.

그러나 이 같은 사고구조가 구축되었다고 해서 겁먹을 필요는 없다. 또 미래가 암울할 것이라 예단한 채, "난 이제 글렀어"라며 낙담할 필요도 없다. 생각하고 느끼고 선택하는 방식을 바꾸면, 언제든 사고구조는 바뀐다.

체내 모든 세포에 '긍정성'을 주입하기로 선택하라. 그리고 자신의 태생적 기질을 '사랑'에 집중시키라.[11] 사실, 우리는 낙관적 편향성을 지닌 존재이다. 다시 말해, 애초부터 우리는 긍정적인 시각으로 미래를 바라보도록 설계되어 있다는 뜻이다.

당신이 숨을 쉬는 한, 뇌는 신경발생 neurogenesis 으로 불리는 일정 과정을 통해 새로운 뉴런들을 생성해낼 것이다.[12] 다 자란 뇌의 줄기세포들은 (지속적으로 존재하면서) 새로운 뉴런들을 생성해 낸다. 매일같이 수천 개의 세포들을 만들어 낸다고 보면 된다.

그러나 뇌 속에서 생성된 수천 개의 새로운 뉴런들이 전부 살아남는 것은 아니다. 신생 세포들의 죽음(새로 만들어진 뉴런들이 죽으면 뇌 속의 독성 수치 및 체내 독성 수치가 높아진다)을 막는 가장 효과적인 방법 하나는 올바르게 생각하고, 올바르게 학습하는 것이다.[13] 이것은 내가 이 책의 3부 및 〈뇌의 스위치를 켜라 – 5단계 학습과정〉에서 독자들에게 가르치려는 내용이다.

뇌 속 줄기세포들은 다양한 신호 자극을 받아 새로운 뉴런들을 생성해 내고, 새로이 만들어진 뉴런들은 각각 필요한 영역으로 이동한다.[14] 그뿐 아니라 당신의 뇌 속에 있는 아교세포들 glial cells 은 매일매일 더 많은 세포들을 생성해 낸다.[15] 이들 세포는 한마디로 '살림꾼'이다(물론 뇌의 '인식' 활동에도 관여한다).

긍정적인 생각을 떠올려 보라. 이를테면 그동안 불가능하다고 생각했던 일들에 대해 "나는 할 수 있어!"라는 라벨을 붙여 보는 것이다. 나는 이것을 '재단된 생각' customized thinking 이라 부른다. 이후 재단된 생각을 반복하라. 약 10초 단위로 이 생각을 반복하면, 당신 안에 구축되었던 유해한 사고구조가 긍정적인 사고구조로 바뀔 것이다. 놀랍지 않은가?

당신에게는 이러한 능력이 내재한다! 당신의 뇌는 당신의 마음(생각)과 정교하게 연결되어 있다. 우리의 뇌는 마음속 생각(의식적 사고)에 반응하도록 디자인되어 있다(이 책의 21장을 보라). 이것이야말로 "마음을 새롭게 하여(롬 12:1 2) 모든 헛된 생각을 사로잡는다(고후 10:5)"는 의미가 아닐까? 좀 더 긍정적인 태도를 견지하고, 좀 더 건강한 생각을 품기로 다짐할 때, 우리는 뇌를 재구축 redesign 하게 된다. 이 같은 '자가 정신 케어'가 이 책에서 우리가 배우게 될 내용이다.

본래 우리의 마음은 사랑에만 반응하게 wired for love 되어 있다. 하나님께서 그렇게 디자인하셨기 때문이다. 그러므로 마음을 새롭게 하는 과정은 창조 본연의 디자인, 곧 사랑에만 반응하는 마음 상태로 회복되는 과정이다. 이 과정을 거칠 때, 비로소 우리는 참된 '웰빙'을 체험할 수 있다. 이것은 의도적으로 자신의 생각과 말에 집중하여 자신의 행동을 반추하고 수정해 가는 과정이다. 모든 것은 무엇을 생각할지를 결정하는 당신의 선택에 달렸다.

유전자 발현과 '깊은 생각'

앞에서 살펴보았듯 생각과 감정과 선택은 유전자 발현에 영향을 준다. 당신은 그 모든 생각으로 유전자의 스위치를 켜거나 끈다. 생각은 삶의 경험 또는 '본 것'에 대한 반응이다.[16] 유전자 발현 중 오직 5% 정도만 생태(신체적으로 주어진 조건)와 결부되어 있다는 사실이 연구결과 밝혀졌다.[17] 즉, 유전자 발현의 95%는 삶의 다양한 요소들과 생각 및 선택에 의해 좌우된다는 뜻이다.[18] 그렇다. 유전자의 활동은 사고구조를 이루는 생각, 태도, 인지에 의해 결정된다.

그렇다면 어떻게 유전자 발현을 통제할 수 있는가? 후성유전학은 우리의 생각이 몸의 생태를 통제한다는 사실을 말해 주고 있다.[19] 우리가 살면서 취하는 여러 가지 선택이 유전자에까지 영향을 미친다는 뜻이다.

우리의 인식을 구성하는 일련의 생각들은 우리 몸의 유전자에 어떤 신호를 보낼지 결정한다. 그러므로 '생각'이 중요하다. 생각을 바꾸면 사고구조가 바뀌고, 그 결과 유전정보를 읽고 송출하는 능력에도 변화가 생긴다. 심지어 인간의 노화과정도 사고구조에 따라 달라진다는 연구결과도 있다![20]

자신만의 독특한 사고구조, 강력한 사고구조에 따라 생각하라. 그렇게 생각하는 법을 연습하면, 좀 더 깊은 생각(자아성찰적인 사고)을 시작하게 될 것이다(이에 대해서는 2장에서 다룰 것이다). 깊은 생각은 성공을 향해 우리의 삶을 견인해 가는 '사고구조'를 개발한다. 입력신호(생각)가 건강할수록 유전자 발현의 결과도 좋아진다. 생각이 건강해야 당신의 삶이 건강해지고 성공적으로 변화된다.

이처럼 사고구조의 변화는 삶의 변화로 이어진다. 그러므로 사고구조의 활성화와 통제 방법을 배우는 것이 중요하다. 어떻게 사고구조를 활성화하고 통제하는지, 그 방법을 알려 주는 것이 이 책의 목적이다. 다양한 연구와 임상실험을 통해 나는 긍정적인 '자가 정신 케어'가 성공적인 삶에 얼마나 큰 역할을 하는지 거듭 확인할 수 있었다. 생각의 영향이 뇌의 기억력과 정신건강, 신체건강에 미치는 효과만 살펴봐도 이 사실을 쉽게 이해할 수 있다.

물론 우리가 처한 환경과 조건은 저마다 다르다. 이에 각 사람이 생각하는 방식 또한 다르다. 생각하는 방식이 다르기 때문에 유용한 기억을 구축하고 지속적으로 유지하는 방법도 천차만별이다. '독특한 개인'으로서 자신이 어떻게 생각하고 배우는지를 알면, 당신의 삶에 '목적의식'이 생길 것이다.

최근 한 연구에 의하면, 목적의식을 가질 경우 더욱 건강한 생활을 영위할 수 있으며 수명도 늘어난다고 한다. 사랑에만 반응하는 창조 본연의 '마음'으로 생각하면서[21] 건강하게 먹고 자고 운동할 때,[22] 건강한 기억들이 깊이 뿌리내릴 수 있고, 이와 동시에 정신질환, 학습장애, 퇴행성 질환의 위험도 줄일 수 있다. 생각을 통제하여 부정적인 사고를 해독하면, 알츠하이머 증후군(치매)을 예방할 수 있다는 연구결과도 있다. 이러한 연구결과들은 생각이 인간의 전반적 '웰빙'에 매우 중요하다는 사실을 강력하게 지지해 주는 증거이다.[23] 생각의 변화, 이것이 우리의 삶을 성공으로 이끄는 '자가 정신 케어'이다(사고의 해독에 대해 더 많은 것을 알고 싶으면 drleaf.com에 접속하기 바란다).

자신의 재능을 깨달아 알라. 당신만의 독특한 사고체계를 이해하라. 이후 〈뇌의 스위치를 켜라 - 5단계 학습과정〉을 시행하라. 그러면 당신은 긍정적 사고구조의 능력을 활성화하고 유지할 수 있을 것이다. 그 결과 당신의 몸 속 유전자들은 당신에게 도움을 주는 방향으로 활성화될 것이다. 생각에 담긴 힘과 그 능력의 크기를 이해하기 시작할 때, 당신은 생각으로 인해 해를 입는 대신 생각으로부터 도움을 받기 시작할 것이다.

사랑에만 반응하다

우리는 긍정적으로 생각하도록 설계되어 있다.[24] 당신의 몸과 뇌는 자신만의 독특한 생각, 그리고 마음의 긍정적 태도에 주파수를 맞추고 있다. 다시 말해, 당신은 (유전자 차원으로까지) 오직 '사랑'에만 반응하는 존재라는 뜻이다. '자가 정신 케어'를 더 많이 시행할수록 당신의 뇌와 몸은 긍정성에 더 많이, 더 자주 반응할 것이다.[25]

그러나 부정적인 사고구조가 구축되면(물론 이것은 사랑에만 반응하는 창조 본연에서 벗어난 상태이다), 정반대의 현상이 나타난다. 당신은 자신의 뇌와 몸을 해치게 될 것이다. 긍정성과 부정성이 적절히 타협하는 수준에서 기능하고, 이에 당신의 정신적·육체적 건강은 크게 저하될 것이다.

그나마 다행인 것은 당신 스스로 사고구조를 바꿀 수 있다는 것이다. 부정적 사고구조와 싸워 악순환의 고리를 깨면, 몸과 마음에 입었던 피해를 회복할 수 있다. 과거의 이야기를 다시 새로 써내려 갈 수 있다는 뜻이다.[26]

건강한 사고구조의 구축은 풍성한 삶의 핵심 열쇠이다. 우리 모두는 생각하고 배우고 성공하기 위한 내적 자원을 갖고 있다. 그러나 이러한 자원을 사용하지 못한 채 삶을 마감하거나 잘못 사용하며 살아가는 사람이 태반이다. 이 책에서 습득한 지식을 활용하라. 그러면 당신은 생각의 힘을 어떻게 조절하고 통제하여 성공을 거둘 수 있는지 알게 될 것이다.

성공적인 사고구조를 구축하기 원하는가? 일단 이러한 사고구조를 살펴보기 전에 먼저 '사랑에만 반응한다'는 뜻이 무엇인지 알아야 할 것이다. 기초부터 닦아 보자. 애초에 유해한 생각을 품도록 고안된 몸이나 세포, 조직체, 단백질, 분자, 원자, 양자파 등은 없다. 본질적으로 우리는 사랑에만 반응하는 존재로 지음 받았다. 이처럼 사랑은 우리의 본연인 반면, 두려움은 후천적으로 학습해야 하는 감정이다.[27]

그렇다면 모든 종류의 두려움이 본질적으로 악하다는 뜻인가? 꼭 그렇지만은 않다. 예를 들어 보자. 우리는 '생명'을 사랑한다. 그래서 생명을 앗아가는 요인들을 두려워한다. 두려움 때문에 우리는 본능적으로 그러한 요인들(달리는 차에 뛰어들거나 밤늦게 위험한 지역을 돌아다니는 일 등)을 회피하게 된다.

'사랑'은 인간이라면 누구나 소중하게 여기는 모든 성품의 총합체이다. 예를 들면 감사, 기쁨, 평안, 인내, 친절, 긍정성, 행복 등인데, 이 모두를 아우르는 단어가 바로 '사랑'이다. 이러한 이유로 나는 일상 속에서 성공하도록 우리를 도와주는 모든 종류의 사고구조에 '사랑의 사고구조'love mindsets 라는 이름을 붙인다. 사랑에 근간한 사고구조를 취할 때, 우리는 뇌, 신체, 마음, 영혼의 건강을 한껏 증진시킬 수 있다.[28] 사랑은 단지 생존시켜 주는 요소가 아니다. 사랑은 우리로 하여금 '풍성한 삶'을 영위하게 한다. 그야말로 사랑의 삶은 '좋은 삶'이다.

이러한 사랑이 왜곡(변질)되면 두려움이 된다. 바꿔 말해, 두려움은 '왜곡된 사랑'이다. 불만과 불평이 감사의 대척점에, 잔인함이 친절함의 대척점에 놓여 있듯, 두려움은 사랑의 정반대 지점에 놓여 있다. 두려움은 우리의 전 존재를 갉아먹는다. 두려움에 두 손 두 발이 다 묶여 버리면, 꿈꾸던 삶을 포기해야 할 것이다.

두려움의 사고구조는 사랑의 부재不在에 연연하게 만든다. 그래서 두려움에 억눌린 사람들 대부분은 "나는 사랑을 충분히 받지 못했어"라며 습관처럼 원망한다. 일례로 실패할까 두려워서 원하는 일을 시작조차 못 하는 사람이 있다고 하자. 그는 실패가 두려워 자신의 상상력과 창조력을 상자 안에 가둬 질식시켜 버린다. 조금만 용기를 내면 얼마든지 인생의 꿈과 목표를 이룰 수 있음에도, 그는 두려움에 발목을 내주었기 때문에 선뜻 나서지 못한다. 결국 그의 입에선 다음과 같은 말이 반복될 뿐이다. "내게는 돈도 없고, 능력도 없어. 좋은 환경도 주어지지 않았어."

사고구조는 삶 속에서 일어나는 사건들을 해석하는 '틀'이다. 물론, 사건의 대부분은 우리의 통제 범위를 벗어나 있다. 내 삶에 일어나는 일을 예견하기도 힘들고, 막아서기도 어렵다. 그러나 이에 대한 해석은 통제할 수 있다. 당신이 어떤 사고구조를 취하느냐에 따라 해석이 달라지는 것이다.

우리는 사랑의 사고구조를 통해 환경과 사건들에 반응하도록 지음 받았다. 이 말은 '모든 일을 쉽고 편하게 받아들일 수 있다'는 뜻이 아니다. 아무리 비극적인 상황에 처했더라도 일련의 과정을 거치면 '성공' 모드로 전환할 수 있다는 뜻이다. 아무리 어려운 사건이 발생했더라도 이에 대해 효과적으로 대응할 수 있다는 뜻이다.

뇌가소성 Brain Plasticity 이라는 말을 들어본 적 있는가? 쉽게 말하면, '뇌가소성'은 어떤 생각을 하고, 어떤 생활스타일을 선택하느냐에 따라 우리의 뇌가 변화되는 특성을 말한다. 뇌가소성 덕분에 우리는 간단한 기술을 연마할 수도 있고, 특정 스포츠(동작이나 자세)를 몸에 익힐 수도 있다. 비가 와서 날씨가 우중충하든 해가 떠서 화창하든, 좋은 일이 생기든 슬픈 일이 생기든, 어떤 경우에도 상관없이 뇌가소성 덕분에 우리는 '훈련'을 통해 긍정적인 태도를 견지할 수 있다.

나는 1980년대부터 신경가소성을 연구하기 시작했다. 내가 이 연구에 손을 대며 세웠던 목표는 '의도적인 생각'(이를테면 따로 시간을 내어 긍정적인 생각을 반복하는 훈련)의 긍정적 효과를 증명하는 것이었다. 나는 '생각'의 변화가 지적·인지적·감정적·사회적·학문적 능력의 변화로 이어질 것을 확신했다.[29] 그리고 실제 임상 연구를 통해 이 사실을 확인했다. 실험 대상자들(환자들)에게서 신경가소성의 효과가 지속적으로 나타났다! 당신도 '깊고 의도적인 생각'을 훈련하면 뇌를 변화시킬 수 있다. 기억하라. 생각의 변화는 뇌의 변화로, 뇌의 변화는 삶의 변화로 이어진다!

우리는 좋은 것들에만 집중하도록 자신의 뇌를 '재훈련'retrain 할 수 있다. 이렇게 할 때에야 비로소 정상적인 삶이 가능해진다. 우리는 사랑에만 반응하는 존재로 지어졌기 때문에 좋은 것들에만 집중하는 것이 정상이다. 예를 들어, 감사하는 태도를 갖는다고 해보자. 당신의 삶은 어떻게 변화될까? 감사하는 태도 덕에 당신의 눈은 불가능 대신 가능성에 초점을 맞출 것이다. 또한 삶의 활력(에너지)이 넘치는 것을 느끼게 된다. 그 결과 일상 업무에서 더 높은 차원의 성공을 거둘 것이다.

나는 '뇌의 재훈련'retraining of the brain 이라는 표현을 자주 사용한다. '뇌의 재훈련'은 '뇌의 훈련'training of the brain 에 대한 반대 개념이다. 일반적으로 사람들은 뇌에 '부정적 편향성'이 내재되어 있다고 생각(가정)한다. 그래서 부정적인 생각을 품는 것이 자연스러운 결과이며, 이를 떨쳐 내려면 고군분투해야 한다고 말한다. 그러나 이러한 가정과 해법은 모두 옳지 않다. 이 같은 부정적 사고구조는 뇌에 내재한 긍정적 편향성을 거스른다. 오히려 뇌는 긍정적으로 작동하는 것이 더 자연스럽다!

앞에서 말했듯, 뇌는 긍정성에만 반응한다 wired for the positive. 나는 이를 가리켜 긍정적 편향성 또는 '사랑에만 반응하는 편향성' wired-for-love bias 이라 부른다. 때때로 당신은 부정적인 것들이 자신의 삶을 지배하는 것처럼 느낄 것이다. 그럴 때마다 잠시 시간을 내어 자신의 생각을 분석하고 정리해 보기 바란다.

당신이 가장 많이 떠올리는 생각은 무엇인가? 긍정적인 생각인가? 아니면 부정적인 생각인가? 무엇을 생각하든, 당신이 가장 많이 떠올리는 바로 '그 생각'이 성장하게 된다.

매일 무언가를 반복하여 생각할 경우, 대략 두어 달 안에 당신의 뇌는 그 생각을 받아들이기에 합당한 형태로 변할 것이다(이에 대해 더 많은 것을 알고 싶으면, 21장의 기억에 관한 내용들을 읽어 보라). 특정 생각을 반복하는 것은 무의식의 깊은 자리에 그 생각을 심는 것과 같다. 더 적나라하게 표현하면, 그 생각이 당신의 사고구조를 마음껏 조종하도록 고삐를 내어주는 것과 같다.

사고구조의 변화는 결국 미래의 생각과 말과 행동에 영향을 준다. 무엇을 생각하든 (그것이 좋은 생각이든, 나쁜 생각이든) 가장 많이 떠올리는 그 생각이 가장 많은 에너지를 얻게 된다. 또한 그 생각이 당신의 사고를 지배한다. 그렇게 당신의 삶은 생각이 만들어 놓은 환경에 젖어드는 것이다. 이 책의 3부에서 나는 이러한 일이 어떻게 일어나는지 설명할 것이다. 하루 7분 정도, '의도적인 생각들'을 떠올리며 훈련했을 뿐인데 63일 후 당신의 사고체계가 완전히 달라진다면, 시도해 볼만한 일 아닌가?

우리는 '마음'을 사용하여 뇌가소성을 활성화할 수 있다. 뇌가 정상적인 긍정성을 구축하도록 우리의 마음으로 뇌를 훈련하는 것이다. 이를 가리켜 '자동화'automatization 라고 한다. 여기에는 기억의 재개념화reconceptualization 과정이 포함된다. 기억의 재개념화란, 오랜 시간에 걸쳐 의도적이고 깊이 있고 지적인 생각으로 일련의 기억들을 재디자인하는 것(뇌 구조 또한 재디자인된다)을 말한다.

자동화는 그리 어렵지 않다. 다만 오랜 시간과 훈련과 노력이 소요될 뿐이다. 당신은 자신의 긍정적 또는 부정적 사고방식(사랑의 사고구조 또는 두려움의 사고구조)에 대해 잘 알 것이다. 왜냐하면 그동안 계속해서 사고구조를 구축해 왔기 때문이다.

그러나 이제 당신은 사고구조 구축 과정을 '의식적으로' 통제할 수 있다. 그렇게 하면 당신의 삶은 전혀 다른 차원으로 변화될 것이다. 가정에서의 일상은 물론 직장의 전문 영역에서도 성공을 거둘 것이다. 긍정적인 외양外樣을 갖출 뿐 아니라 숙련된 기술까지 견지할 수 있다. 지적 만족도도 높아질 것이므로, 당신은 더욱 창조적인 존재가 될 것이다. 지금은 마음을 통제하여 삶을 바꿔야 할 때이다!

2장

사색가 사고구조

오늘날 우리를 자극하는 것들이 도처에 널려 있다. 그리고 이러한 자극에 접속하는 일은 무척 쉽다. 소셜미디어, 이메일, 문자메시지, 전자책, 페이스타임(화상전화 프로그램), 스카이프, 채팅방 등 문자 그대로 '클릭 한 번'이면 무궁무진한 정보의 세계가 열린다. 미국 심리학회가 발간한 〈2017년 미국인들의 스트레스 연구자료〉를 보면 2005년과 2015년 사이 소셜미디어를 사용하는 성인의 비율은 7%에서 65%로 급증했고, 만 18-29세의 청년층에서는 동일 기간 12%에서 90%로 급격하게 증가한 것을 알 수 있다.[1]

어쩌면 당신은 이러한 미디어에 이미 깊이 접속된 채 살아가기 때문에 자신이 어떠한 생각을 하며 살아가는지 까맣게 잊고 있을는지도 모른다. 최근 자신의 생각과 독대한 적이 있는가? 마지막으로 '생각하는 사람'(어거스트 로댕의 유명한 조각상)의 포즈를 취해 본 적은 언제인가? 당신은 홀로 있는 것을 두려워하는가? 소셜미디어 같은 외부 자극을 끊고 혼자 있을 수 있는가? 어떠한 방해도 허락하지 않은 채, 오직 '자신의 생각'과 독대하는 시간을 견딜 수 있는가?

무언가에 집중하지 못하는 모습은 젊은 사람들에게만 국한된 문제가 아니다. 최근 실시된 조사에 의하면, 거의 전 세대의 사람들이 홀로 사색하는 시간을 '지루하고 따분한 경험'으로 여긴다고 한다.[2] 티모시 윌슨과 버지니아 대학, 하버드 대학의 동료들은 18-77세의 전 세대 실험군을 대상으로 열한 차례의 연구를 진행했다. 연구의 내용은 '아무것도 안 하고 단지 생각(명상)만 할 경우, 얼마나 오래 버틸 수 있는가'였다. 결과는 놀라웠다. 사람들은 평균 6-15분 정도도 가만히 앉아 있지를 못했다. 실험 참가자 대다수는 홀로 사색하는 일이 그다지 유쾌한 경험이 아니었다고 말했다. 심지어 어떤 사람들은 "앉아서 생각만 하라"는 요청에 충격을 받았다고까지 답했다.

이 연구의 결론은 다음과 같다. "대부분의 참가자들은 잠자코 앉아 생각하는 대신 무언가 하는 것을 선호했다." 단 몇 분 정도 생각하라는 것이었는데, 그들은 이조차 견디지 못한 것이다. 깊은 생각이나 명상이 아닌, 백일몽이나 공상이어도 좋다고 했다. 그러나 사람들은 홀로 생각하는 시간을 몹시도 불편해했다.

오늘날 수많은 사람들이 아무 목적 없이 인스타그램, 페이스북, 온라인 쇼핑 앱의 스크롤바에 손가락을 얹은 채 시간을 허비하고 있다. 이는 전 세대에 걸쳐 나타나는 현상이다. 그들은 마냥 앉아서 사색하기보다는 이러한 도구에 '정신(마음) 팔리는 편'을 선호한다. 인터넷에 접속하여 전 세계 수많은 사람들을 만나고 다닌다지만, 우리는 역사상 전례 없는 고립감을 느끼고 있다. 이에 따른 부작용도 상상을 초월한다! 소셜미디어 및 컴퓨터와 스마트폰의 스크린에서 이뤄지는 활동에 더 많은 시간을 소비할수록 더 높은 강도의 불행, 외로움, 우울감을 느끼게 되고, 자살률도 높아진다는 연구결과가 있다.[3]

지난 30여 년간 세대 격차를 연구해 온 장 트웽은 이렇게 말했다. "스마트폰과 소셜미디어가 끼친 폐해는 아직까지 제대로 밝혀지지 않았다."[4] 스마트폰의 활용도가 높아지면서 이에 따른 소셜미디어의 폐해도 증가해 왔다. 이러한 현상은 결국 '포모'FOMO 라는 인터넷 용어를 창출해 냈다. FOMO는 'Fear Of Missing Out'의 두문자어 頭文字語 로, 모두가 즐기는 것처럼 보이는 일인데 자신은 그 일에서 동일한 즐거움을 찾지 못할까 두려워하는 대중의 심리 상태를 뜻한다. 이를테면, 특정 미디어 공간이나 집단에서 따돌림 당하는 것이 두려워 "나는 그것이 왜 좋은지 모르겠는데"라고 말하기를 겁내는 것이라고 할 수 있다.[5]

물론 트웽은 기술 진보의 긍정적 측면을 인정한다. 소셜미디어 관련 기술은 일반에 자신감, 열린 마음, 포부 증진 등의 긍정적 효과를 가져왔다. 그러나 트웽의 말처럼 기술 진보로 인한 부정적 측면도 간과해선 안 된다. 이러한 기술 진보로 인해 사회 전반에 걸쳐 냉소적 분위기가 팽배해졌다. 사람들이 느끼는 외로움, 불안감, 우울증은 증폭되었다. 이 같은 부정적 요인들은 전염병처럼 현대인들의 마음을 좀먹는다.

정신질환, 외로움, 고립감, 우울증 확대 현상과 스마트폰 사용 증대의 상관관계는 매우 분명하다. 이것은 수많은 연구결과로 입증되었다! 그러므로 자녀들에게만 "이제 스마트폰 내려놔. 그만 해!"라고 다그칠 것이 아니다. 부모들부터 자신에게 똑같이 명령해야 한다.

물론 각 세대마다 '사회적 인간'의 의미가 다르게 정의되어 왔다. 또 특정 세대에선 이전 세대와는 극단적으로 다른 정의를 내리기도 한다.

그럼에도 달라지지 않은 것이 있다. '생각하는 능력', '균형 잡힌 생활' 등은 '사회적 인간'의 필수요소 중 언제나 우선순위를 차지하였다는 사실이다. 이러한 능력은 사회의 변화에 대처하는 데 가장 필수적인 요소이다. 기억하라. '사고 능력'은 자가 정신 케어의 가장 중요한 요소이다! 우리의 뇌는 '사색가 시간'thinker moment 을 요구한다. 그래야 (치매 예방을 포함하여) 뇌가 건강해지고 제대로 작동할 수 있기 때문이다.

뇌는 신경가소성을 지니고 있다. 우리의 뇌가 끊임없이 변화한다는 뜻이다. 우리는 일련의 선택을 통해 주변 환경에 적응한다(이러한 선택 중 하나는 '얼마나 오랫동안 스마트폰을 사용할까'일 것이다). 뇌가 끊임없이 변화하기 때문에 '생각하는 시간'이 중요하다. 생각하는 시간은 우리 마음에 균형을 가져다준다. 생각할 경우, 주변 환경이 우리의 생각에 영향을 끼치거나 우리의 생각을 지배하기 전에 우리가 먼저 우위를 점하고 환경을 관찰하며 살필 수 있다.

우리가 최상의 컨디션으로 기능하려면, 먼저 한 발 뒤로 물러서야 한다. 일상의 문제들을 해결하기 위해 일단 마음과 뇌를 '리부트'시켜야 한다. 언제 마음과 뇌의 리부트가 시작되는가? 한 발 물러서서 홀로 생각할 때이다! 그러므로 최상의 기능을 위해서는 의도적으로 잠시나마 비가동 휴지기를 가져야만 한다. 모든 것이 고장 난 것처럼 잠시 멈추고, 외부의 모든 자극 스위치를 내린 채, 자신의 '생각들'과 질 좋은 '독대의 시간'을 가져야 한다.

대중에 잘 알려진 것과 달리, 아무것도 하지 않더라도 우리의 마음은 멈추는 법이 없다. 아무것도 하지 않을 때, (깊은 사고나 외부 요인의 영향 없이) 우리의 마음에선 비교적 자유로운 생각들이 일어난다. 그리고 이때 즉흥적인 생각들이 가공되는데, 이 즉흥적인 생각에는 '멍 때리기', '창조적인 생각', '백일몽' 등이 포함된다. 이러한 종류의 생각들은 '깊은 사고'를 더욱 풍성하게 해준다. 그 결과 학습의 질도 높아지고, 창조성도 더욱 강력해진다. '생각하는 시간'을 가진 후 공부하면, 학습의 질이 높아지며 직장과 학교, 가정에서의 성공 확률도 높아진다.

그러나 어떤 이유에서든 이 같은 즉흥적 사고모드가 차단되면, 우리는 세상을 바꿀만한 통찰력을 얻지 못한다. 아니, 어떠한 영감도 얻지 못한다. 아이작 뉴턴처럼 우리에게도 그저 나무 아래에 앉아 '생각만 하는' 시간이 필요하다. 로댕의 조각상 '생각하는 사람'을 떠올려 보라. 그는 얼마나 오랫동안 생각만 하고 있었을까? 어쨌든 우리에게는 '생각하는 시간'(사색의 시간)이 필요하다.

'멍 때리기' Mind-Wandering (마음의 방황)는 우리의 지적 능력과 사고의 효율성을 증진시켜 준다. 2017년 조지아 공과대학은 이와 관련한 연구를 진행했는데, 그 결과는 다음과 같다. "만일 어떤 사람이 회의나 수업 중 멍 때리고 있다면, 이는 그가 창조적이고 스마트한 사람임을 말해 주는 것이다."[6]

올바르게 '멍 때릴 줄' 아는 사람은 대화나 업무 중 잠시 '다른 세계'로 들어가기 때문에 남들 눈에는 그가 궤도를 이탈한 것처럼 보인다. 그러나 만일 그 같은 사색이 건전하고 적절하다면, 그는 중요사항을 조금도 빠뜨리지 않은 채 자연스레 정상 궤도로 복귀할 것이다.[7] 멍하니 사색에 잠긴 교수, '멍 때리다' 말고 "여기가 어디지?"라는 말을 연거푸 내뱉는 학생, 깊은 생각에 사로잡혀 창밖을 내다보는 직장인 등은 모두 '마음의 방황' 시간 동안 진지한 생각들을 발전시켜 가며 자신의 마음을 계발하는 사람들이다.

　브리티시 컬럼비아 대학이 주도한 '자유 사색' 관련 연구는 생각만 하도록 마음의 자유를 허용하는 것이 얼마나 중요한지를 잘 보여 준다.[8] 선임 연구원인 칼리나 크리스토프는 다음과 같이 말한다. "자유 사색을 허용할 경우, 때로는 생각들이 자유롭게 '방황'하지만, 반추의 과정을 통해 여기저기 떠돌아다니던 마음은 곧 특정한 생각에 '꽂히게' 된다." 이런저런 생각을 하다가도 다시 특정 생각으로 되돌아오기를 반복(집중)한다는 뜻이다.[9]

　이와 관련하여 나의 경험을 이야기하겠다. 나는 환자들에게 "잠시 내면을 들여다보며 떠오르는 생각들을 종이에 적어 보세요"라며 '사색가 시간'을 허용했다. 얼마 후 그들은 특정한 생각에 골몰했는데, 이때 그들의 상상력이 크게 증진되었음을 알 수 있었다. 사색가 시간은 생각의 질을 높이는 효과적인 방법이다.

　나는 환자들의 생각 중 어떤 생각들이 어떤 방향으로 자유롭게 흐르는지, 또 어떤 생각이 뇌리에 멈춰 있는지를 추적하였다. 그들은 어떤 생각을 할 때 마음이 평안해지는지, 또 어떤 생각을 떠올릴 때 불안해지는지를 확인하는 과정에서 큰 유익을 얻었다고 말했다. 이후 그들은 불안의 요인이 되는 생각들을 따로 떼어내 재개념화할 방법을 찾기 시작했다. 나는 그들에게 생각의 재개념화 방안을 알려 주었다. 그렇게 새로이 재개념화된 긍정적 생각을 오랜 시간 반복한 결과, 긍정적인 생각들이 '건강하고 유용한 기억'으로 전환되었다. 이 과정에 대해서는 20장에서 자세히 설명할 것이다.

　특정한 생각이 자유롭게 흐르는 이유는 무엇인가? 왜 어떤 생각은 우리의 뇌리에 멈춰 있는가? 이 질문에 답하는 것은 '자가 정신 케어'를 위해서도 중요하다. 이처럼 우리의 생각들을 하나하나 분석할 때, 성공을 방해하는 생각들을 사로잡아 변화시킬 수 있다.

물론, 의미 없이 그저 여기저기 떠돌아다니는 '마음의 방랑'은 위험하다. 통제되지 않은 마음은 언제든 납치당할 수 있기 때문이다. 이를테면 기존의 유해한 생각들이 '무의식' 상태에서 스멀스멀 올라와 우리의 마음을 낚아채 가는 경우가 그렇다.[10] 사색을 하더라도 통제 가능한 상태에서 해야 한다는 뜻이다.

'난 그 일을 할 수 없어', '너무 어려워'와 같은 식의 부정적인 생각들은 '사색'하는 마음을 오염시킨다. 그 결과 우리의 뇌와 몸은 정신적·물리적 손상을 입는다. 현재의 피해를 입은 뇌와 몸은 미래의 뇌 구조와 사고에도 악영향을 끼친다. 충분히 예방할 수 있는 건망증이나 치매가 당신을 납치하기 위해 웅크리고 있는 것이다!

부정적인 생각들은 우리의 상상력을 마비시키며 학교, 가정, 직장에서의 성공을 가로막는다. 게다가 부정적인 생각이 반복될 경우, 부정적 생각의 고리(자극-반응-재반응)가 강화된다. 그러므로 우리는 사색의 시간에 자신의 생각을 통제해야 한다. 생각의 통제는 현재는 물론 미래를 위해서도 중요하다. 자신의 유익을 위해서라도 사색의 시간을 올바르게 즐길 줄 알아야 한다.

통제된(컨트롤이지 금지하는 것이 아니다) 자유 사색을 가리켜 '각성 상태에서의 휴식'awake resting state이라고 하는데,[11] 각성된 휴식은 뇌에 공존하는 초기화 네트워크Default Mode Network, DMN와 임무 양성 네트워크Task Positive Network, TPN를 건설적이고 건강한 방식으로 활성화시킨다(외부 자극이나 정보를 차단하고 내면을 성찰하거나 이런저런 몽상에 빠지거나 아무런 생각도 안 하는 상태에서 우리의 뇌는 '기억'을 강화하고 자각능력을 증진시키는데, 이때 활성화되는 뇌의 네트워크를 초기화 네트워크라고 한다. 마치 수면 상태에서 뇌가 기억을 견고하게 굳히는 것과 같다. 그러므로 이를 '각성 상태에서의 휴식'이라고 부른다. 참고로 초기화 네트워크가 활성화되면 불안과 우울감이 어느 정도 해소된다 - 역자 주).[12]

이들 네트워크는 뇌의 내부 생태를 형성한다. 그런데 의도된 휴식 또는 일부러 아무것도 하지 않으면서 자신의 내면을 성찰하거나 깊은 사색에 잠길 경우, 뇌의 초기화 네트워크$_{DMN}$가 활성화된다. 초기화 네트워크는 외부의 정보, 감각, 자극의 스위치를 내리고, 오로지 내면에만 집중할 때 작동하는 네트워크이다. 몽상을 하거나 깊은 사색에 잠기거나 속된 말로 '멍 때리는' 상태일 때, 초기화 네트워크는 보다 높은 수준으로 활성화된다. 물론 절제된 방식으로 자신의 무의식 세계를 끊임없이 탐험하며 내면을 성찰해야 효과가 좋다.

반면, 임무 양성 네트워크$_{TPN}$는 결정을 내리는 데 필요한 능동적 생각들을 지원한다. 그러므로 우리가 자신의 내면에 집중하여 초기화 네트워크$_{DMN}$를 활성화할 경우, 생각하는 과정 중 어느 시점에서 우리는 자연스레 능동적 결정 상태로 돌입하게 된다. 이때 임무 양성 네트워크가 활성화되고, 우리는 임무 양성 네트워크가 활성화되는 것을 행동으로 옮기게 된다.[13]

최근 연구를 통해 DMN을 활용하여 내면을 성찰하는 일이 얼마나 중요한지 확인되었다. DMN의 활성화는 알츠하이머 질환 발생을 줄여준다.[14]

홀로 사색하는 시간을 가질 때 '나는 어떻게 살고, 활동하고, 기능하는가?'에 대한 깊은 통찰이 가능해진다.[15] 게다가 이러한 사색은 우리의 판단과 결정에 긍정적인 영향을 끼친다.[16] 소크라테스가 말했다. "숙고(통찰)하지 않은 삶은 살아볼 가치가 없다." 사색의 시간은 자신의 내면을 통찰하고 자신만의 상상력을 개발할 기회이다.[17]

콘코르디아 대학과 전 세계 15개 대학이 공동으로 수행한 연구에 의하면, 여섯 개 대륙의 사람들 중 94%는 원치 않는 생각, 성가신 생각, 기억하고 싶지 않은 이미지, 불쑥불쑥 일어나는 충동 때문에 어려움을 겪는다고 한다.[18] 연구진들은 이 같은 강박장애적 생각과 이미지, 그리고 충동 징후가 전 세계에 널리 퍼져 있음을 확인했고, 진짜 문제는 '성가신 생각' 자체가 아니라 각 사람이 이를 다루는 방식임을 알게 되었다.[19] 그런 의미에서 '강박장애'는 인생을 파괴하는 질병이라기보다 생각을 통해 트라우마를 대하는 여러 방식 중 하나로 받아들여야 한다.[20]

생각을 다루는 방식은 성공을 위한 핵심 열쇠이다. 그렇기 때문에 내 모든 임무, 연구, 저작, 프로그램의 최우선 목표는 '생각 경영'이다. 당신이 자신의 생각을 어떻게 인지하고 또 자신의 생각을 어떻게 다루는지가 중요하다. 생각을 사로잡고 '사색가 사고구조'를 개발하여 자신의 생각을 논리적으로 평가하라. 사색가 사고구조를 개발하는 것은 자가 정신 케어 훈련 중 당신이 수행하게 될 가장 중요한 과제이다. 그 결과 우리는 자신을 좀 더 깊이 성찰하고, 스스로를 통제할 줄 알게 된다. 이제, 윌리엄 데이비스의 시 '여유'(Leisure)를 마음에 새겨보자.

근심으로 가득 찼다면, 그것이 삶일까?
잠시 멍하니 서 있을 여유조차 없는 우리여!

나뭇가지 아래에 서서 양떼와 소떼를
우두커니 쳐다볼 여유조차 없다면, 그것이 삶일까?

숲을 지나는 동안 다람쥐가 개암 열매 파묻는 것을
쳐다볼 여유가 없다면,

밤하늘의 별처럼 햇살 반짝이는 개울을
쳐다볼 여유가 없다면,

미인의 눈짓에 가던 길 멈춰 돌아서
그녀의 발을, 춤추는 걸음을 쳐다볼 여유가 없다면,

그녀의 눈에서 시작된 미소가
입가로 번지기까지 기다릴 여유가 없다면,

오! 불쌍한 인생이여, 근심으로 가득 차
잠시 멍하니 서 있을 여유조차 없는 우리여![21]

✦ 사색가 사고구조 활성화를 위한 Tip ✦

- 핸드폰이나 컴퓨터, 기타 여러 전자기기들이 당신에게서 '사색가 시간'을 앗아가는가? 그렇다면, 일정 기간(며칠 동안) 자신의 행동패턴을 살피고 전자기기들을 얼마나 많이 사용하는지, 또 전자기기들에 얼마나 의존하는지 점검해 보라.

- 일반적으로 사람들은 하루에 대략 8시간 정도 전자기기를 사용한다. 그러나 만일 하루 2시간 이내로 전자기기 사용을 줄인다면, 이로 인한 악영향 중 몇 가지는 다소 줄어들 것이다.[22]

- '사색가 시간'을 갖는 것은 엉뚱한 일이 아니다. 이것은 매우 자연스러운 일이다. 생각만을 위한 시간을 따로 떼어 두고(적어도 하루 16분) 상상의 나래를 펴보기 바란다. 당신의 마음이 여기저기 방황하도록 허락하라. 매일 일정한 간격을 두고, 두세 차례 반복해도 된다.

- '사색가 시간'은 우리의 지적 능력을 향상시킨다. 이때 뇌와 마음의 기능 또한 활성화된다. "지금은 사색하기 싫은데"라고 말하기 전, 사색가 시간이 당신의 지적 능력을 한 단계 업그레이드 해준다는 사실을 기억하라.

- '사색가 시간'은 뇌 건강을 증진시킨다. 그러므로 치매 예방에도 좋다. "지금은 사색하기 싫은데"라고 말하기 전, 사색가 시간이 당신의 뇌를 건강하게 지켜 주고 치매 예방에도 도움이 된다는 사실을 기억하라.

- '사색가 시간'은 자아 성찰 방법을 가르쳐 준다. 마음이 방황하는 동안 자신의 생각과 생각 중 경험하는 것에 집중하라. 일기장이나 노트에 그 내용(생각)을 기록해 보는 것도 좋다.

- '사색가 시간' 중 자아 성찰 방식으로 자신의 생각들을 기록하되, 어떤 생각

이 자유롭게 흐르는지 또 어떤 생각이 뇌리에 묶여 있는지에 집중하라. 시간에 따라 자유롭게 흐르는 생각이 어떤 방향으로 진행되는지 추적해 보라. 그리고 뇌리에 묶여 있는 생각들을 사로잡아 변화시키라(생각을 변화시키는 방법에 대해서는 20장에서 좀 더 자세히 다룰 것이다).

- 자신의 생각이 자신에게 평안을 주는지, 아니면 근심을 안기는지 평가해 보라. 만일 특정한 일에 대한 생각이 근심을 안긴다면, 그러한 생각이 떠오를 때마다 그 일에 대한 생각을 달리해 보라. 바꿔 말하면, 성가신 생각을 '재개념화'하라는 것이다.

- 새롭게 재개념화한 긍정적인 생각들을 매일같이 떠올려 보라. 이 훈련을 오랜 기간 반복하여(자동화될 때까지) 자신에게 도움이 되고, 유용하고, 긍정(성공)적인 기억으로 자리하게 하라(시행 방안을 알고 싶으면 20장을 참고하라. 그리고 drleaf.com이나 앱스토어를 방문하여 '생각의 해독' 방법을 확인하기 바란다).

3장
통제 사고구조

　오늘 당신은 다음과 같은 푸념을 얼마나 많이 늘어놓았는가? "그 일을 할 걸 그랬어. 만일 그랬다면, 지금 나는 얼마나 기쁠까?" 과거 당신이 나누었던 끔찍한 대화, 당신이 겪은 불편한 상황들을 반복·재생하며 "그 말을 하지(듣지) 말아야 했어", "상황이 달랐다면 얼마나 좋았을까?"라는 말을 입버릇처럼 되뇌지는 않는가?
　"이 일을 실패하면 어쩌지?"라며 아직 일어나지도 않은, 전혀 통제할 수 없는 미래를 부정적으로 상정해 놓고 걱정하며 근심한 적이 있는가? 이렇게 미래를 예측하느라고 허비한 시간이 얼마나 많은가? 혹시 이런 말을 한 적 있는가? "나는 생각을 통제할 수 없어요. 그러한 생각들은 나도 모르게 내 뇌리를 스쳐 지나가거든요." 당신은 자신에게 솔직한 편인가? 아니면 자신의 생각이나 감정들을 외면하는 편인가? 특별한 목적 없이(물론 입술로는 전혀 아닌 것처럼 말하지만) 대충대충 하루를 살아가는가?
　당신의 사고구조는 왜곡되어 있는가? 지금 겪고 있는 문제나 질병을 중심으로 자신의 인격과 정체성을 형성해 가는 것은 아닌가? 당신은 "내가 앓는 관절염", "내 다발성 동맥경화증", "내 심장 질환"을 습관처럼 언급하는가?

혹시 이런 말을 해본 적 있는가? "내겐 제대로 되는 일이 하나도 없군!" "내가 손대는 일마다 실패야." "나는 항상 일을 그르쳐." 혹시 마음에 짙은 안개가 드리워진 듯한 느낌을 받고 있는가? 무언가를 기억해 내는 데 어려움을 겪는가? 무언가를 배우는 것이 어려운가?

위에 나열한 여러 질문 중 하나에라도 "예. 맞습니다"라는 답을 했다면, 당신은 각종 난관으로 가득한 세상에서 나약한 인간으로 살아온 사람이다! 우리 모두는 삶의 여러 난관을 직면하고 있다. 그러므로 매일 매 순간 자신의 생각을 통제할 줄 알아야 한다.

중요한 것은 생각을 끊어내는 것이 아니라 통제해야 한다는 것이다. 그렇기 때문에 우리의 '선택' 능력에 창조적인 힘이 있다는 사실을 이해하는 것이 중요하다. 몸과 마음의 연계성에 대한 연구가 축적될수록 생각을 통제하는 일이 뇌와 몸을 해독하는 최상의 방법 중 하나임을 더욱 확신하게 된다. 마음을 새롭게 할 때, 우리는 성공을 방해하는 유해한 생각과 감정들을 제거할 수 있다.

많은 사람들이 특히 나이를 먹으면서 겪는 것 중 하나는 '요통'이다. 뉴욕대학 의과대 임상재활의학 교수이자 작가인 존 사르노 박사는 "대부분의 요통은 물리적인 원인보다 정신·심리적 문제에 기인한다"고 말했다.[1] 사르노 박사는 생각이 우리의 몸을 어떻게 낫게 하거나 병들게 하는지를 주목했다. 특히, 그는 생각으로 인해 병드는 경우를 유심히 관찰했는데, 유해한 생각들이 특정 상황과 맞아떨어질 때, 몸이 쇠약해져

(잠재적으로) 요통이 발생할 수 있다고 한다.

'의식적으로 생각을 통제한다'는 것은 마음속 생각들이 불쑥불쑥 튀어나오거나 미쳐 날뛰지 않도록 제어하는 것을 말한다. 자신의 생각을 면밀히 검토하면서 그것들을 하나하나 통제할 때, 즐거움을 맛볼 수 있다. 당신이 가장 먼저 수행해야 할 일은 무언가를 선택하거나 거절하기 전, 생각을 분석하는 것이다.

'생각을 통제한다'는 것은 참으로 멋진 말이다. 하지만 어떻게 생각을 통제할 수 있는가? 먼저 자신의 '사고 프로세스'mental process 를 관찰하는 것으로 시작하라. 물론 계란 껍데기를 까듯, 두개골을 열고 우리의 뇌에서 어떤 일이 일어나는지를 살펴보라는 말이 아니다. 자신의 생각이 어떠한지 생각해 보고 또 어떤 생각을 선택하는지 생각해 봄으로써, 우리는 자신의 사고 프로세스를 확인할 수 있다.[2] 이처럼 자신의 생각을 관찰하는 '자아 성찰'은 가능한 일일 뿐 아니라 매우 중요한 일이다.

유해한 생각은 다양한 가면을 쓰고 나타난다. '나는 잘 해야 해', '30분 안에 이 일을 마쳐야 해' 등과 같은 생각은 겉으로만 보면 그다지 문제가 없어 보인다. 그러나 이러한 생각들에 의해 유발되는 감정은 어떨까? 이들 감정의 면면을 유심히 관찰하고 분석해 보면, 이러한 생각들이 우리에게 해를 끼친다는 사실을 알아차릴 수 있을 것이다.

자신에게, 또는 남에게 비현실적인 성과를 요구하는 생각들은 우리의 뇌와 몸에 악영향을 끼친다.[3] 이를테면 우리의 몸과 마음을 유해한 스트레스 상태로 몰아간다. 이 같은 압박은 '계획성 없는 생각', '초점 없는 생각' 등의 결과를 낳는다. 절대 도움이 안 되는 생각들 아닌가?

자신의 생각을 통제하지 않으면, 당신은 유해한 생각들을 점점 더 많이 떠올리게 되고, 그 결과 유해한 감정들도 더 많이 느끼게 될 것이다. 이러한 부정적 사고방식은 명쾌한 생각, 이해능력, 학습능력 등을 저하시킨다. 부정적 사고방식은 성공의 길목에 놓인 장애물이다. 그뿐 아니라 부정적인 생각은 다양한 질병이 뿌리내리는 모판 역할을 한다.

생각은 우리의 기분을 좌우한다. 또 우리가 느끼는 몸의 컨디션에도 영향을 미친다. 두려움에 근간한 감정을 붙들 경우, 당신은 이유 모를 우울감을 느끼게 될 것이다. 이후 부정적인 태도는 당신의 생각을 왜곡시킬 것이고, 그 결과 당신은 '현재'를 살아가는 기쁨을 잃어버릴 것이다.

생각을 통제하기 위해 당신은 양자물리학의 '중첩 원리'를 활성화해야 한다(이를 끊임없이 활용해야 한다). 뇌로 유입되는 정보에 집중하면서, 이와 동시에 무의식으로부터 올라오는 기억들에 집중하는 능력이 '중첩'이디(A 요인으로 인한 결과와 B 요인으로 인한 결과의 합이 A, B 요인이 함께 작동한 결과와 같다면 중첩 원리가 성립된다고 할 수 있다 - 역자 주). 이러한 생각들을 떠올리면서 무엇을 믿고, 무엇을 거절할지 결정하기 전에 당신은 가능한 객관적으로 그 생각들을 분석해야 한다.[4]

그런데, 중첩은 무엇인가? 지금 당신이 서핑보드에 올라서 있다고 가정해 보자. 이제 곧 진행 방향을 결정해야 한다. 그래서 어느 쪽으로 서핑보드를 기울일지 생각하고, 느끼고, 선택하려는 참인데, 갑자기 당신의 마음속에 마법 같은 산들바람이 불어온다. '지금 다가오는 파도를 타다가 물속에 빠져야 하나? 아니면 다음 파도를 기다려야 하나?' 어쨌든 선택은 둘 중 하나이다. 선택 직전의 순간, 시간은 '잠시' 멈춘 것 같다. 그리고 당신의 마음에 불어온 산들바람은 현재 당신이 처한 상황과 연관된 과거의 기억들을 떠올려 준다. 그리고 당신은 선택한다! 이제 당신의 뇌는 새로운 기억을 세워갈 준비가 되어 있다.

이처럼 중첩 상태에서 묻고 답하고 토론할 경우(서핑보드에 올라선 상태), 당신은 자신의 생각들을 통제하게 된다. 이는 마치 거울을 바라보며 자신이 무슨 생각을 하는지, 어떤 감정을 느끼는지 자세히 인지하는 것과 같다. 이렇게 자신의 상태를 자세히 아는 것을 가리켜 '다중 관점 유익'Multiple Perspective Advantage, MPA이라 한다.[5]

이러한 방식으로 뇌에 유입되는 정보를 다룰 경우, 당신은 자신이 읽고 듣고 본 것의 15-35% 정도만을 본능적으로 채택한다. 이와 동시에 나머지 65-85%는 집중력, 기억을 형성하는 능력에 악영향을 미치는 '잉여' 정보로 간주하고 본능적으로 버리게 된다. MPA를 활용할 때, 당신의 감정은 '현재'의 세부 사항들에 미세하게 연결되는데, 이것은 좀 더 행복하고 평안한 기분을 느끼도록 돕는 '풍성한 경험'이라고 할 수 있다.

깊은 생각은 현재의 지각 능력을 고취시킨다. 선입견이나 부정적 감정을 결부시키지 않고 사물을 '있는 그대로' 받아들이는 능력이 높아지는 것이다. 중첩 상태로 들어가 MPA를 활용하면, 당신은 '깊은 생각' 그 이상으로도 나아갈 수 있다. 이러한 객관적 상태에서 당신은 유해하고 무질서한 생각들을 사로잡아 재개념화하고, 잘 정리된 건강한 생각들을 세워 나가게 된다. 이 두 번째 단계(재개념화)는 건강한 사고습관을 개발하여 실생활에 활용하는 데 꼭 필요한 과정이다.

통제 사고구조는 초점 전환에 큰 도움을 준다. 과거에 실수한 경험들을 반복·재생하는 대신, 현재의 행동에 초점을 맞추도록 도와줄 것이다.

내가 시행한 연구를 포함하여 수많은 연구의 결과가 끊임없이 말해 주듯[6] 우리가 생각을 사로잡지 않은 채 외부에서 유입되는 정보를 선별하지 않을 경우, 유해한 생각들을 변화시키는 것은 무척 고된 작업이 될 것이다(그래서 중도에 포기하는 사람이 많다). 유해한 생각을 변화시키지 못한 결과, 우리는 정신적 안정을 잃는다. 유용한 기억을 구축하거나 새로운 것을 배우는 능력도 상실한다. 기억하라. 우리는 정보를 습득하고 뇌를 구축하도록 지음 받은 존재이다.

자기 자신에게 큰 소리로 말하는 것은 생각을 통제하는 데 도움이 된다. 사실 자그마한 속삭임도 괜찮다. 우리가 입을 열어 말할 때, 뇌량腦梁(좌우 반구를 연결하는 신경섬유 집합체)이 자극되어 더 높은 기능을 발휘하기 때문에[7] 사고능력이 증진된다.

게다가 입을 열어 말하면, '청각 자극'이 추가되므로 '현재'를 지각하는 경험이 풍성해진다. 그뿐만이 아니다. 입을 열어 말하는 것은 '이 생각들은 유해하니까 버려야 해' 혹은 '이 생각들은 유익하니까 남겨 둬야 해'라고 결정을 내리기 전, 자신의 생각이 어떠한지 또 그 생각에 의해 유발되는 감정이 어떠한지 살펴보는 계기를 마련한다. 자신의 생각을 살필 수 있는 최상의 방법이라고 할 수 있다.

검토하지 않은 생각들이 당신의 마음속을 떠돌아다니지 않게 하라. 유해한 생각을 품으면, 건강한 기억을 구축하는 능력이 큰 손상을 입는다. 이로 인해 당신은 병에 걸릴지도 모른다. 생각이 '실재'實在, real thing라는 사실을 잊지 말라. 생각은 뇌와 몸의 기능에 영향을 미친다. 그 결과 삶의 질도 달라진다. 유해한 생각은 뇌 속 특정 구조물의 크기까지 줄여 버린다![8]

2장에서 언급했듯, 몽상이나 속된 말로 '멍 때리는' 상태는 당신에게 유익할 수 있다. 이 같은 '사색가 시간'이 문제가 될 경우는 생각들이 무질서하고 통제되지 않을 때다. 왜냐하면 무질서한 상태의 생각은 어떠한 유익도 없고, 또 생각 자체를 즐길 수도 없기 때문이다. 예를 들어 부정적인 방식으로 과거를 반추할 때, 특정 이슈에 과도하게 집착하거나 정욕에 불타오를 때, 이 생각 저 생각으로 무질서하게 이동할 때, 아무 계획 없이 여러 생각들을 한꺼번에 떠올릴 때가 그렇다. 이렇게 할 때, 당신은 '현재'의 기쁨을 누릴 수 없다. 생각을 통제하라. 그래야만 '사색가 시간'을 자신의 유익을 위해 사용할 수 있다.

의식적으로 자신의 생각을 통제하면, 당신은 얼마 안 있어 그 유익을 누리게 될 것이다. 긍정적인 사고 환경 속에 머물 경우, 단 4일 만에도 뇌의 피질 구조에 중대한 변화가 생길 수 있다고 한다.[9] 빈번한 긍정적이고 도전적인 학습 경험은 비교적 짧은 시간에도 지적 능력을 크게 증진시킨다.[10] 내가 시행한 임상실험 결과, 마음과 뇌/마음과 몸의 연계성을 이해한 사람들의 경우 자신이 배운 내용을 쉽게 기억했으며, 학습 잠재력도 35-75% 정도 상승했음을 알 수 있었다.[11] 생각을 통제하여 뇌를 해독하면 어떤 일이 일어나겠는가? 단지 기분만 좋아질 것이라고 예상하는가? 틀렸다. 뇌의 해독을 통해 당신은 이전보다 훨씬 더 똑똑해진다!

지난 몇 십년간 과학자들은 첨단 기술을 대동하여 뇌 연구를 시행했다. 그리고 다음과 같은 결론을 얻었다. "지적 능력은 고정되어 있지 않다." 당신이 어떤 생각을 품기로 선택하느냐에 따라 지적 능력은 향상될 수도, 저하될 수도 있다. 당신이 생각을 통해 자신의 뇌를 통제하는 것이다. 따라서 당신은 얼마든지 더 건강하고 똑똑해질 수 있다! 임상실험 중 몇몇 환자들에게서 '평범' 수준의 IQ가 '천재' 수준의 IQ로 향상된 일이 있었다. 심지어 그들 중에는 뇌 손상을 입은 환자도 있었는데 말이다![12]

매 순간 5-7개의 기억들이 의식(지각) 영역으로 이동한다. 우리는 이러한 기억들을 활용하여 외부로부터 유입되는 정보들을 분석·선별·채택·이해해야 한다. 기억이 견고할 경우, 외부 유입 정보가 우리의 집중력을 흐트러뜨리는 일은 줄어들 것이다. 살아가는 동안 우리는 집중력을 키워야 한다.

레오나르도 다빈치가 이렇게 말했다. "일반적인 사람은 보지 않은 채 보고, 듣지 않은 채 듣고, 느끼지 않은 채 만지고, 음미하지 않은 채 먹고, 몸의 감각을 인지하지 않은 채 움직이고, 향기나 냄새를 맡지 않은 채 호흡하고, 생각하지 않은 채 말한다."[13]

우리는 '현재'의 기쁨을 음미할 줄 알아야 한다. 과거의 참사에 얽매이지도 말고, 미래가 보다 나아질 것이라는 막연한 기대도 품지 말라. 당신은 현재를 누려야 한다. 현재에 집중할 때, 순간의 아름다움에 집중하기 위해 모든 감각을 활용하여 보고, 듣고, 느끼고, 맛보고, 호흡할 때, 우리의 사고능력은 증진된다. 그 결과 성공하는 능력도 크게 강화될 것이다.

✦ 통제 사고구조 활성화를 위한 Tip ✦

- 확인되지 않은 어떠한 생각도 당신의 마음속을 떠돌아다니지 않게 하라. '지금'이라는 순간에 집중하여 자신의 생각과 감정을 관찰하라.

- 특정 생각을 선택할지 버릴지 결정하기 전, 중첩을 활용하여 그 생각을 분석해 보라.

- 중첩 상태에서 그 생각들을 사로잡아 분석적으로 묻고, 답하고, 토론하라(시행 방법은 20장에서 자세히 설명할 것이다).

- 당신이 읽고 듣고 본 내용, 즉 당신의 뇌로 유입되는 정보들을 의식적으로 선별하고 또 그 정보를 의도적으로 생각하면서 그중 대략 15-35% 정도만 선택해 보라.

- 어떤 생각을 붙잡을지 결정하면서 과거 당신을 얽매었던 생각들을 재개념화(재디자인)하라. 유해한 생각을 제거하고, 더 나은 무언가를 구축하는 방향으로 이 작업을 수행해 보라. 예를 들어, 당신을 침울하게 만드는 생각들이 무엇인지 정확하게 짚어내라. 어떠한 유익도 주지 못하고 그저 당신을 가둬 놓는 생각 말이다. 이제 그 생각들과 관련하여 스스로에게 여러 가지 질문을 던져 보라(그러한 생각을 버리라고 명령하는 대신, 질문을 던지는 것이다). 이렇게 하는 것이 재개념화를 위한 보다 나은 방법이다. 왜냐하면 질문을 던지는 것은 탐구와 가능성의 문을 열어 주고, 당신을 과거의 생각으로부터 떼어내 변화를 위한 안전지대로 이동시켜 주기 때문이다. 게다가 질문을 던지면 자신의 감정으로부터 분리되므로, 어떠한 판단도 가하지 않은 채 자신의 감정을 '있는 그대로' 인식하게 되어 객관적으로 자신의 감정을 다룰 수 있게 된다(이 주제를 시간 프레임과 연관하여 설명한 내용이 21장에 나온다. 자세한 내용을 확인하려면 www.21daybraindetox.com을 방문하거나 drleaf.com 또는 앱스토어에 올라와 있는 뇌 해독 관련 어플리케이션을 활용해 보기 바란다).

4장

말 사고구조

말은 생각의 열매이다. 그러므로 말을 검토하지 않으면, 우리의 생각이 건강에 어떤 영향을 미치는지 도통 알 수 없다. 당신이 내뱉는 말은 생각에서 기인한 전자기적·양자적 '생명력'이다. 오랜 시간 생각하고 느끼고 선택하면서 당신은 그 생명력을 마음에 쌓는다. 이처럼 생명력으로 가득한 말에는 엄청난 '힘'이 담겨 있다.[1]

말은 당신의 생각을 반영한다. 그리고 말은 주변 세상과 삶의 환경에 영향을 준다. 말을 살피면 무엇이 당신의 발목을 죄고 있는지, 또 무엇이 당신을 전진하도록 동기부여하는지 알 수 있다. 그러므로 말은 매우 유용하다고 할 수 있다.

생각이 말을 낳기도 하지만, 말이 생각에 영향을 미치기도 한다. 당신의 입에서 나온 말은 마음속에 내재한 생각들(생각은 물리적 실체이다)에, 또 그 생각들의 출처가 되는 기억에 고스란히 스며든다. 즉, 어떤 말을 내뱉든, 당신 안에 구축된 생각들과 기억이 그 말의 영향을 받게 된다는 것이다.

부정적인 말을 하면 당신의 몸속에서는 유해한 화학물질이 분비된다. 이렇게 분비된 유해한 화학물질은 부정적인 기억들이 견고하게 성장하도록 도움을 준다. 부정적인 생각을 오랫동안 품으면 사고구조 자체가 '부정성'을 띠게 된다. 이를 방치할 경우, 사고구조는 물론 우리의 기억체계도 '부정성'을 띠게 된다. 잊지 말라. 당신이 어떤 생각을 하든, 가장 많이 품는 그 생각이 성장하게 되어 있다!

부정적인 일들을 끊임없이 떠올리고 또 그에 대해 발설하는 습관을 멈추라. 그렇지 않으면, 얼마 안 있어 부정적인 생각과 말들이 견고한 진이 되어 당신의 삶과 태도를 변질시켜 버릴 것이다. 게다가 부정적인 말을 입에 담을 때마다 당신의 몸에서는 부정적인 양자에너지가 분출된다. 이에 아미노산의 중합체인 펩티드가 불안정해지는데, 펩티드의 균형이 무너지면 뇌 속 물리적 환경에 좋지 않은 변화가 생기고, 당신의 몸도 '유해한 스트레스'에 시달리게 된다.[2]

반면, 긍정적인 발언은 많이 할수록 좋다. 긍정적인 말을 많이 하면, 긍정적인 생각을 많이 품게 된다. 긍정적인 말을 얼마나 많이 해야 하는가? 당신이 생각하는 것보다 훨씬 더 많이 해야 한다!

이것은 당신이 속한 세상을 긍정적인 말로 채워 가는 작업이다. 단지 몇 차례 긍정적인 생각을 떠올리고, 몇 번 긍정적인 말을 한다고 해서 될 일이 아니다. 긍정적인 말 몇 마디를 듣거나 입 밖으로 내었다고 하자. 물론 그 말은 의식 차원에서 표면적으로 작동하여 어느 정도 효과를 낼 것이다. 하지만, 부정적인 믿음체계가 자리하는 무의식의 영역에까지 그 여파가 닿지는 않을 것이다(4부 내용 참고).

게다가 진정성 없는 칭찬은 별 효과가 없다. 당신의 말에는 진정성이 담겨야 한다. 이를 정신심리학의 용어로 '인지적 일치' cognitive congruence 라고 한다. 쉽게 말해, 내가 하는 말과 나의 인식이 똑같아야 한다는 뜻이다. 실제로는 믿지 않으면서 말로만 믿는다고 하면 안 된다. 긍정적인 말을 통해 효과를 얻는 때는 당신이 한 말을 진심으로 믿을 때뿐이다.

자신에게 거짓말을 하면 '인지적 불일치' cognitive dissonance 를 경험하게 되는데, 이때 우리의 내면에서는 전쟁이 일어나므로 정신건강은 물론 신체 컨디션도 나빠질 것이다. 자신의 유해한 언어나 부정적인 생각들을 칭찬과 긍정적 사고로 세뇌한다 한들 (말한 것과 달리 실제로는 믿지 않는 경우) 달라지는 것은 없다. 물론 일시적 긍정 효과는 얻을지 모르지만, 딱 거기까지다. 그것은 마치 수술을 요하는 상처에 반창고를 붙이는 격이라고 할 수 있다.

당신이 행하는 일과 입 밖으로 내뱉는 말에는 반드시 믿음이 담겨야 한다. 뿌리(실제로 생각하는 바)와 열매(말)가 매칭이 되어야 한다는 뜻이다. 그렇지 않을 경우, 당신의 뇌 속 신경화학물질 환경이 무질서해진다. 인지적 일치의 결여는 유해한 스트레스를 유발한다. 또 외부에서 유입되는 정보가 처리되는 과정 및 기억이 구축되는 과정에 악영향을 준다.

자신이 '하고 싶은 말'과 '하고 있는 말'을 극도로 주의하여 살피라. 또 그 말에 대한 자신의 생각과 의견을 관찰하라. 그러면 우리 뇌의 전두엽이 모든 가용 자원을 동원하여 편도체가 유해한 감정(두려움과 공포)에 해를 입지 않도록 보호해 줄 것이다. 왜 그런가? 당신이 '보다 더 깊은' 생각에 잠길 경우, 뇌의 오른쪽 외측 전두엽 피질이 활성화되고, 그에 대한 반응으로 뇌 편도체에서의 활동이 둔해지기 때문이다. 참고로 뇌 편도체의 활동 저하는 좋은 일이다![3]

"나는 성공할 거야. 내 인생은 찬란해"라는 말을 한다고 가정해 보자. 하지만 당신이 이 말을 진심으로 믿지 않으면(무의식의 차원에서 진심으로, 마음속 깊이 믿지 않는다면), 이 말은 곧 당신에게 대응사격을 퍼부을 것이다.

생각의 재개념화를 원하는가? '말'이 변화되는 것을 원하는가? 그렇다면 자신이 누구인지(정체성), 또 자신이 어떤 존재로 변화해 가는 중인지 진지하게 살펴야 한다. 그러므로 "나는 성공할 거야"보다는 좀 더 현실적인 표현이 낫다. 이를테면, "나는 내 안에 잠재된 능력을 발휘할 수 있다. 난 그렇게 믿는다. 그리고 이를 위해 매일 3분씩 의식적으로, 의도적으로 긍정적인 생각을 할 것이다!"라고 말하는 것이다. 지금 느끼는 감정과 솔직하게 대면하면서, 그 기반 위에 긍정적인 생각을 쌓아 올리라.

당신의 미래는 당신의 손에 달려 있다. 당신은 자신의 미래를 재디자인하는 예술가이다! 물론 이 과정에서 믿음직한 사람들로부터 사랑과 지지를 받으면 더 없이 좋다. 그러나 궁극적인 책임은 '당신'에게 있다. 변화와 전진을 선택할 것인가? 아니면 퇴보를 선택할 것인가? 이것은 오롯이 당신의 몫이다.

긍정적인 말로 자신의 세상을 채워가는 일은 '말 사고구조'를 바꿔 부정적인 생각과 말을 제거하는 작업이다. '긍정적으로 말하기'(정직한 생각에 뿌리를 내리고 있는 긍정적인 말하기)를 시작하면, 당신은 유해한 옛 기억을 부수고, 고통스러운 기억의 자리에 아름다운 새 기억을 쌓아 올릴 수 있다.

그렇다고 해서 옛일을 다 잊는다는 뜻은 아니다. 당신은 여전히 과거의 일들을 기억할 것이다. 다만 그 기억이 '재개념화'될 뿐이다. 과거의 사건 자체가 아닌, 그 사건에 대한 해석이 달라지는 것이다. 기억의 재개념화를 통해 과거의 아픈 기억은 더 이상 당신의 삶을 억누르지 못한다. 대신 당신의 성품을 아름답게 다듬어 주는 도구로 자리매김한다.

 일치된 생각(긍정적인 말뿐이 아닌, 말과 일치된 생각)은 우리의 뇌 속 환경에 꼭 필요한 변화를 일으킨다. 우리가 이러한 생각을 품게 되기까지, 참으로 많은 시간과 노력이 필요하다. 자신의 언어습관과 또 말의 배후에 자리한 사고구조를 살피는 데에는 실로 많은 노력과 시간이 든다. 이러한 '인지'awareness 는 생각들을 사로잡아 변화시키는 일을 가능하게 한다.

 문제가 있다 하더라도 그것을 인지하지 못하면 해결할 수 없다. 또한 인지하더라도 문제를 곧바로 해결할 수 없다. 우리의 목표(꿈)가 항상 달성되는 것은 아니라는 사실을 인지할 때, 진정한 성공이 시작된다. 원하는 곳을 향해 나아가는 동안 우리는 종종 방향을 바꿔야 하고, 또 우리가 발전한다는 사실을 수시로 되뇌어야 할 것이다.

✦ 말 사고구조 활성화를 위한 Tip ✦

- 특정 사건에 대한 우리의 인식은 어떤 과정을 거쳐 형성되는가? 그 사건에 대해 자신이 하고 있는 말을 관찰하라. 또 그 말이 자신에게, 듣는 이에게, 그리고 삶의 여러 요인들에 미치는 영향도 관찰하라. 그렇게 관찰해야만 해당 사건이 자신에게 어떻게 인식되는지 알 수 있다. 항상 이 점을 유념하라.

- 자신의 말을 살펴보고, 그 말이 어떤 생각으로부터 기인했는지를 확인한 후 말과 생각, 이 둘을 비교하라. 그 둘이 일치하는가? 그렇지 않다면, 자신의 말과 생각을 종이에 적어 보고, 21일 훈련을 통해 그 둘이 일치되게 하라(이 내용은 20장에서 자세히 다룰 것이다).

- '중첩'의 상태로 들어가 자신의 말을 살펴보며, 어떤 말이 잘못되었는지 또 어떤 말이 옳은지 확인하라. 자신이 어떤 존재가 되어가는 중인지 생각해 보고, 그 과정에 집중하라. 부정적인 말은 긍정적인 말로 바꾸라. 삶의 영역 중 '변화가 있었으면' 하고 바라는 부분들을 생각해 보라. 혼잣말을 재개념화하여 이렇게 바꿀 필요가 있을지도 모른다. "나는 지금 변화되는 중이야. 아주 잘 하고 있어." 이러한 말은 지극히 현실적이다. 게다가 성취 가능한 성장으로 우리를 이끌어 준다. 이러한 말을 해보는 것도 좋다. "좀 더 의식적으로 시간을 관리하기 위해 나는 매 순간 노력하고 있어." 이 말은 자신이 진보하고 있다는 사실을 인정하고, 더 나은 미래를 위해 이 같이 선택했다는 사실을 알려 주는 말이다.

- 감정을 말로 옮기는 일은 당신의 마음과 뇌에 엄청난 치료 효과를 선사한다.

5장

통제된 감정 사고구조

　손님이 도착하기 전, 바닥에 너저분한 것들을 허겁지겁 옷장에 쑤셔 넣은 경험이 있는가? 그런데 갑자기 옷장에서 '쿵' 하는 소리가 나더니 문이 활짝 열리고, 그 안에 넣었던 물건들이 우르르 쏟아진다면 어떻게 되겠는가? 그것도 손님이 보는 앞에서 말이다.

　당신의 감정생활에도 이와 비슷한 일이 일어난다. 누가 알아챌까 두려운 나머지 우리는 유해한 감정을 억누르고 숨긴다. 그러나 감추는 것이 능사가 아니다. 마음에 묻어 두었던 것들은 언젠가 갑자기 '툭' 튀어나오기 마련이다. 게다가, 그렇게 숨긴 감정은 통제된 상태가 아니므로 가장 적절하지 않은 순간에 분출될 수도 있다. 감정은 본질상 화산과 같기 때문에 영구히 억눌러 놓을 수 없다. 언젠가, 어떻게든 반드시 폭발하게 되어 있다!

　당신의 감정은 오직 당신만의 것이다. 감정은 당신에게 닥치는 것이 아니라 당신 스스로 만들어낸 것이다. 감정의 구조를 디자인하는 사람은 바로 자기 자신이다.

건강한 방법으로 감정을 표출할 때, 당신의 뇌에서는 신경펩티드와 에너지가 분출되어 몸 전체가 건강하게 작동될 것이다. 반면, 자신의 감정을 (어떤 감정이든) 억누르거나 부인할 경우, 양자 화학물질의 대사 경로가 차단되므로 당신의 생태를 관장하는 화학물질들의 흐름이 멈출 것이다. 그 결과 당신은 사랑에만 반응하는 본연과 정반대의 방향으로 행동하게 된다.

이처럼 감정을 억누르고 숨기기를 수년간 반복한다면 자신의 감정이 무엇인지 분별할 수 없는 상태에 이르고, 그 결과 당신의 내면에서는 엄청난 갈등이 일어날 것이다. 물론 당신의 뇌 역시 큰 손상을 입는다.[1]

안타깝게도 수많은 사람들이 자신의 감정을 감추는 데 '전문가'가 되어 버렸다. 그 대가로 그들이 얻은 것은 '뇌 속 화학적 대혼란' neurochemical chaos 이다. 감정이 억눌리고 이로 인해 내적 갈등이 고조될 때, 당신에게 나타날 증후들은 짜증, 성급함, 분노, 과민반응, 불안, 좌절, 두려움, 충동, 완벽주의 성향, 자신에 대한 불신 등이다.

감정의 속도는 매우 빠르다. 우리의 무의식이 감정적으로 반응하는 데 걸리는 시간은 불과 100밀리세컨드(0.1초)밖에 안 된다(참고로 1ms는 1000분의 1초이다 - 역자 주). 반면 우리의 의식이 자신의 감정적 반응을 인식해 내는 데 걸리는 시간은 600밀리세컨드이다.

예를 들어, 당신의 마음에 분노의 감정이 일어났다고 하자. 그 순간 당신은 분노의 감정을 인식하고 '화를 내면 좋지 않겠군'이라고 생각한다. 하지만 늦었다. 이미 당신의 얼굴은 홍당무처럼 달아올랐다. 분노의 기색이 역력하다. 의식적으로 '분노'의 감정을 인식할 때까지 걸리는 500밀리세컨드 동안, 당신은 이미 무의식적으로 화를 내고 있었던 것이다. 상황을 되돌리기엔 이미 늦었다! 감정의 시그널이 이미 전송되어 버린 상태이기 때문이다. 이를테면 이메일 내용을 다시 한 번 확인하고 또 받는 이의 주소를 점검하기도 전, 자신도 모르게 전송 버튼을 누른 것과 같다(감정의 반응 속도에 대해 알고 싶으면 21장에 언급된 '기억'의 내용을 살펴보라).

억누르는 전략은 '주의'를 요한다. 왜냐하면 감정을 억누름으로써 우리는 모종의 효과를 기대하지만, 결코 기대했던 효과가 나타나지 않을 것이기 때문이다. 우리는 감정과 연계된 고통이 사라지고, 공격적 성향이 누그러지며, 평정심을 얻길 기대하며 감정을 억누른다. 하지만 그러한 일은 일어나지 않는다.

대부분의 경우, 우리는 '충격'을 완화 또는 차단하고자 감정을 숨긴다. 또 충격을 받으면 당장 뭘 해야 할지 모르는 상태가 되기 십상인데, 우리는 이러한 사실(감정)마저 숨기려 한다. 하지만 이것은 건강한 반응이 아니다. 화가 났으면 화가 났다고, 좌절했으면 좌절했다고, 슬프면 슬프다고, 무섭다고, 놀랐다고, 흥분했다고, 또는 행복하거나 평온하다고 말하는 것이 좋다. 자신의 감정이 무엇인지 분별하고, 그 감정에 이름을 붙이는 것(이를테면 기쁨, 행복, 설렘 등)은 타인에게 자신의 마음 상태를 명확히 전달하는 방법이다. 감정을 언어로 표현할 때, 우리는 좀 더 안정적인 느낌을 받게 된다.

게다가 언어로 감정을 표현할 경우, 다른 사람과의 교감이 가능해진다. 나의 감정을 표현하면 상대가 그 감정에 공감할 기회를 얻기 때문이다. 또한 상대방이 내 마음 상태를 함부로 예단하지 못하게 하는 효과도 있다. 우리는 다른 사람의 마음을 알 수 없다.

| 5장 • 통제된 감정 사고구조 |

감정 전문가인 리사 펠드먼 배럿은 TED 강연 중 이렇게 말했다. "우리가 생각하는 감정과 실제로 느끼는 감정은 다릅니다. 모두가 '나는 슬픔을 느낀다'고 말해도, 그들이 느끼는 슬픔이 동일하지는 않습니다. 감정은 동일하게 표출되지도, 인식되지도 않습니다. 감정은 불변하는 물체가 아닙니다. 또한 통제할 수 없는 뇌의 반응도 아닙니다."[2)]

그녀의 설명에 의하면, 우리는 미리 프로그램화된 감정회로를 갖고 태어나는 것이 아니다. 물론 우리는 긍정적인 성향(사랑에만 반응하는 본성)을 갖고 있긴 하지만, 선택(배럿은 이러한 선택을 '추측 guess'이라 불렀다)을 통해 감정을 창조해 내는 존재이다. 게다가 25년 넘도록 이어온 그녀의 연구에 의하면, 수십억에 달하는 뇌세포들은 우리가 원하는 감정의 방향대로 반응한다. 뇌가 아닌 당신 자신이 감정을 통제할 수 있다는 뜻이다! 바꿔 말하면 뇌가 아닌 '마음'이 우리의 감정을 통제하는 것이다.

그렇게 당신은 마음으로 자신과 타인의 감정을 '어느 정도' 읽어낼 수 있다(다시 말하지만, 뇌는 그저 '반응'할 뿐이다). 물론 100%의 정확도로 감정을 읽는 일(추측)은 불가능하다. 양자역학 법칙에 의하면, 당신의 추측이 틀릴 확률은 대략 30-50%이다.

"어떤 상황이 발생하면, 이에 대한 반응으로 내면에서 특정한 감정이 일어난다. 그럴 때마다 나는 그 감정을 억누른다." 자신에게 이 같은 성향이 있음을 발견했다면, 이제 당신은 마음과 뇌를 해독하는 긴 여정 가운데 아주 중요한 첫걸음을 뗀 상태이다. 그러나 만일 자신의 감정을 계속 감추려 한다면, 당신 스스로 성공의 길을 가로막는 셈이다.[3)]

"지금 내게 이러이러한 감정들이 일어나고 있어"라고 인정하는 것이 두려운가? 혹시 그러한 감정이 스트레스를 가속화하는가? 그렇다면 해당 감정에 대한 자신의 '인지'를 바꾸라. 아니면 그 감정을 다른 감정으로 치환하라(자신에게 해가 되는 감정 대신 유익이 되는 감정으로 바꾸라). 당신은 부정적인 에너지를 긍정적인 에너지로 바꿀 줄 알아야 한다. 에너지의 프레임을 바꾸는 것이다. 21일 주기로 이를 연습하면(20, 22장을 참고하라), 당신에게 '새로운 감정반응 패턴'이 장착될 것이다.

자신이 다른 사람의 감정을 읽을 줄 안다는 생각을 멈추라. 만일 당신이 이같이 자부한다면, 엄청난 문제가 발생할 것이다. 이에 따르는 잠재적 고통도 어마어마하다. '저 사람의 감정은 이것이야'라고 단정하기 전, 이는 자신만의 독특한 감정인식에 근거한 추측일 뿐이라는 사실을 알라. 물론 타인이 드러내는 감정이 유해한지, 사랑에 근간하고 있는지는 눈치챌 수 있다. 그러나 그들이 느끼는 감정을 세부적으로 알 수는 없다. 우리는 누군가의 얼굴이나 몸을 관찰하면서 그들의 감정을 유추하곤 하는데, 사실 감정은 그처럼 단순하지 않다. 얼굴 표정이나 몸의 반응은 거대한 퍼즐판의 한 조각에 불과할 뿐이다.

"나의 감정은 내가 통제할 수 있다." 이 사실을 알면, 그때부터 책임은 오롯이 내 몫이 된다. 당신이 나쁜 감정을 뿜어내든, 악감정을 폭발시키든, 그것은 전적으로 당신의 책임이다. 신경 위주의 학설들은 "인간에겐 이미 감정회로가 내장되어 있으므로, 당신은 특정 상황에서 어쩔 수 없이 특정 감정을 일으킨다"고 가르치려 든다. 하지만 이것은 사실이 아니다. 감정은 통제 가능하다. 그렇다고 해서 자신에게 일어나는 감정에 대해 자신을 비난할 필요는 없다.

우리가 책임져야 할 부분은 그러한 감정이 일어날 때 '어떻게 처리하는가'이다. 우리는 감정을 잘 처리하여 부작용이 일어나지 않도록 해야 한다. 감정에 대한 반응을 바꿀 수 있는 사람은 오직 우리 자신뿐이다. 내가 담당한 환자들에게 이 사실을 인지시켰을 때, 그들의 회복 속도가 빨라졌다. 이것은 명백한 임상결과이다. 내게도 마찬가지였다. 이와 같은 감정적 책임감은 엄청난 '자유'를 가져다준다.

✦ 통제된 감정 사고구조 활성화를 위한 Tip ✦

- 감정 통제의 첫 번째 단계는 "나의 감정을 내가 통제할 수 있다"는 사실을 깨닫는 것이다. 당신은 '창조적 선택'으로 다양한 감정들을 뇌 안에 쌓아 올릴 수 있다. 감정은 보편적이지 않다. 감정은 자신만의 독특한 산물이다. 또한 미리 프로그램화된 것도 아니다. 당신이 감정을 만들어 내는 것이다. 그러므로 감정은 당신에게 일어난 무언가가 아니라 당신에 의해 만들어진 무언가이다.

- 두 번째 단계는 "나는 감정의 유발 요인에 대해서는 책임이 없다. 다만 감정 관리에 책임이 있을 뿐이다"라는 사실을 깨닫는 것이다.

- 유해한 감정으로부터 자신의 마음과 뇌와 몸을 보호하는 것이 중요하다. 유해한 감정을 다른 감정으로 치환 또는 재구성하여 자신에게 유익이 되는 감정으로 변화시키라.

- 감정이 억눌려 있음을 나타내는 증후가 있는지 확인하라. 이것이 마음과 뇌로부터 유해한 감정을 해독해 내는 첫 단계이다(생각의 해독 방법을 알고 싶다면 drleaf.com 또는 앱스토어에서 내가 만든 디톡스 관련 어플리케이션을 확인해 보라).

- 사람들 앞에서 자신의 감정을 노골적으로 솔직하게 다 드러낼 필요는 없다. 그러나 자신에게는 솔직해야 한다. 자신의 감정이 어떠한지 최대한 직면하려고 노력하라. 감정을 다루는 방식은 점진적으로 발전할 것이다.

- 자신의 감정을 적절하게 표현해야 한다. 물론 자신을 용납하고 비난하지 않는 사람들 앞에서(안전한 분위기에서) 표현하는 것이 좋다. '안전한 사람', '덜 안전한 사람', '전혀 안전하지 않은 사람'의 목록을 작성하는 것도 좋다. '안

전한 사람' 그룹은 사랑하는 사람들, 아주 가까운 친구들, 혹은 상담사 등과 같이 당신이 신뢰할 수 있는 사람들을 말한다. 두 번째 그룹은 모든 것을 공유할 수는 없지만, 그래도 어느 정도 속마음을 털어놓을 수 있는 대상이다. 마지막 그룹은 당신의 속마음을 절대 말해선 안 되는 사람들이다. 그랬다가는 역효과가 날 것이기 때문이다.

- 자신의 감정을 부인하지 말고 인정하라. 직면하라. 감정을 적절히 다루라. 가능한 빨리, 긍정적인 방식으로 그 감정들에 이름을 붙여 보라. 하지만 '당신이 그렇게 할 준비가 되었을 때' 해야 한다. 감정은 살아 있고 본질상 화산과 같아서 언젠가 폭발하게 되어 있다. 가장 원치 않을 때, 또는 기대하지 않을 때, 폭발할 것이다.

- 자신의 감정을 구별하여 인식할 수 있는 사람은 오직 당신 자신뿐이다. 그러나 다른 사람의 지지와 응원은 감정을 직면하도록 용기를 줄 수 있다.

- 마지막으로, 다른 사람의 감정을 안다고 착각하지 말라. 아무리 잘 안다고 자부해도 당신의 추측이 틀릴 확률은 30–50%나 된다. 게다가 이런 식으로 남의 감정을 짐작할 때, 당신의 감정적 트라우마 수치가 높아진다.

6장

용서의 사고구조

우리가 안고 있는 상처와 아픔에 대해 사람들은 종종 이 같은 조언을 건넨다. "용서해. 그리고 잊어!" 그런데 이 말에는 과학적(논리적) 원리가 담겨 있다. 타인의 잘못을 용서할 경우, 그와 연관된 아픔과 상처의 세부적 기억들이 쉽게 잊히기 때문이다. 실제 연구결과가 이를 잘 보여 준다.[1]

용서의 사고구조를 선택할지, 말지는 전적으로 우리의 자유의지에 달렸다. 다만, 그 선택에 의한 결과도 자신이 책임져야 한다는 사실을 기억하기 바란다. 용서를 선택하느냐, 아니면 분노와 복수심을 품고 살아가느냐에 따라 우리의 정신적·육체적 건강 상태는 크게 달라질 것이다. 용서는 분노, 후회, 쓴 뿌리, 수치심, 슬픔, 죄책감, 증오 등의 유해한 생각들을 떨쳐 버리는 방법이다. 또한 용서는 이와 같은 감정의 속박에서 당신을 풀어 주며, 유해한 생각으로부터 흘러나오는 부정적 에너지를 차단해 준다.

유해한 생각에 달라붙은 감정은 당신의 마음을 어지럽힌다. 게다가 그러한 감정들은 마음을 단단히 옥죄기 때문에 당신은 답답함을 느낄 것이다. 이처럼 유해하고 건강하지 않은 생각들이 당신의 마음을 점령하고 있는 한, 당신은 과거의 기억들을 재개념화할 수 없다. 새롭고 건강한 생각들을 성장시킬 수 없다는 뜻이다.

용서와 사랑이 우리의 마음, 뇌, 육체의 건강에 이롭다는 사실이 연구 결과 밝혀졌다. 위스콘신 대학의 연구원들은 '용서'와 관련된 실험을 진행 중인데, 계속해서 다음과 같은 동일한 결과를 얻고 있다. "용서의 능력을 계발한 사람은 다른 사람에 비해 감정 통제 능력 수준이 월등히 높다. 또한 분노하거나 화를 내거나 상처받는 일도 타인에 비해 현저히 적다. 그들은 용서하지 않는 사람보다 정서적·육체적으로 훨씬 더 건강하다."[2] 진심으로 남을 용서하는 사람은 찬란한 미래를 향해 쉽게 나아갈 수 있다.

용서는 뇌 구조에도 변화를 준다. 연구결과, 남을 용서할 경우 뇌의 전측상측두구 anterior superior temporal sulcus, aSTS 가 커진다는 사실이 밝혀졌다.[3] 뇌 피질 회백질의 해당 영역이 커질수록 실수로 심각한 잘못을 저지른 사람들을 쉽게 용서할 수 있다. 그리고 용서하면 할수록 당신은 더 많이 용서하게 된다. 뇌가 용서의 사고구조에 적응하는 것이다! 문자 그대로, 용서하면 할수록 용서하기가 점점 더 쉬워진다는 뜻이다.

용서는 건강에도 좋다. 당신이 앙심을 품으면, 심혈관계 및 신경시스템이 악영향을 받는다. 메이오 클리닉이 진행한 연구에 의하면, 개인적 원한에 얽매인 사람들은 일반적으로 고혈압을 앓으며, 심장박동 및 근긴장도 muscle tension 도 높다고 한다. 게다가 몸의 통제력도 저하되는 느낌을 받는다고 한다.[4]

위 연구 중 "당신에게 상처 준 사람을 용서하는 상상을 해보십시오"라고 권유했을 때, 실험 참가자들은 하나같이 긴장 완화, 마음의 평온을 느꼈다고 대답했다. 또한 부정적인 생각에서 긍정적인 생각으로 전환되는 것도 느꼈다고 한다. 이외에도 여러 연구를 통해 용서가 우리의 심리적 건강에 선한 영향을 미친다는 사실을 알 수 있다. 심리적 건강은 육체적 건강과 직결된다.[5]

하지만 당신은 이렇게 반문할 것이다. "이봐요, 리프 박사님! 용서하는 게 쉬운 줄 아세요? 내게 무슨 일이 있었는지 알지도 못하면서 용서하라고 강요하시는 겁니까?" 그렇다. 나는 당신에게 어떤 일이 있었는지 모른다. 그러나 계속해서 앙심을 품고 산다면, 그러한 악감정이 당신의 건강을 해친다는 사실과 당신이 성공할 수 없다는 사실은 잘 안다.

어떻게 용서해야 하는가? 용서를 잘 할 수 있는 '단 하나의 방법' 같은 것은 없다. 수많은 아픔과 고통을 겪어 본 사람이라면 용서를, 은혜와 자비를 그리 쉽게 베풀 수 없다는 사실을 잘 알 것이다. 그럼에도 용서하는 것이 중요하다. 이 사실을 안다면, 자신과 주변 사람들을 용서하기로 선택하라. 친구나 상담자 또는 멘토와 이야기를 나누어 보라. 그들과의 대화가 자신의 감정을 분별하고 남을 용서하는 데 도움이 될 것이다.

물론, 용서하라고 해서 다른 사람의 잘못을 눈감아 주라는 뜻은 아니다. 본질상 용서는 그릇된 행동을 잘못으로 인식하는 데에서 시작되기 때문이다. 용서는 상대방의 잘못을 잘못으로 인식함과 동시에, 그에게 은혜와 자비를 베풀어 주는 행위이다. 그러므로 용서는 내가 당한 일을 잊는 것도 아니고, 상대방의 잘못을 눈감아 주는 것도 아니다. 상대방이 내게 무슨 짓을 해도 '난 괜찮아'라며 자위하는 것도 아니다. 용서는 상대방의 잘못으로 인해 내가 당한 고통을 직시한 후, 그때의 기억을 재개념화하는 과정이다. 이러한 과정에서 상처에 결부된 쓴 뿌리와 악감정을 떨쳐낼 수 있다.

✦ 용서의 사고구조 활성화를 위한 Tip ✦

- 용서한다고 해서 상대방의 잘못을 눈감아 주거나 내가 받은 상처와 아픔을 부인해선 안 된다. 용서는 내게 상처를 준 사람을 풀어 주는 행위이다. 즉, 복수하고 싶은 마음을 내려놓는 것이 용서이다.

- 당신은 용서의 효과를 몸으로 느낄 수 있다. 어떤 사람을 용서했던 때를 떠올려 보고, 당시 당신의 감정과 기분이 어떠했는지 생각해 보라.

- 마음이 여리기 때문에 남을 쉽게 용서하는 것이라고 생각하면 오산이다. 용서에는 엄청난 용기와 사랑이 필요하기 때문이다. 용서가 어떻게 부정적인 생각과 상황을 변화시키는지 생각해 보라. 당신과 관련이 있는 모든 사람에게 용서가 어떤 영향을 미칠지도 생각해 보라.

- 내게 상처 준 사람을 어떻게 용서할 수 있을까? 지금까지 다루었던 모든 사고구조를 동원하여 그 방법을 찾아보라.

- 분노하기를 멈추고 용서하라. 그렇게 하지 않으면, 당신의 존재 자체가 분노로 변할 것이다. 기억하라. 무엇을 생각하든, 당신이 가장 많이 떠올리는 바로 그 생각이 성장하게 된다.

- 과거에 상처받았던 일을 떠올리고, 상대방의 행동이 잘못이었음을 인식하라. 이후 그 사건에 결부된 당신의 감정과 분노 또는 고통을 인식하라. 상처 준 사람을 진심으로 용서하기 원한다면 자신에게 솔직해야 한다.

- 치유에는 많은 시간이 소요된다.

- 과거의 기억을 재개념화하라. 당신에게 상처 준 사람을 새로운 눈으로 바라

볼 방법을 찾아보라. 그 사람이 왜 그러한 말과 행동을 했는지, 전후 상황을 살펴보라. 그가 당신에게 상처를 주었을 당시, 그는 삶 속에서 어떤 일을 겪고 있었는가? 왜 그는 그러한 행동을 했는가? 그의 사정은 어떠했는가? 또한 당신의 사정은 어떠했는가?

7장

행복 사고구조

　인스타그램을 열고 스크롤바를 내려가며 유명인들의 사진을 훑어보면, 그들이 누리는 부와 명예, 사회적 지위와 특권을 '행복'으로 착각하기 쉽다. 사람들은 '행복'을 최고의 가치로 여긴다. 예일 대학의 가장 유명한 강의가 '행복'에 관한 내용이란 것도 충분히 이해할 만하다.
　그러나 우리는 자본주의 사회가 강요해 온 행복의 정의를 그대로 받아들일 수 없다. 왜냐하면 참된 행복은 그보다 훨씬 더 폭넓고 복잡한 개념이기 때문이다. 우리가 믿는 바(믿도록 길들여진 방식)와 달리, 행복은 외적 조건이나 소비 행태보다는 내면의 만족과 훨씬 더 깊게 연관되어 있다.
　행복은 가치 있는 삶으로부터 얻는 '기쁨'이다. 그러므로 행복의 크기는 긍정적인 것에 초점을 맞추는 능력, 다른 사람과 소통하는 능력, 공동체 안에서 의미 있는 관계를 유지하는 능력과 관계가 깊다. 다시 말해 행복은 주어진 환경이나 조건과는 상관없다. 다만 자신이 어디에 속해 있는지를 알고, 왜 살아가는지를 아는 것, 이러한 깨달음이 진정한 '행복'이다.

행복은 '공동체'와 직결된다. 나는 행복과 공동체성의 관계가 무척 중요하다고 생각하여 이 사실을 강조하고 또 강조한다. 버클리 대학의 신경과학자 에밀리아나 사이먼 토마스는 인간의 행복에 대한 오랜 연구 끝에 이같이 말했다. "사회적 유대가 가장 강한 사람이 가장 행복하다."[1)

공동체의 일원으로서 자신의 역할을 올바르게 수행할 때, 우리의 몸은 긍정적 반응을 나타낸다. 예를 들어, 다른 사람을 돕거나 그들에게 무언가 좋은 것을 내어줄 때, 뇌의 중변연계 도파민 시스템이 크게 활성화되어 우리는 높은 차원의 기쁨을 느끼게 된다(도파민 시스템은 중독과 연관된 시스템이다. 참고로 중독은 무언가에 의해 잠식당하는 것을 의미한다).[2) 본질상, 우리의 신경계는 다른 사람을 사랑하고 섬기도록 섬세하게 디자인되어 있다. 이는 우리가 오직 사랑에만 반응하는 존재로 지음 받았다는 사실과 맥을 같이 한다.

또한 행복이 성공보다 앞선다는 사실을 기억해야 한다.[3) 열심히 노력하여 사업에서 성공하거나 높은 학위를 취득하는 등의 목표를 달성했다고 해서 자동적으로 행복해지는 것은 아니다. 행복이 성공보다 먼저이다! 소냐 류보미르스키, 로라 킹, 에드 디에너는 225건의 연구를 메타분석한 결과, 행복과 만족감, 성공적인 사업과 성공적인 인생 사이에 강력한 인과관계가 있음을 확인했다.[4) 참된 행복에서 우러나오는 만족감이야말로 성공을 견인하는 핵심 요인이다.

성공을 거둘 때마다 당신의 뇌는 성공의 의미를 새롭게 인식한다. 그렇다. 당신은 끊임없이 배우고, 끊임없이 성장한다. 행복, 만족, 성공은 불변하는 정적인 개념이 아니다. 당신의 생각이 이러한 개념들을 만들어내고 수시로 그 개념의 정의를 바꾸기 때문에 행복, 만족, 성공은 매우 역동적이다. 당신이 행복의 척도를 설정한다.

또한 행복은 단순하고 평탄한 삶이(그러한 삶은 존재하지도 않지만) 아니다. 하버드 대학 교수 션 어쿼는 이같이 말했다. "어려운 상황에서도 행복의 수치를 높이면, 크게 성공할 것입니다. 예를 들어 경제가 불황일 때 좋은 투자처를 찾는 일이 그렇습니다."5) 삶의 문제들을 만날 때, 우리는 최선을 다한다. 즉, 어려운 환경이 우리에게서 '최선의 노력'을 유도해 내는 것이다. 그렇게 문제를 해결하면, 당신은 성취감과 행복을 얻을 수 있다. 또한 문제 극복 기술을 장착한 채 새로이 닥쳐오는 문제들을 해결할 수 있다.6)

어려운 문제 앞에서 행복하기로 선택할 때, 당신의 뇌는 눈부신 활약을 나타낸다. 우리의 기세를 꺾을 만한 상황에도 좌절하지 않고 오히려 긍정적인 태도를 취할 경우, 흥분과 기대감이 상승한다. 나는 수많은 연구와 임상실험을 통해 이러한 사실을 알아냈다. 내 삶 역시 이를 증명해 주는 증거이다.

삶 속에서 우리가 느낄 수 있는 최고의 감정은 정신적(혹은 육체적) 고난을 이겨 내고 무언가를 성취하거나 깨달을 때 얻는 성취감일 것이다. 삶의 문제와 도전을 이겨 내고 우뚝 설 때, 행복감은 증대된다. 나는 항상 나 자신에게 이같이 묻는다. "이 모든 어려움들을 품고 골머리를 앓으며 유해한 생각들에 에너지를 부여하겠는가? 아니면 나의 모든 정신 에너지를 긍정적인 생각에 쏟아부어 행복의 수치를 높이겠는가?" 높은 행복감은 당신이 좀 더 효율적으로 일할 수 있도록 도와준다.

행복이나 불행은 주어지는 것이 아니다. 행복이 상황이나 환경에 달려 있지 않기 때문이다. 어쿼 교수가 말했다. "사람들이 믿는 오류 중 하나는 이것입니다. '우리는 행복과 불행을 선택할 수 없다. 행복한 환경이나 불행한 환경은 우리에게 주어지는 것이기 때문이다.' 그러나 이 같은 믿음체계는 문화적 미신에 불과합니다."7) 긍정적인 사고, 사랑에 기반을 둔 사고체계, 스트레스를 유용하게 만드는 능력 등은 우리가 충분히 통제할 수 있다. 우리는 스스로 행복의 수치를 조절할 수 있다. 이 책의 서두에 소개한 윌리엄 어네스트 헨리의 시처럼 "나는 내 영혼의 선장"이다.

물론 사람마다 차이는 있다. 어떤 이에게 행복은 좀 더 쉽게 다가올 것이고, 또 어떤 이에겐 다소 어려울지도 모른다. 그러나 사랑에만 반응하는 사고체계를 발전시키려고 노력하다 보면, 모두가 행복을 느낄 수 있다(2부를 참고하라).

사실 이러한 사고체계를 발전시키는 일은 생각만큼 어렵지 않다. 21일 동안 매일 감사한 일 세 가지를 노트에 적어 보면, 자신도 모르게 긍정적인 태도가 크게 성장하는 것을 느낄 것이다. 만일 당신이 63일 동안 매일같이 감사한 일 세 가지를 떠올리고 노트에 적는다면(21일 주기를 세 차례 반복하면), 긍정적인 태도는 6개월 이상 유지될 것이다.

놀이와 웃음은 유해한 스트레스를 줄이고 행복감을 증대시키는 방법이다. 사실 지금까지 소개한 모든 '사고구조'가 당신의 행복 수치를 높여 줄 것이다. 놀 때, 우리의 감정과 표현의 한계가 넓어진다. 웃음은 종종 '내면의 조깅'이라 불리는데, 이는 우리가 웃을 때 뇌와 몸 속의 펩티드 및 양자에너지의 흐름이 빨라지기 때문이다.8)

수많은 연구를 통해 왜 웃음이 '최고의 보약'이라 불리는지 입증되었다. 우리가 웃을 때, 우리 몸은 기분을 좋게 만들어 주는 화학물질을 즉

각 쏟아낸다. 그 결과 몸의 면역체계가 튼튼해진다.[9] 또한 웃음은 스트레스 호르몬 수치를 낮춰 준다. 예를 들어 배꼽을 잡고 웃을 경우, 코르티솔(부신피질에서 분비되는 스테로이드 호르몬) 수치는 39%, 아드레날린 수치는 70%나 떨어지고, 기분을 좋게 만드는 호르몬들 즉 엔돌핀류의 호르몬 수치는 29%나 상승한다. 게다가 제대로 한 번 웃으면 성장호르몬이 87%나 급증한다![10]

웃음이 호흡기 감염을 막아 주는 감마 인터페론의 수치를 높여 우리 몸의 면역체계를 강화해 준다는 연구결과도 많다.[11] 게다가 웃음은 생각의 유연성을 높여 주는데, 이는 에어로빅을 통해 우리 몸과 마음이 건강해지는 것만큼의 효과를 낸다는 연구결과도 있다. 하루 100회 정도 웃으면, 10분 동안 조깅이나 노 젓는 운동을 한 것과 동일한 효과를 얻는다. 웃으라. 인생을 너무 심각하게 살지 말라!

심리학자 로버트 프로빈이 말했다. "웃음은 인간이 지닌 사회성을 보여 주는 전형적 시그널이자 모든 관계의 근간이다."[12] 프로빈의 연구결과가 말해 주는 것은 홀로 있을 때보다 다른 사람과 함께 있을 때 30배이상 많이 웃는다는 것이다. 이것은 우리 삶이 타인의 삶과 긴밀하게 얽혀 있음을 보여 주는 증거다.

✦ 행복 사고구조 활성화를 위한 Tip ✦

- 행복하기로 결심하라. 다양한 삶의 도전을 받아들이고 자신의 이해력과 능력이 신장하는 과정을 즐기라. 실패하면 다시 그 자리에서 일어나라. 실패했다는 생각조차 하지 말고 행복하기로 다짐하라. 맨 처음 느꼈던 용기와 희망을 부여잡으라. 이렇게 할 때, 당신은 새로운 힘을 얻고 끝까지 걸을 수 있다.

- 당신의 손에 행복 조절기가 들려 있음을 기억하라. 필요할 때마다 자신의 행복 수치를 확인하라. 만일 행복 수치가 낮아졌다면, 하던 일을 멈추고 심호흡하며 무엇이 문제인지 자문하라. 이유를 찾을 때까지 다양한 '사고구조'를 활용하라. 그리고 문제를 해결하라.

- 당신이 에너지를 쏟는 일에 최선을 다하라. 자신의 선택에 따라 스스로 연민을 느낄 수도 있고, 깊은 슬픔에 잠길 수도 있다. 혹은 건설적인 일에 에너지를 쏟을 수도 있다. 이것은 개를 산책시키거나 사람들에게 미소를 지어 보이는 것만큼 단순한 일이다.

- '이 일이 끝나면 행복해질 거야'라는 생각은 하지도 말라. 시작하는 과정을 즐기고, 일의 전개 과정을 기뻐하며, 마무리될 때까지 웃음을 잃지 말라. 자신을 향해 '다양한 감정을 느껴도 괜찮아!'라고 말해 주며 평안한 마음을 견지하라. 광대처럼 분장하고 억지로 미소를 지어 보일 필요는 없다. 자신에게 솔직하라. 행복은 '사랑에만 반응하는' 우리 본연의 일부임을 인정하라.

- 당신은 사랑에만 반응하도록 지음 받았기 때문에 행복은 당신에게 엄청난 가능성으로 다가올 것이다. 이 사실을 믿으라! 모든 사람이 자신만의 행복과 기쁨을 정의한다. 정행진 틀로 다른 이들의 행복을 재단하지 말라.

- 최대한 다른 사람과 의미 깊은 관계를 맺기 위해 노력하라. 자신이 속한 공동체 안에서 활발하게 활동하라.

- 재미있는 영화, 코미디 영상을 보거나 유머집을 읽거나 재미있는 소리를 내보거나 보드게임을 해보라. 사랑하는 사람들과 긍정적인 사고구조를 발전시켜 보라.[13] 매일의 삶 속에 정기적으로 '즐거움'을 부여하라. 즐거운 놀이는 행복을 얻는 가장 값싸고 쉽고 효율적인 방법이다. 놀이는 당신의 몸과 마음과 영혼에 활력을 불어넣어 준다. 이로써 긍정적인 감정들이 흐르기 시작한다.

8장

시간 사고구조

우리가 추구하는 목표는 긍정적인 변화와 성공이다. 어쩌면 이것은 평생 품어야 할 목표일지도 모른다. 변화와 성공을 꾀하기 위해, 스스로에게 던져야 할 질문이 있다.

"나는 어떻게 생각하는가?"

"지속적인 성공, 의미 있는 성공을 하려면 생각을 어떻게 활용해야 하는가?"

오늘날의 인스턴트 문화 속에서 이러한 질문을 던지기는 쉽지 않다. 사실 그럴만한 여유도 없다. 변화에는 많은 시간이 소요된다. 또 성공을 향한 길에는 여러 가지 난관이 놓여 있다. 이러한 사실을 우리 모두 잘 알고 있다. 하지만 정작 변화와 성공을 위해 인내하는 사람은 거의 없다. 당신은 습관이나 행동을 바꾸는 데 얼마만큼의 시간이 소요되는지 아는가? 아니, 이를 아는 사람이 몇 명이나 될까?

이러한 이유로 나는 이 책에서 '기억의 과학'을 중요하게 다루었다(21장을 참고하라). '기억의 과학'은 오랜 시간의 노력을 요하는 과정이다. 이것은 대중에 인기 있는, 이른바 빠른 성공을 보장하는 '즉효약'quick fix 이 아니다. 기억하라. 성공을 보장하는 것은 '고된 노력'뿐이다.

기억이 생각이라는 사실을 잊지 말라. 우리가 하는 모든 말과 행동은 우리가 뇌 안에 쌓아 올렸던 '하나의 생각'에서 출발한다. 즉, 그동안 당신이 생각을 통해 뇌 속에 쌓아 둔 기억이 당신의 모든 말과 행동의 원천이란 뜻이다. 당신은 기억을 바탕으로 무언가를 말하고 행한다.

기억이 형성되는 데에는 시간이 걸린다(장기기억이 형성되는 데에는 21일, 이후 그 기억이 사고방식으로 전환되기까지는 42일, 이렇게 총 63일의 시간이 걸린다). 중요한 것들은 단기간에 이뤄지지 않는다. 우리는 꿈을 현실로 바꿀 수 있다. 그러나 무엇보다 먼저 변화에는 많은 시간이 소요된다는 사실부터 인식해야 한다. 트위터에 글을 올리는 평균 1초 정도의 시간으로는 어림없는 일이다.

기술의 시대는 무언가를 빨리 보려는 갈망을 불러들였다. 여기에는 '변화'나 '성공'도 포함된다. 오늘날 사람들은 빠른 시간 안에 이뤄지는 변화와 성공을 보고자 한다. 그러나 성공에 지름길은 없다. 빠른 속도로 어떤 일이 일어나길 바라고, 그 일이 일어나지 않으면 그와 동일한 속도로 포기해 버리는 태도는 건강하지 못하다. 그러한 속도에 적응하지 말라. 그와 같은 태도는 당신에게 번민을, 당신의 뇌와 몸에는 유해한 스트레스를 안길 뿐이다. 이후 당신은 유해한 사이클을 따라 악순환의 단계를 밟게 된다. 물론 당신이 결정하면 어느 때든 악순환의 고리를 끊어낼 수 있지만 말이다.

'선택'을 통해 뇌를 활성화하면, 당신은 성공적이고 의미 있는 기억을 구축할 수 있다. 마라톤에 참가하기 전, 우리는 몸부터 단련하고 장거리 달리기에 맞는 호흡법과 운동법을 배워야 한다. 마찬가지로 성공을 위해서는 당신의 뇌 안에 '성공에 어울리는' 사고구조가 장착되어야 한다. 당신은 마음으로 뇌를 훈련하여 성공 사고구조를 장착할 수 있다. 나는 이것을 마음의 유산소 운동이라 부른다.

스포츠를 예로 들어 보자. 특정한 기술을 익히거나 몸동작을 마스터하는 데에는 꽤나 오랜 시간이 걸린다. 스포츠를 배우기로 결심한 이들은 이러한 사실부터 인정하고 시작한다. 그런데 마음을 단련할 때는 왜 그런지 모르지만 이 단순한 기초 상식조차 내팽개치려는 것 같다. 마음 단련에도 오랜 시간이 걸린다. 이 사실을 잊는 순간, 당신은 시험 전날 밤샘 공부하듯 마음을 단련하다가 지쳐 포기할 것이다. 시험이 끝나면 전날 벼락치기로 공부했던 내용을 모두 잊어버리듯, 벼락치기 식으로 마음을 단련한 효과는 쉬 사라져 버릴 것이다.

내가 진행했던 연구 및 여러 학자들의 신경가소성 연구결과는 동일했다. 우리는 모두 새로운 습관이 장착되기까지 최소 63일이 걸린다는 사실을 알게 되었다(20장 참고).

그러나 사람들은 그때까지 참지 못한다. 대부분은 21일은커녕 며칠 안에 포기해 버린다.[1] 임상 치료 중, 나는 모든 환자들에게 하루 1회 7-16분 정도 뇌 해독을 실시했다. 그리고 매일 최소 45-60분 동안 기억 구축 훈련도 실시했다(원하는 사람은 더 오랫동안 훈련했다).

그렇게 하기를 3주, 그들의 기억에 '변화'가 생겼다. 각 사람의 학업 성취도, 업무 능력, 대인기술, 사회성, 감정, 인식, 지적 능력이 괄목할 만한 성장을 보였다. 실질적인 변화, 즉 지속적인 변화야말로 '변화된 삶'의 증거인데, 이러한 변화를 보증해 주는 것은 오직 '끈기'뿐이다. 새로운 세포가 생성되기까지 대략 두 달이라는 시간이 걸린다. 그러므로 참된 변화를 체험하기 원하면, 적어도 21일 사이클(3주)의 과정을 세 차례(63일 동안) 반복해야 한다.[2] 나는 지난 25년간의 임상 실험을 통해 변화에는 최소 63일이 소요된다는 사실을 수차례 확인할 수 있었다. 마음과 뇌의 변화에 지름길은 없다.

✦ 시간 사고구조 활성화를 위한 Tip ✦

- 기술을 익히는 데 드는 시간, 사고구조를 바꾸는 데 드는 시간, 감정 통제법을 배우는 시간, 혹은 남을 용서하는 데 걸리는 시간은 결코 짧지 않다. 하지만 시간이 많이 걸린다고 해서 좌절하거나 포기하지 말라.

- 시간이 많이 걸리는 변화의 과정을 거치는 동안, 다른 사람이 당신을 어떻게 생각하는지 혹 다른 사람이 당신에 대해 무슨 말을 하는지 신경 쓰지 말라. 그러한 생각으로 스스로를 괴롭히지 말라. 다른 사람의 부정적 에너지를 흡수하지 말라.

- 실패할 경우 좌절하지 말고, 그 대신 무엇을 하지 말아야 할지에 대한 '지식을 얻었다'고 생각하라. 어떤 것에도 '완벽한 실패'라는 라벨을 붙이지 말라. 그 모든 성공과 실패를 당신의 성품을 개발할 배움의 기회로 삼으라.

- 새로운 경험은 항상 새로운 목표를 제시한다. 특정한 목표와 비전을 갖는 것은 좋지만, 그 꿈과 비전이 바뀌거나 변화될 수 있으므로 이에 대비해야 한다. 여차하면 완전히 바뀔 수도 있다. 이때 필요한 것이 '유연성'이다. 유연성은 시간을 효율적으로 사용하게끔 도와주고, 성공을 향한 당신의 걸음을 가속화시킨다.

- 하지만 '딴 생각'하는 것과 유연성의 차이는 이해해야 한다. 유연성은 전진하도록 도와주지만, '딴 생각'은 당신의 발목을 잡는다.

- 시간을 두고 진심으로 자신을 신뢰해 보라. 자신의 능력을 신뢰하지 못하면, 아무리 기술이 좋고 재능이 있어도 제대로 실력을 발휘할 수 없다. 어쩌면 자기 신뢰법을 배우는 데에만 63일이 걸릴지도 모른다. 이에 대해 더 많은 것을 알기 원하면 내가 쓴 책, 《뇌의 스위치를 켜라》와 《하나님이 디자인하신 완전한 나》(이상 순전한나드 출판)를 읽어 보기 바란다.

- 시간에 쫓기지 말라(모든 일에는 기한이 있다). 시간이 당신을 통제하는 것이 아니라 당신이 시간을 통제한다. 어떤 일을 할 때, 자연스러운 순서에 따라 가능한 빨리 완수하는 법을 배우라.

- 뇌에 일어난 변화가 장기간 지속되기를 원한다면, 최소 63일이 걸린다는 사실을 잊지 말라. 이에 대한 세부 내용은 이 책의 20장과 22장을 참고하라. 그리고 매일의 삶에 적용해 보라.

- 당신이 계획한 것보다 시간이 더 오래 걸리더라도 절대 당황하지 말라. 당황하면 지금까지 해온 모든 노력이 수포로 돌아갈 것이다.

9장

가능성 사고구조

어떤 상황에 처했을 때, 당신은 다양한 가능성들을 보는가? 아니면 상황 자체만을 보는가? 계획했던 일이 어그러질 때, 당신은 좌절하는가? 한 가지 가능성에만 매달리지 않고, 또 다른 가능성을 볼 수는 없는가?

어쿼 교수는 "뇌가 지닌 긍정적 편향성 때문에 우리는 학교, 직장, 일상에서 성공할 것을 예상한다"고 말했다.[1] 뇌의 본원적 설계라고도 할 수 있는 긍정적 편향성 덕에 우리는 한 가지 이상의 가능성을 인식하고 추구할 수 있다. 그러므로 일이 뜻대로 되지 않는다 해서 조급해하거나 연연해할 필요는 없다. 왜냐하면 한쪽 문이 닫힐 경우, 언제나 다른 쪽 문이 열리기 때문이다. 우리는 가능성의 세상을 살아간다. 마음의 창조력으로 이 모든 가능성의 청사진들을 디자인하면서 살아가는 것이 인생이다.

어떤 상황에서도 경영자는 여러 가능성을 타진한다. 그들은 모든 가능성과 잠재력을 알아채는 사고구조를 지니고 있다. 이러한 사고구조는 본질상 '희망적' 사고구조라고 할 수 있다. 왜냐하면 성공할 때까지 모든 가능성들을 시험해 볼 것이기 때문이다.

누가 말해 주지 않더라도 당신은 목표를 향해 내딛는 걸음걸음이 아주 긴 여정임을 안다. 또한 이 여정의 목적지가 '성공'이란 사실도 알고 있다. 당신이 이러한 사실을 본능적으로 아는 것은 당신의 뇌와 몸이 사랑에만 반응하도록 지어졌기 때문이다. 그러므로 이제 '사랑에만 반응하는' 당신의 본능을 깨우기만 하면 된다.

토머스 에디슨을 보라. 그는 전구를 발명하기까지 천 번 이상의 실패를 거듭했다. 그리고 오랜 시행착오 끝에 결국 전구를 발명해 냈다. 누군가 그에게 "연달은 실패 때문에 낙심하지 않았느냐"고 묻자 에디슨은 이같이 답했다고 한다. "실패라니요? 아주 놀라운 결과들을 얻어냈습니다. 실험을 통해 나는 전구에 불이 켜지지 않는 수천 가지 방식을 알게 되었습니다!"[2]

에디슨은 성공에 대한 일반의 선입관을 버렸다. 또한 자신의 잠재력을 그러한 기준에 맞추지 않았다. 그에게는 하나의 목표가 있었다. 그것을 이룰 때까지, 그는 멈추지 않았다. 목적지로 향하는 길에 수많은 실패와 도전이 도사리고 있었지만, 그는 신경 쓰지 않았다. 그저 묵묵히 걸어갔을 뿐이다. 에디슨은 거듭된 시행착오를 실패로 여기지 않고 실험결과로 여겼다. 결국 그의 삶엔 엄청난 값어치의 지식이 축적되었다. 그는 자신의 삶을 '학습 여정'으로 인식했다. 그는 성공했던 시도만큼이나 실패했던 시도들을 소중히 여겼다.

시도한 것은 실패가 아니다. 실패로 끝난 시도일지라도 이는 여러 다양한 '실험결과' 중 하나이므로, 우리는 이를 통해 소중한 지식을 축적할 수 있다. 나는 환자들에게 이 사실을 강조했고, 그들은 이것을 사실로 받아들였다. 그렇게 '성공'의 정의를 달리한 환자에게서는 엄청난 변화가 나타났다.

우리에겐 다양한 가능성을 인정하는 사고구조가 필요하다. 이를 개발하기로 선택할 때, 사랑에만 반응하도록 설계된 우리의 뇌가 활성화된다. 그 결과 다양한(특히 실패로 끝난) 시도들은 실패가 아닌 하나의 가능성으로 인식되기 시작한다. 그러므로 가능성 사고구조를 선택하는 것이 중요하다. 이 선택이야말로 성공을 견인하는 열쇠이다.

지난 30년간 나는 남아프리카의 수많은 환자들과 학생들에게서 이러한 변화가 일어나는 것을 수없이 보아 왔다. 가능성 사고구조를 채택한 사람들은 극한의 상황을 견디며 결국 자신의 목표를 이뤄 냈다. 환경은 그들의 성공을 가로막을 수 없었다. 오히려 열악한 환경 덕에 그들은 더 큰 소망을 품고 변화를 기대하며 정진할 수 있었다. 그들은 '어떻게 배워야 하는지'를 배웠다. 어떤 것도 그들의 열정을 막아설 수 없었다. 그들이 보여 준 굳은 결심이 내 삶에도 영향을 미쳤다. 그래서 나는 이 메시지를 전 세계 곳곳의 사람들에게 가르치기로 다짐하고 쉼 없이 이 길을 걸어가고 있다.

한 번은 어쿼 교수가 남아프리카를 방문했는데, 내가 도왔던 여러 학교들을 돌아본 후 이같이 말했다. "이토록 짧은 기간에 일어난 변화라니, 믿을 수가 없습니다. 단 몇 차례의 강의였지만, 이 아이들처럼 배우려는 열정으로 불타오르는 학생들을 만나 본 적이 없습니다."

그곳에서 어쿼 교수가 만난 학생들은 모두 불우한 환경에서 살고 있었다. 누가 봐도 공부에 집중하기 어려운 형편이었다. 하지만 학생들의 열정은 대단했고, 배움의 자세 또한 훌륭했다. 모든 면에서 그가 평생 가르쳐 온 하버드의 학생들(부유층)보다 훨씬 나았다(참고로 하버드 대학생의 4분의 1은 우울증을 앓고 있으며, 학업과 일상의 균형이 무너져 있다).[3] 이들은 그들보다 훨씬 더 잘 배웠고, 또 배울 수 있는 기회에 감사할 줄 알았다.

우리는 환경을 핑계 삼아 "나는 이러이러한 이유 때문에 성공하지 못했다"고 변명할 수 없다. 인생은 수많은 도전과 어려움의 연속이다. 이 사실이 당신에게 새로운 뉴스인가? 그렇지 않다. 직면하고 해결해야 할 문제가 없던 적이 있었는가? 문제는 항상 우리 앞에 놓여 있다. 그러나 어려운 상황 속에서도 '가능성'을 볼 줄 안다면, 그러한 '사고구조'가 장착되어 있다면, 당신이 치르는 경기 양상은 달라진다.

일단 생각이 바뀐다. 넘어져도 다시 일어날 수 있고, 결승선까지 달릴 수 있다. 그러므로 이러한 사고구조는 성공을 거두기 위한 필수 아이템이다. 비록 그 길의 끝을 볼 수 없더라도, 당신은 그 끝을 향해 한 걸음 더 내딛을 수 있다.

✦ 가능성 사고구조 활성화를 위한 Tip ✦

- (실패로 끝난) 시도는 실패가 아니다. 이 사실을 매일같이 상기하라. 시행착오는 실패가 아니라 여러 다양한 결과 중 하나이다. 이를 통해 귀한 지식이 축적된다.

- 현재 처한 상황, 혹은 앞으로 다가올 상황 속에서 어떤 일이 일어날지 다양한 가능성들을 내다보고, 그 내용을 종이에 적어 보라. 이 훈련을 많이 하면 할수록, 다양한 '가능성'들을 삶에 적용하기가 쉬워진다.

- 여러 가능성들을 인정하는 사고구조를 개발하기로 결심하라. 그러면 사랑에만 반응하도록 설계된 뇌가 활성화될 것이다. 뇌가 당신의 결정을 따를 것이다.

- (실패로 끝난) 시도들을 '가능성'으로 인식하라. 반복되는 시행착오를 실패로 간주하지 말라(실패로 여기려는 유혹을 뿌리치라). 이렇게 결심할 때, 당신은 성공을 예상할 수 있다.

- '해결책이 없어. 빠져나갈 구멍도 없어. 난 실패자야!' 이러한 생각이 당신의 마음을 옥죄거나 입술로 이렇게 말하고픈 마음이 생길 때, 일단 멈추라. 대신 이렇게 말하라. "나는 본래 성공에만 반응하는 wired for success 사람이다. 그러므로 실패자일 수 없다!"

- 한 가지 상황을 두고 다양한 가능성을 떠올려 본 후 종이에 적어 보라. 이를 '놀이'로 삼아 보라. 그리고 얼마나 많은 가능성을 생각할 수 있는지 직접 확인해 보라.

- 가능성을 회피해야 하는 위험으로 인식하지 말라. 가능성은 '기회'이다. 이렇게 생각하는 훈련이 필요하다.

- 기억하라. 우리는 가능성의 세상을 살아간다. 그 모든 가능성의 청사진을 디자인하는 창조력이 우리의 마음에 담겨 있다. 우리는 그 능력으로 이 세상을 살아간다.

10장

감사 사고구조

지금까지 내가 말한 바를 한 문장으로 요약하면 다음과 같다. "우리는 학교와 일터와 일상의 현장에서 성공할 수 있다(성공하는 능력을 스스로 통제할 수 있다)." 그런데 얼마만큼 성공하느냐를 좌우하는 요소는 바로 '감사의 태도'이다.

본능적으로 인식하고 있는 사실들을 과학이 실험과 다양한 연구로 입증해 줄 때, 나는 참으로 즐겁다. 과학의 도움에 힘입어 그동안 알고 있던 바를 더욱 확신할 수 있기 때문이다. 최근 '감사하는 마음'이 인간의 행동에 어떤 변화를 주는지, 또 감사하는 마음에 우리의 뇌가 어떻게 반응하는지를 알려 주는 연구가 진행되었다.[1]

연구자들은 실험 참가자들에게 3개월 동안 매일 '감사의 편지'를 쓰도록 요청했다. 그 후 이들의 습관이나 뇌의 활동(특히 내측전전두엽)에 어떤 긍정적 변화가 일어났는지를 뇌 단층촬영 등으로 확인했다.[2] 연구결과, 감사를 연습한 경우 사랑에만 반응하도록 설계된 뇌의 본연이 다시금 활성화됨을 알 수 있었다. 감사의 태도를 견지하면, 마음-뇌의 긍정

적 반응/재반응의 선순환이 영구히 지속된다.[3]

하지만 뇌 단층촬영 증거에 너무 많이 의존해선 안 된다. 특정 자극을 주었을 때 모니터의 뇌 사진 속 특정 부위가 밝게 빛났다고 해서 우리의 뇌가 해당 자극에 1대 1로 반응하는 것은 아니기 때문이다.[4] 환경이나 자극에 반응하는 것은 오로지 우리의 선택에 달렸다. 뇌의 활동은 이러한 마음속 선택을 반영해 줄 뿐이다. 뇌가 마음을 변화시키는 것이 아니라, 마음이 뇌를 변화시키는 것이다.

감사하기로 선택할 때, 우리 본연의 설계가 되살아난다. 감사가 우리의 생태에 안기는 효과를 연구한 결과, 감사하는 마음은 수명을 늘리고, 상상력 활용도를 높이며, 문제해결 능력 또한 증진시킨다는 사실을 알 수 있었다. 즉, 감사는 전위적인 건강 상태를 증진시킨다고 할 수 있다.[5]

감사의 태도를 견지하면 '인생은 살 만하다'는 느낌을 받는다. 이 같은 감정은 우리의 삶에 긍정적 피드백을 선사한다. 일단 정신건강이 증진된다. 이후 긍정의 선순환 고리가 형성되므로, 종종 문제를 만나 넘어지더라도 쉽게 일어날 수 있다. 다시 말해 '회복 능력'이 보강되는 것이다.

임상 실험을 통해 감사의 사고구조가 강력하게 형성된 환자들은 그렇지 않은 환자들보다 더 큰 활력을 얻어 자신의 삶을 의미 있게 만든다(그러한 일들을 찾아 행한다)는 것을 알게 되었다. 반면, "사람들은 내게 못되게 굴어", "피해는 항상 내가 당하지", "저 사람 때문에 내가 힘든 거야"라며 늘 불평하는 사람들, 감사의 태도가 결여된 사람들에게서는 질투, 시기, 다른 이의 성공을 싫어하는 등 부정적 피드백이 나타난다.

감사의 태도를 지닌 사람들에게서 나타나는 선순환 고리와 부정적 반응/재반응의 악순환 고리를 비교하면, 극명한 차이를 알 수 있다. 일본에서 진행한 연구에 의하면, 인생의 가치를 발견한 사람들이 더 오래, 더 건강하게 산다고 한다.[6]

바로 지금, 받은 복을 헤아려 보고 감사하는 마음을 가지라. 그러면 훗날 감춰진 복들이 찾아올 때, 그것들을 복으로 알아채기가 훨씬 쉬울 것이다. 왜냐하면, 감사 사고구조를 만드는 중 당신의 마음 상태가 점점 더 개선될 것이기 때문이다. 지금, 인생에서 좋은 것들을 많이 찾아낼수록 당신의 인생은 더욱 행복해질 것이다. 그리고 미래에 성공할 확률도 점점 더 높아질 것이다. 컨트리송 가수 윌리 넬슨이 말했다. "받은 복을 세어 보기 시작한 순간, 내 인생이 완전히 바뀌어 버렸다."[7]

✦ 감사 사고구조 활성화를 위한 Tip ✦

- 감사 사고구조의 활성화는 '나에게 감사하는 태도가 있는지'를 확인하는 작업에서 시작된다. 의도적으로, 그리고 비판적으로 자신의 생각을 관찰하라. 감사의 태도가 있는지 확인하는 것이 중요하다.

- 받은 복을 세어 보는 데 얼마나 많은 시간을 들이는가? 아니면, 잃어버린 것, 이루어지지 않은 일들을 세어 보느라 많은 시간을 허비하는가?

- 당신은 모든 것에 감사하는가? 이번 한 주간 얼마나 자주 "감사합니다"라고 말했는지 세어 보라. 앞으로 7일 동안 감사함을 느끼거나 감사를 표할 때마다 그리고 불평할 때마다 일일이 기록하여 각각의 횟수를 비교해 보라. 7일이 시난 후, 기록지를 보면 당신은 깜짝 놀랄 것이다.

- 당신은 "나는 그 일을 할 수 있습니다!"라는 말을 잘 하는가? 아니면, "나는 그 일을 못 할 것 같아요"라는 말을 잘 하는가?

- 무언가를 말하기 전, 자신이 하려는 말을 관찰하라. 그것이 부정적인 말이라면, 일단 멈추라. 그리고 생각을 사로잡아 긍정적으로 바꿔 보라. 불평하면 뇌가 손상을 입고, 관계가 어그러진다는 사실을 기억하라.

11장

공동체 사고구조

인간은 사회적인 동물이다. 아무리 혼자 있는 시간을 즐긴다 하더라도 우리 모두는 어디엔가 속해 있어야 한다. 그렇다. 우리에겐 공동체가 필요하다. 자신이 속한 공동체 안에서 사람들과 긍정적인 관계를 맺으면, (육체적으로 또 정신적으로) 바람직한 열매들을 얻을 것이다. 일단 우리의 정신이 건강해지고, 위기로부터의 회복 능력도 증진된다. 만성 통증이 완화되고, 혈압이 낮아지며, 심혈관계가 튼튼해진다.[1]

반면, 고립은 우리의 삶에 부정적인 영향을 준다. 위탁 기관에 맡겨진 영아들을 대상으로 진행한 연구가 있는데, 연구결과가 매우 안타깝다. "터치(포옹 등의 만져 주는 행위)의 부족은 어린 아이의 생명에 치명적이다."[2]

고독은 모든 연령층에 걸쳐 '조기 사망'의 위험을 높인다. 또한 고립은 사람들의 건강을 악화시키기 때문에, 이로 인한 공공보건 비용도 증가한다.[3] 최근 한 조사 결과, 사회적 고립이나 고독으로 인한 사망률이 비만으로 인한 사망률보다 훨씬 높은 것으로 나타났다.[4] 어떤 과학자들은 실험 참가자가 30만 명에 달하는 148건의 연구를 살펴본 후 "사회적 유대관계가 강한 사람은 그렇지 않은 사람의 경우보다 '조기 사망률'이 50%나 낮다"고 결론 내렸다. 반면, 고독은 그와 정반대의 효과를 나타낸다고 한다.[5] 예부터 공동체로부터 추방시키거나 교제를 금지시키는 것이 '처벌' 또는 '고문'으로 사용된 것은 그리 놀랄 일이 아니다. 우리는 고립의 위험을 진지하게 생각해야 한다. 오늘날 세계 곳곳의 수많은 나라가 '고독'이라는 전염병에 걸려 있다.[6]

참고로, 이 땅의 모든 공동체가 공공보건을 우선순위로 삼을 수 있도록 과학자들이 발 벗고 나서야 할 때가 되었다. 먼저 과학자들이 협력하여 고립의 문제와 싸워야 한다.[7] "우리는 한 팀이다!" 나 또한 이를 위해 최선을 다하고 있으며, 강연할 기회가 주어질 때마다 우리 모두가 한 팀이라는 사실을 피력한다. 테레사 수녀는 이렇게 말했다. "나는 당신이 할 수 없는 일을 할 수 있어요. 그리고 당신은 내가 할 수 없는 일을 할 수 있답니다. 그러므로 협력할 때, 우리는 위대한 일을 해낼 수 있습니다."[8]

사람들과의 연결고리가 약해질수록 우리는 '실상' 대신 '환상'을 더 좋아하게 되어 있다. 분명, 상상력은 성공적이고 만족스러운 삶을 위한 도구이다. 하지만 공동체성이 결여된 상상은 고삐 풀린 망아지에 지나지 않는다. 공동체성을 상실할 경우, 환상이 실상의 자리를 차지하기 쉬우므로, 이때는 건강한 상상 대신 허황된 환상을 붙잡기 쉽다.

물론 모든 사람이 정도의 차이는 있겠으나 "내겐 이러한 꿈이 있어", "내게 이러한 일이 일어날 거야!"와 같은 식의 환상을 갖고 있다. 이 같은 환상은 우리에게 활기를 불어넣어 주며, 꿈을 추구하는 동력이 되기도 한다. 그러나 상상이 일상과 분리되어서는 안 된다. 그렇지 않으면 환상이 실상보다 더 생생하게 다가올 것이기 때문이다. 실상보다 환상을 더 소중하게 여기는 사람은 오랜 기간 '사회적 고립'을 느끼게 될 것이다. 게다가 고립은 우리의 건강을 해치며 수명까지 단축시킨다.

어떻게 하면 고립, 고독이라는 전염병과 싸워 이길 수 있을까? 앞에서 말한 '사회적 고립과 인간 수명'의 관계를 연구한 과학자들을 기억하는가? 그들의 대표 연구자인 줄리안 홀트-룬스타드는 공동 정원(일단의 사람들이 함께 모여 원예 활동을 하며, 때로는 수익을 위해 농작물을 기르는 사유지 또는 공유지를 '공동 정원'이라 한다 - 역자 주)이나 레크레이션 센터 시설에 더 많은 투자가 이루어져야 한다고 주장한다. 한데 어울릴 수 있는 기회나 장소를 마련하는 일은 균형 잡힌 식사를 하거나 정기적으로 운동을 하는 것만큼 사람들의 정신과 육체 건강에 크게 기여한다는 것이 그 주장의 골자이다.[9]

홀트-룬스타드 박사는 다음과 같이 말한다. "우리는 '은퇴'를 준비한다면서 재정적인 부분에만 신경을 씁니다. 그러나 은퇴 후의 사회생활(대인관계)에 대해서도 준비해야 합니다. 은퇴한 사람들에게 고독은 매우 치명적인 병이니까요."[10]

우리 모두는 '공동체 사고구조'를 적극적으로 개발해야 한다. 이를 위한 노력의 일환으로, 나는 '온전한 마음 프로젝트'Whole Mind Project라는 비영리 조직을 만들었다. '온전한 마음 프로젝트'를 통해 우리는 교회나 사회단체, 또는 낙후된 지역에서 공동 정원 가꾸기, 공동 식사, 사랑을 기반으로 한 상담치료 등을 실시하며 사람들에게 '온전한 마음'과 '육체적 건강'의 중요성을 가르치고 있다.[11] 공동 정원 활동, 공동 식사, 그리고 편견 없이 들어 주는 상담치료 덕에 수많은 사람들이 건강하게 먹는 법도 배우고, 또 자신의 삶과 세상을 어떻게 변화시켜야 하는지도 배우고 있다. 이처럼 공동체 안에서 각 사람의 영적·정신적·육체적 건강이 증진되는 것, 이것이 우리의 목표다.

우리는 '온전한 마음 벤치'Whole Mind Bench도 마련했다. 이것은 '온전한 마음 프로젝트'의 한 꼭지를 담당하는 프로그램인데, 쉽게 말해 사람들이 앉아서 자신의 고충을 털어놓는 자리이다. 온전한 마음 벤치에선 비판이나 판단을 받지 않고도 마음껏 속사정을 이야기할 수 있다. 이 프로그램은 나의 오랜 연구와 임상실험을 기반으로 개발한 것으로, 짐바브웨에서 시작한 '우정의 벤치'(지역 주민들이 언제든 와서 자신들의 문제를 나누는 장소) 프로그램을 벤치마킹한 것이다.[12] 우정의 벤치는 사랑과 공간에 초점을 맞춘 공동체 치료 프로그램으로, '개인의 문제'를 공동체 안으로 끌어들여 함께 고민하고 해결해 보려는 노력의 열매이다.

고립이란 병은 그 병의 본질상 자가 치료가 어렵다. 우리는 '사회적 고립'과 싸워 이기기 위해 모든 연령대, 각계각층의 사람들에게 다가가야 한다. 그렇게 할 때, 사람들의 정신적·육체적 건강이 개선된다. 가정과 학교와 직장은 모든 사람이 '의미 있는 시간'을 공유해야 하는 곳이다. 그러므로 각각의 장소에서 긴밀한 사회적 유대를 독려하는 것이 중요하다.

당신은 성공적인 삶을 원하는가? 나뿐 아니라 다른 사람도 성공하기를 바라며 도와주기 원하는가? 그렇다면 공동체 사고구조를 개발해야 한다.

✦ 공동체 사고구조 활성화를 위한 Tip ✦

- 집 밖으로 나와 지역 공동체를 품는 방법을 생각해 보라. 사람들을 위해 무엇을 할 수 있을지 생각해 보라. 독서모임을 시작해 보는 것은 어떤가? 혹은 저녁식사를 준비하고 매번 새로운 사람을 초대해 보는 것도 좋다. 이웃과 안면을 튼 후, 함께 산책을 하자고 제안하거나 카페를 가보는 것도 괜찮다. 아니면 지역 활동 센터 등에 가입해 보라. 할 수 있는 일은 수없이 많다.

- 세상을 구원할 필요는 없다. 우리의 목표는 아주 작고, 쉽고, 단순하다. 현관문을 열고 이웃과 가벼운 인사를 나누는 것부터 시작하라. 식료품점, 헬스클럽, 교회에서 만나는 사람들과 가볍게 인사하라. 그렇게 하여 자신감과 만족감을 얻으면, 다른 사람의 삶에 선한 영향을 끼칠 수 있다. 작은 친절 하나하나가 연결될 때, 온 세상이 영향을 받게 된다. 당신이 중요하다. 당신의 생각이 중요하다. 당신이 속한 공동체에서 가장 중요한 사람은 바로 당신이다.

- '온전한 마음 프로젝트'에 참가해 보는 것은 어떤가? 공동 정원을 시작하고, '온전한 마음 벤치'를 시작해 보라. 저녁식사에 사람들을 초대해 보라. 이외에도 다양한 방법으로 우리의 사역에 동참할 수 있다. 자세한 정보를 원하면 웹사이트를 방문하라.

- 자원봉사도 좋다. 다른 사람을 섬기는 것이야말로 공동체에 유익을 끼치는 아름다운 일이다. 이를 통해 당신과 공동체의 건강 모두 증진될 것이다.

12장

도움 사고구조

앞에서 언급한 '공동체 사고구조'의 구성 요소 중 가장 중요한 두 가지는 '그룹 내에서의 치유'와 '다른 사람에게 다가가 도움을 주는 행동'이다. 사회적 유대 수준(경제적 지원, 후원 포함)이 높을수록 구성원들의 수명은 길어진다. 영양적으로 균형 잡힌 식사를 하고 규칙적으로 운동하는 것만큼이나 이로운 효과를 낸다. 반면, 낮은 수준의 유대감은 고혈압만큼이나 구성원의 건강을 해친다.[1] 인생의 어려운 일들과 직면한 사람은 고립을 선택하기 쉬운데, 이것은 그야말로 치명적인 실수이다. 자신의 감정을 돌보고 예기치 못한 문제들을 해결하기 원한다면, '사회적 돌봄'이 가장 중요하다는 사실부터 인식해야 한다.

서로 돕는 관계 덕분에 우리는 고통의 시간을 견뎌낼 수 있다.[2] 고도의 스트레스에 시달리는 기간에도 인간은 행복을 소망할 수 있는데, 고통 너머의 행복을 바라고 기대할 유일한 근거는 '상호 돌봄'뿐이라는 최근의 연구결과가 있었다.[3] 스트레스를 받는 동안, 사회적 유대감은 우리가 직면한 도전들을 이길 수 있도록 도와준다. 왜냐하면 그러한 문제들을 혼자서는 해결할 수 없음을 누구보다 자신이 잘 알고 있기 때문이다.

상황을 어떻게 인식하느냐에 따라 스트레스는 우리에게 유익을 줄 수도 있고, 해악을 끼칠 수도 있다. 나는 나의 문제를 한 가지 관점으로 보지만, 여러 사람이 모이면 내가 가진 문제는 다양한 관점으로 해석될 것이다.

사회적 도움과 행복의 관련성은 흡연과 폐암의 관련성보다 두 배 이상 관련이 깊다.[4] 사회적 도움과 행복의 인과관계를 흡연과 폐암에 비유한 것이 흥미롭다. 오늘날 흡연과 폐암의 관련성에 의문을 제기할 사람은 아무도 없다. 그런데 흡연과 폐암의 관련성보다 도움과 행복의 관련성이 두 배 이상 끈끈하다는 사실이 놀랍다. 또한 사실이 이러한데도 사람들이 이를 주목하지 않는다는 것이 더더욱 놀랍! 우리가 다른 사람을 돕기 위해 손을 내밀 경우, 자가 치유 능력이 63%나 증가한다는 연구 결과도 있다.[5] 하나님은 우리가 서로 도우며 살도록 지으셨다!

배우는 환경에서 '도움'은 참으로 중요하다. 2011년에 진행된 연구에 의하면, 남에게 가르침을 받을 때보다는 남을 가르치며 도와줄 때 학업의 효과가 훨씬 높았다.[6] 하지만 자기 공부하기도 바쁜 학생들이 얼마나 자주 친구의 공부를 도와주겠는가? 물론 대다수의 학생들에겐 불가능한 일이지만, 그래도 이같이 노력하는 학생들이 가장 행복했고 학업 성취도도 높았다.

마찬가지로 다른 사람을 돕는 이들, 이를테면 동료에게 점심을 사주거나 사무실에서의 업무를 조정해 주거나 어느 누구도 소외되지 않도록 분위기를 조성하고, 다른 사람의 고충을 잘 들어 주며, 항상 남을 도울 준비가 된 사람들은 자신의 직책과 업무에만 집중하는 사람보다 조직

내에서 10배나 더 중요성을 인정받았다. 그들의 승진 가능성은 40% 정도 더 높은 것으로 조사되었다.[7]

나는 임상 치료 프로그램에 항상 '다른 사람 돕기' 과제를 포함시킨다. "도움을 받았으면 도움을 주라"는 원칙대로 이를 시행하는 것이다. 남을 돕는 행동은 환자 자신의 치유 및 지적 능력 향상에 꼭 필요한 요소이다(이것은 20장에서 배우게 될 〈뇌의 스위치를 켜라 - 5단계 학습과정〉중 다섯 번째 '적극적 발돋움'의 일환이다).

나와 남편 맥은 네 명의 자녀에게 남을 돕는 원칙을 가르쳤다. '도우미'가 되는 것은 우리 가족의 두 번째 DNA이다. 우리는 항상 다른 사람의 고충을 들어 주고, 만나는 모든 사람을 섬기기 위해 노력한다. 그래서 우리 집은 항상 사람들로 북적댄다. "불편하지 않으세요?"라는 질문을 받곤 하지만, 나는 남을 돕는 기쁨을 세상 그 무엇과도 바꾸지 않을 것이다. 우리는 매우 행복한 가족이다. 물론 여느 가정처럼 삶 가운데 다양한 어려움을 겪는다. 하지만 서로 사랑하고 돕는 태도로 그 문제들을 이겨 내고 있다.

우리 가족이 이 같은 삶을 살게 된 것은 우연이 아니다. 맥과 나는 이렇게 살고자 다짐했고, 매일같이 이 길을 힘들게 선택하였다. 학자로서, 그리고 가족의 구성원으로서, 이제는 힘주어 말할 수 있다. 남을 돕는 영적 원리, 과학적 원리를 적용할 때, 우리의 삶은 놀랍게 변화될 것이다. 남을 돕는 일은 매우 강력한 '힘'이고, 대단한 치료제이며, 성공과 행복에 필수적인 요소이다.

✦ 도움 사고구조 활성화를 위한 Tip ✦

- 친구, 지인, 공동체 구성원들을 도울 기회를 찾으라.

- 일에 치여 감정적으로 소진될 때, 남을 돕기 위해 잠시 일을 멈추어 보라. 다른 사람의 고충을 들어 주거나 가볍게 포옹해 주거나 격려의 말 몇 마디를 건네는 것으로도 충분하다. 누군가에게 이메일 또는 문자 메시지를 보내도 좋고, 그에 대한 내 생각(칭찬할 일들)을 표현해도 좋다. 혼자 식사하기보다는 친구를 초청하여 함께 식사하는 것도 좋다.

- (엘리베이터와 같이) 낯선 사람과 좁은 공간에 있을 때, 멍하니 바닥을 응시하거나 핸드폰을 보는 대신 그에게 미소를 지어 보이며 "안녕하세요?" 하고 인사해 보라.

- 아침에 일어나자마자 습관처럼 의도적으로 "오늘은 누구를 도울까?" 스스로에게 말해 보라.

- 비판하지 않는 태도, 사랑하는 마음, 도와주려는 자세로 다른 이의 말에 귀를 기울이라. 가능한 자주 경청하라. '경청'을 자신의 생활방식으로 삼으라. 이후, 자신의 문제가 어떻게 사라지는지도 확인해 보라(남의 말을 경청하는 동안 당신은 자신의 문제에 대한 새로운 관점을 얻게 된다). 상대방이 말을 마칠 때까지 그의 말에 귀를 기울이고, 그의 호흡에 집중하라. 그런 후에 "제가 어떻게 도와드릴까요? 무엇이 필요하십니까?" 하고 물어 보라.

- 항상 '최고'를 상정하라. '난 잘 될 거야'라는 생각으로 긍정적인 에너지를 창출해라. 특정 상황이나 사람에 대해 성급하게 결론을 내리거나 '최악'을 상정해선 안 된다.

- 다른 사람이 나를 어떻게 평가하는지 알 수 없거나 그가 나에 대해 말한 내

- 용이 무엇인지 확인할 수 없다면, 일단 '최고'를 상정하라. '저 사람은 나를 좋게 평가할 거야!' 이렇게 말이다. 그러면 당신의 감정은 차분해질 것이다.

- 다른 사람들의 생각을 알 수 있다거나 표정, 몸짓 등으로 그들의 감정을 읽어 낼 수 있으리라 착각하지 말라. 가장 좋은 방법은 물어보는 것이다. 일단 어떤 문제가 있는지 물어보면, 그들은 당신이 그들을 소중하게 여기고 돌보아 준다는 사실을 알게 된다. 모든 사람이 이러한 관심을 원한다. 그러므로 사람들에게 100%의 관심을 보이라. 그들 또한 당신에게 100%의 관심을 보일 것이다.

- 모든 사람이 바쁘기는 마찬가지다. 그러므로 우리는 끊임없이 사랑하는 사람들을 위해 시간을 내어야 한다. '관계'를 유지하는 데에는 시간과 전략이 필요하다. 당신은 모든 사람을 기쁘게 할 수 없다. 그러므로 우선순위를 정하고 전략을 세우라. 물론 모든 사람에게 친절해야 하는 것은 기본이다.

13장

건강한 스트레스 사고구조

컵에 물이 절반쯤 들어 있는 것을 보고 당신은 뭐라고 말하겠는가? "절반이나 차 있네"라고 말하겠는가? 아니면 "절반밖에 안 남았네"라고 말하겠는가? 관점에 따라 우리 삶의 모든 것이 달라진다.

스트레스도 마찬가지이다. 내가 어떤 안경을 끼고 스트레스를 바라보는지에 따라 어려운 상황을 다루는 방식도 달라진다. 누군가 이렇게 반박할 수도 있다. "그래도 스트레스는 어디까지나 스트레스 아닙니까?" 글쎄, 그 답은 '예'일 수도 있고 '아니오'일 수도 있다. 인생 자체가 고도의 스트레스인 것은 사실이지만, 당신이 스트레스를 어떻게 바라보느냐에 따라 삶의 전개 양상이 달라지기 때문이다. 스트레스는 당신의 삶에 도움을 줄 수도 있고, 해악을 끼칠 수도 있다.[1]

어려운 상황을 만났지만, '절반이나 차 있네'라는 태도를 유지할 경우, 심장 주변의 혈관들이 확장되어 혈류량이 증가할 것이다. 혈류의 증가는 뇌의 산소공급량을 증가시켜 인지능력이 향상되며 생각이 명료해진다. 즉 위험을 직면하는 능력뿐 아니라 극복하는 능력까지 한층 격상

되는 것이다.[2]

　이렇게 증가된 혈류는 교감신경계와 부교감신경계의 균형을 잡아 주고, 수많은 신경생리학적·유전적 프로세스를 작동시켜 뇌의 지적知的 성장을 진작한다.[3] 이때 뇌의 해마상 융기 속에 있는 '유전자 스위치'가 켜져 몸도 건강해진다(정신도 건강해진다). 그 결과 우리는 어려운 문제들을 이겨낼 수 있다.[4] 또한 수많은 신경생리학적 반응들까지 활성화되어 역경 속에서도 '강한' 면모를 드러낼 수 있다.[5]

　그러나 '절반밖에 안 남았네'라는 태도를 선택할 경우, 이와 정반대의 현상이 일어난다. 스트레스는 당신에게 해악을 끼칠 것이다.

　그러므로 나는 인식의 중요성을 강조하고 또 강조한다. 2013년, 두 편의 영상 자료를 활용한 연구가 있었다. 한편의 비디오는 스트레스가 업무 수행 능력을 저하시킨다는 내용이었다. 그러나 다른 한 편은 스트레스가 인간의 뇌와 몸의 기능을 증진시킨다는 내용이었다.[6]

　후자의 영상을 시청한 실험참가자들은 '스트레스 사고구조 측정' 평가에서 아주 높은 점수를 얻었다. 그들은 스트레스가 업무수행 능력을 높여 주는 요인이라 생각했고, 그 결과 그들의 건강지수와 행복지수도 함께 높아졌다. 반면 스트레스가 유해하다는 내용의 비디오를 시청한 실험군에서는 지적 수행능력과 행복지수가 낮아지는 현상이 나타났다.

　스트레스를 받을까 봐 염려할 경우, 우리 몸은 실제로 유해한 스트레스를 받게 된다. 이는 고스란히 정신건강 및 신체건강 악화로 이어진다. "난 스트레스가 너무 많아. 앞으로도 스트레스를 받을까 봐 고민이야." 혹시 당신이 이같이 말한다면, 다시 말해서 스트레스 때문에 스트레스를 받는다면, 스트레스가 당신의 삶을 방해하고 성공하지 못하게 막아설 것이다. 그러므로 스트레스에 대한 인식과 태도를 바꾸는 것이 정신 및 신체건강 증진에 좋다. 이러한 인식은 자가 정신 케어에도 필요하다.

스트레스가 우리에게 유익하다면, 도대체 왜 모든 사람이 스트레스 때문에 골머리를 앓고 있는 것인가? 성인들의 스트레스 완화를 위한 '어른용 색칠 공부책'이 식료품점 판매대에까지 오르는 이유는 무엇인가?

우리는 매일 여러 매체를 통해 스트레스의 위험성에 대해 수없이 듣고 있다. 유해한 스트레스가 건강을 해친다는 뉴스를 접하는 순간, 우리는 스트레스 받는 일 때문에 스트레스를 받기 시작한다. "안 돼! 난 스트레스를 받으면 안 돼!" 이는 마치 불면증의 위험을 보도한 신문기사를 읽은 후, 잠을 못 이룰까 염려하느라 잠들지 못하는 것과 같다. 우리에게 해로운 것, 또는 잘못될 일들은 종종 지나치게 많은 관심을 받는다. 그래서일까? 우리는 자신에게 유익한 것이나 좋은 일들에는 제대로 집중하지 못한다.

여기 한 가지 좋은 소식이 있다! 그것은 스트레스를 어떻게 바라볼지를 당신이 선택할 수 있다는 것이다. 당신은 문제를 직면할 수 있고, 또 스스로 해결하는 법도 배울 수 있다. 스트레스가 당신을 짓누르지 못하게 하라. 당신은 스트레스에 시달리는 대신, 하나님의 사랑에 압도당할 것이다.

✦ 건강한 스트레스 사고구조 활성화를 위한 Tip ✦

- 스트레스가 당신의 업무수행 능력을 감소시키지 않고 오히려 높여 줄 것이라고 기대하라. 심장에 연결된 혈관들의 확장으로 인해 엄청난 양의 혈액과 산소가 뇌로 공급될 것이다. 이 광경을 머릿속으로 그려 보라. 신경전달물질들이 배출되는 장면도 머릿속으로 상상해 보라. 이 모든 프로세스가 합력하여 뇌의 집중력을 높여 주고 생각을 명료하게 해준다. 최상의 컨디션으로 업무에 임하는 자신의 모습도 상상해 보라.

- 당신이 직면한 상황들을 나열한 후, '다룰 수 있는 상황'과 '다룰 수 없는 상황'으로 분류해 보라. 스트레스가 당신에게 유익을 안길 수 있도록 선택하라.

- 유해한 스트레스의 절벽에 서서 비틀거리는 느낌을 받을 때마다 친구나 가족에게 도움을 요청하라(전화 한 통이면 충분하다). 그들에게서 '새로운 관점'을 얻어 보라. 그리고 당면한 문제를 해결할 수 있다는 확신을 가지라.

- 스트레스에 대해 건강하게 반응할 경우, 어떤 유익을 얻을 수 있을지 종이에 적어 보라. 그리고 스트레스를 받을 때마다 그 내용을 큰소리로 읽으라. 당신의 '정신'은 매우 강하다. 이 사실을 잊지 말라.

- 어려움에 직면하여 스트레스를 받을 때, 스트레스가 얼마나 큰 유익을 줄지 스스로에게 말해 주라. 좋은 스트레스가 우리의 몸과 마음에 안기는 모든 긍정적 효과를 생각해 보라. 스트레스를 통해 얻는 유익 중 하나는 '명료한 생각'임을 잊지 말라.

14장

기대 사고구조

'기대'는 우리 일상의 일부이다. 연휴를 맞아 멀리서 온 가족을 마중하러 나갈 때, 오랫동안 기대했던 생일 선물을 받을 때, 즐거운 파티에 참석하려고 옷을 갖춰 입을 때, 시험 결과를 기다릴 때, 우리의 마음속 기대감과 흥분감은 한껏 높아진다. 기대한 일이 그대로 이루어지면, 당신은 극도의 만족감을 느낄 것이다. 이것을 한 번 상상해 보라. 그러나 소망했던 일이 어그러지면 어떻게 될까? 그럴 때, 당신이 느끼게 될 극도의 실망감도 상상해 보라. 기대는 매우 중요하다.

우리의 마음과 몸은 긴밀하게 연결되어 있다. 그러므로 무언가를 기대할 경우, 당신의 몸엔 신경생리학적 결과가 나타나기 마련이다. 육체노동을 통해 체중 감소의 유익을 얻으리라 '기대'할 경우, 노동 중 실제로 체중이 감소한다는 연구결과가 있었다.

해당 실험에서는 7개 호텔의 노동자 84명을 두 그룹으로 나눈 후에[1] 한 그룹에는 업무를 통해 보건부 장관이 권장한 1일 운동량이 채워질 것이라고 말해 주었다. 하지만 대조군 그룹에는 "일상의 업무가 건강증진으로 이어지는 일은 없다"고 딱 잘라 말해 줬다. 그리고 4주 후 두 그룹을 비교했는데, 결과는 놀라웠다. 첫 번째 그룹은 노동을 통한 체중감량 효과를 톡톡히 보았다. 체지방이 감소했고, 허리와 엉덩이 비율도 줄었다. 게다가 건강증진 효과도 현저했는데, 무엇보다 수축 시 혈압이 크게 감소했다.

반면 대조군에서는 어떠한 개선도 나타나지 않았다. 실험 대상 호텔 노동자들의 업무량 및 근무시간 외 운동량, 그리고 식단을 동일하게 유지한 채 실험을 진행했는데, 두 그룹에서 이 같은 차이가 나타난 것이 놀라울 따름이다.[2] 어떠한 상황에서든 '기대'는 놀라운 효과를 가져다준다. '기대'하는 사람들은 자신의 뇌와 몸에 긍정적 변화를 불러들일 것이다. 게다가 기대하면, 소원하는 일이 이루어질 확률도 높아진다.

어떻게 해야 기대의 유익을 맛볼 수 있을까? 자명한 답이겠지만 '긍정적'으로 기대해야 한다. 열심히 대비한 시험에서 높은 점수를 얻으리라 기대해야 하고, 노력을 기울여 써내려간 학위 논문이 심사를 통과할 것이라 기대해야 하며, 오늘 하루를 행복하게 지낼 것이라 확신해야 하고, 만나는 모든 사람과 좋은 관계를 맺게 되리라 기대해야 한다. 그러면 기대는 당신에게 정신적·육체적 변화를 선사할 것이며, 소망하던 일의 성취 확률도 높여 줄 것이다.

위약효과(플라시보 효과)를 생각해 보라. 위약 효과란 약효가 없는 '가짜 약'(플라시보 – 약효는 없으나 심리 안정 등의 효과를 위해 투여하는 약)이 효과가 있다고 말해 준 후 복용하게 하면, 환자의 상태가 호전되는 현상을 말한다. 이 현상에 대한 연구는 체계적으로 이뤄진 바 있다.[3]

1978년 발표된 플라시보 효과에 대한 존 레빈의 연구논문은 가히 혁명적이라 할 수 있다. 위약을 복용하고도 환자들은 통증이 완화되었다고 말했는데, 그들의 발언은 단순한 상상이나 거짓으로 꾸며낸 말이 아니었다. 그는 자신의 논문에서 위약으로 인한 실질적 변화를 보고했다. 환자에게서 변화가 나타난 것은 그들의 뇌 속에 아편과 같은 내생적 물질이 분비되었기 때문인데, 그 물질이 바로 엔돌핀이었다.

위약은 엔돌핀이나 엔도카나비노이드(대마초 같은 향정신성 성분의 수용체에 결합하는 물질), 그리고 도파민과 같은 물질을 활성화시켰다. 그와 동시에 프로스타글란딘(혈관을 확장하여 통증에 대한 민감도를 높이는 물질)의 수치를 줄여 준다. 레빈은 "위약도 진짜 약에 의해 활성화되는 생화학 경로들을 동일하게 활성화시킨다"[4]고 말했다.

레빈의 이러한 연구결과는 수많은 후속 연구(특히 뇌 영상)로 입증되었다.[5] '치료가 성공적이다'라는 기대 하나만으로도, 실제 치료 행위가 이뤄졌을 때 큰 유익을 얻을 수 있다.[6] 인간의 마음이 몸과 연결되어 있기 때문에 우리의 생각과 감정은 뇌와 몸에 (단기적인 변화일지라도) 실제적인 변화를 일으킨다. 플라시보임을 안다고 해도, 의도적으로 생각을 바꾸면 우리의 몸이 반응한다.[7]

어떤 사람은 가짜 약임을 알고도 이를 복용하고 치료효과를 기대한 결과, 통증이 완화되는 것을 경험한다. 이들은 통증을 조절하는 것이 '마음'이라는 사실을 더욱 분명히 깨닫고 생각을 긍정적으로 유지하기 위해 노력할 것이다. 이처럼 긍정적인 생각은 정신 및 신체건강에 좋은 영향을 끼친다.[8]

이 모든 연구결과를 살펴보며 우리는 아주 흥미로운 사실 하나를 발견했다. 비활성 물질이 생태적 변화를 일으키는 것이 아니라 살아 있는

마음이 변화의 핵심 요인이라는 것이다.[9]

플라시보(위약)를 구성하는 것은 말, 의식, 상징, 의미 등이며, 이 모든 요소는 '기대'를 창출해 냄으로써 뇌를 변화시킨다.[10] 한마디로, 플라시보 효과는 '기대' 효과이기 때문에 비활성 물질과 환자와 마음의 관계를 규정하는 정신-사회적 맥락으로 이해해야 한다.

그러나 플라시보(위약) 효과와 정반대의 결과도 나타날 수 있는데, 이를 가리켜 '노시보(부정적) 효과'라고 한다.[11] 라틴어 플라시보의 뜻이 '나는 기쁠 것이다. 마음에 흡족하다'인 반면, 노시보의 뜻은 '나는 해를 입을 것이다'이다. 실제로는 인체에 무해한 가짜 약을 처방했어도, 환자가 '이 약을 먹으면 나는 더 안 좋아질 거야'라고 생각하면, 매우 불쾌한 부작용을 겪는다고 한다. 이것이 '노시보 효과'이다. 똑같은 가짜 약이지만 좋은 기대를 걸면 좋은 효과를 얻고, 나쁜 기대를 걸면 나쁜 효과를 거둔다. 나쁜 기대는 나쁜 현실로 이어지게 되어 있다.

기대는 우리 뇌의 구조를 변화시킨다. 학습된 '연상'(혹은 기대)은 실제 생태 인식 결과로 이어지는데, 좋은 기대를 통해 우리는 원기회복,[12] 면역기능 향상, 정신·신체건강 증진 등의 결과를 얻는다.

우리는 '더 나은 지적 활동' 또는 '더 나은 신체 활동' 등 좋은 것을 기대하고, 또 좋은 일이 일어나리라 기대할 수 있다. 그러나 정반대의 상황도 일어날 수 있다. 안 좋은 일이 일어나리라 기대하면, 종종 그러한 일이 일어나곤 한다. 두려움은 실체이며, 그것은 뇌 속에 부정적인 연상을 쌓아 올린다. 두려움은 미래의 생각, 말, 행동 등에 부정적 영향을 끼친다.

✦ 기대 사고구조 활성화를 위한 Tip ✦

- 자신의 '기대'를 분석하라. 특정 사건이나 상황에 대한 당신의 기대가 삶에 어떤 영향을 미쳤는가?

- 적어도 하루에 일곱 번씩 '중첩'의 상태로 들어가라. 그 상태에서 당신이 플라시보 효과를 창출해 내는지, 아니면 노시보 효과를 창출해 내는지 확인해 보라. 작은 일, 또는 큰 일에도 이러한 훈련을 시행하고 삶의 습관으로 장착시켜라.

- 스스로에게 다음과 같이 물으라. "나는 일이 잘 되리라 예상하는가? 왜 그렇게 예상하는가?" "나는 일이 잘 안 될 것을 예상하는가? 왜 그렇게 예상하는가?"

- 뇌를 다시 훈련하여 기대 사고구조에 적응시키라(앞서 언급한 시간 사고구조 및 20장, 22장을 살펴보기 바란다).

- 기대의 주요 요소는 '마음'이라는 사실을 기억하라. 마음은 매우 강력하다. 잠시 시간을 들여 이 사실을 이해한다면, 당신은 엄청난 유익을 얻을 것이다.

15장

의지력 사고구조

아침에 일어나기 위해 3분 간격으로 알람을 맞춰 놓아야 하는가? 그렇게 시계를 조정해 놓고 침상에 누워 있어야 마음이 놓이는가? 따뜻하고 아늑한 침대를 박차고 일어나는 데 얼마나 많은 의지력이 필요한가? 나는 잠에서 깨려면 엄청난 의지력을 동원해야 한다는 사실을 잘 안다.

내키지 않는 일을 할 때는 어떤가? 아마 기상하는 것과 별반 다르지 않을 것이다. 자신을 엄청나게 몰아붙여야 한다. 이 땅에서 사는 동안, 우리는 자신이 좋아하는 일만 하면서 살 수는 없다. 때로는 싫은 일도 감내해야 한다. 그렇기 때문에 우리에겐 의지력이 절실하다. '의지'는 참기 어려운 일을 참아내고 인내하도록 도와준다.

시합 전의 운동선수들이 '강철의 의지'를 굳게 다지며, 이를 악물고 훈련하는 것을 본 적 있는가? 그처럼 인내하는 능력을 활성화하면, 우리 또한 마음의 능력(생각하고 느끼고 선택하는 능력)을 십분 활용하여 목적한 바를 이루고 성공할 수 있다. 열심히 공부하면 어려운 시험도 통과할 수 있다! 그렇게 기대하는가? 기대하고 결단하면, 비록 쉽지 않은 공부여서

내키지는 않더라도 열심히 준비하게 될 것이다. 굳은 결단이 당신으로 하여금 '인내'하게 만든다.[1]

의지력 사고구조는 인내와 긴밀하게 연결되어 있다. 그리고 '인내'는 본질상 '기대'와 짝을 이룬다. 그러므로 의지력 사고구조는 앞에서 언급한 기대 사고구조와도 직접 연관되어 있다. 의지력은 마음속 기대를 한 층(다음 단계로) 격상시킨다.

'나는 내 지식의 한계에 갇혀 있어'와 같은 식의 생각은 당신의 의지력, 집중력, 학습능력을 제한한다.[2] 자신의 지식에 한계선을 그어 두면, 그 이상으로는 절대 배울 수 없다. 당신의 의지력도 마찬가지이다. 당신의 의지도 자신이 세워 놓은 '한계선'까지만 작동할 것이다. 만일 한계선을 없애면, 당신의 의지력은 무엇에도 제한을 받지 않는다. 이 사실을 기억하라.

건강한 삶을 영위하며, 건강한 상태를 유지하고 싶은가? 그렇다면 의지력이 정말 중요하다는 사실을 잊지 말라. 우리는 운동을 열심히 하거나 덜 먹어야만 체중을 줄일(혹은 유지할) 수 있다고 생각한다. 그러나 더 중요한 것은 '의지력'이다. 마음에 내키지 않아도 꾸준히 운동하려면, 또 건강한 식습관을 유지하려면, 무엇보다 의지력이 필요하다. 의지력 없이는 운동도, 다이어트도 효과가 없다. 그러니 의지력부터 개발하라. 이것 없이 건강한 운동 패턴, 건강한 식습관은 먼 나라 이야기이다. 사실, 체중감량은 '얼마나 적게 먹느냐', '어떤 운동을 하느냐'보다 마음 상태와 의지력에 더 많이 좌우된다.[3]

신체 활동과 정신 활동에 대한 생각을 바꾸려면, 무엇보다 의지력을 활용해야 한다. 의지력은 우리의 뇌와 몸에 영향을 주고, 목표를 달성할 에너지도 공급해 준다. 의지력은 성공으로 한 발자국 더 다가서게 만드는 동력이다.

✦ 의지력 사고구조 활성화를 위한 Tip ✦

- 전자기기를 작동시키려면, 벽면의 콘센트에 플러그를 꽂아야 한다. 마찬가지로 내키지 않는 일을 하려면, 의지력을 발휘해야 한다. 어떻게 해야 의지력을 키울 수 있을지 생각해 보라. 당신에게 '플러그' 역할을 하는 것은 무엇인가? 무엇이 당신의 몸과 마음에 에너지를 전달해 주는가? 어떤 일을 시작하거나 끝마치기 위해 당신에게 필요한 동기부여책은 무엇인가? 기억하라. 모든 것이 당신의 선택에 달렸다.

- 무언가를 포기하고픈 생각이 들 때, 당신의 마음 상태가 어떠한지 관찰해 보라. 이후 자신의 마음이 얼마나 강력한지 생각해 보고 인내할 것을 다짐하라. 감정이나 느낌이 당신의 마음을 좌우하지 못하게 하라.

- 성공을 기대했던 때를 기억해 내고, 의지력을 활용하여 위기를 극복하라. 성공하리라 기대했던 기억을 되뇌라. 무엇을, 언제, 어디서, 어떻게 기대했는지 기억해 내라. 기대 및 의지력 사고구조를 활용하여 자신의 삶을 변화시키라.

16장

영적 사고구조

많은 사람에게 '영성'은 삶의 목적을 부여하고, 생각과 말과 행동의 틀을 제공해 준다. 그들의 꿈에 색깔을 덧입혀 주고 삶의 문제들을 직면하게 해주는 것 또한 영성이다. 영성은 어려움을 겪을 때에 안식의 원천이 되고, 일이 계획대로 진행되지 않을 때에 평안을 주며, 인생의 여러 도전 앞에서 용기를 북돋워 준다. 영성은 건강과 장수로 이끄는 원동력이며, 성공하는 삶을 살도록 도와준다. '블루존'Blue Zone의 사람들 대부분은 건강과 장수의 비결로 '영성'을 꼽는다(블루존'은 한마디로 '장수촌'이다. 작가 댄 뷰트너가 전 세계에서 거주자들의 평균수명이 긴 지역을 가리키는 용어로 처음 사용했다 – 역자 주).[1]

또한 영성은 강한 공동체성을 부여한다. 그래서 영성을 꾀하는 사람들은 이타적으로 살아간다. 그들은 자기 삶의 문제를 돌보는 것보다 남을 돕는 것에서 더 큰 가치를 느낀다. '가치'가 있는 곳에 소망이 있다!

영성은 '망상'이 아니다.[2] 일례로, 교회에 가면 정신이 맑아지고 몸도 편안해지는 것을 느낄 수 있는데, 이때 우리 몸의 면역력이 높아지고 높았던 혈압은 낮아진다.[3] 물론 인생의 모든 것이 다 그렇듯, 잘못된 영성은 해악을 끼칠 것이다. 그러나 건강한 영성은 공동체의 구성원에게 안식과 평안을 준다. 이런 안식과 평안에 값을 매길 수 있겠는가?

    나는 과학과 영성이 대치되지 않음을 안다. 지금까지 살면서 내가 믿는 하나님과 그분의 영원한 사랑을 과학으로 이해할 수 있었다.[4] 내가 지닌 영성은 내 삶을 이끄는 원리이다. 영성은 소망 없는 세상에 소망을 주었고, 모든 것이 얽혀 있는 세상에서 참된 관계가 무엇인지 알려 주었다. 영성은 과학자로 살아가는 내 삶에 동기를 부여하였고, 성공을 거두게도 하였다.

    나는 과학을 통해 사랑의 의미와 하나님의 존재를 체험하기도 했다. 참된 인간이 되는 궁극적 방법이 '사랑'이라는 사실도 과학을 통해 깨달았다.

✦ 영적 사고구조 활성화를 위한 Tip ✦

- 외롭고 우울할 때, 가까운 교회를 방문해 보는 것은 어떤가? 거기서 당신이 만나게 될 사람 중 적어도 몇몇은 영적으로 잘 맞을 것이다. 그러한 만남을 기대하라.

- 이미 그러한 신앙(영적) 공동체에 속해 있다면, 공동체 활동에 좀 더 참여하기 바란다.

- 사랑 안에 거하기로 선택하라. 주변 사람에게 사랑을 실천하여, 그들로 하여금 당신에게 '사랑받고 있다'는 느낌을 갖도록 해보라. 당신이 갖고 있는 세계관도, 당신이 속해 있는 문화도 당신의 정체를 규정하지 못한다. 오직 사랑만이 당신의 정체를 규정한다. 스스로에게 다음의 질문을 던져 보라. "무엇이 사랑이고, 어떻게 행하는 것이 사랑인가?"

이제 무엇을 해야 하나?

지금까지 소개한 여러 가지 사고구조들은 마음과 뇌, 마음과 몸의 긴밀한 연계성에 기반을 두고 있다. 사고구조는 매우 강력하다. 그리고 그 영향력도 굉장하다. 사고구조는 당신에게 활력을 불어넣어 줄 수도 있고, 기운이 빠지게 만들 수도 있다. 당신의 성공을 도울 수도 있고, 방해할 수도 있다.

우리는 저마다 독특한 '선호'를 나타내는데, 이는 각 사람의 '사고구조'가 다르기 때문이다. 사고구조가 다르므로 각 사람이 생각하고 느끼고 선택하는 방법도 다르다. 마음과 뇌가 연결되어 있음을 알고 사고구조가 어떤 힘을 지녔는지를 알면, 성공하는 삶에 꼭 필요한 요소가 바로 건강한 사고구조라는 사실을 쉽게 이해할 것이다. 하지만 자신만의 '독특함'(정체성)을 깨달아 알기 전에는 우리 삶에 건강한 사고구조를 적용할 수 없다. 자신의 정체성을 찾는 가장 좋은 방법은 자신만의 독특한 사고체계(혹은 개인의 선호에 따른 사고방식)가 무엇인지 확인하는 것이다. 이것이 바로 2부에서 다룰 내용이다.

각자의 선호에 따른 사고방식(생각하고 느끼고 선택하는 독특한 방식)이 각 사람의 정체성을 규정한다. 그리고 정체성은 '삶의 목적'을 찾는 데 매우 중요한 역할을 한다. 정체성을 찾은 사람은 인생의 목적을 인식한다.

당신은 성공하기 원하는가? 당연한 이야기이지만 '삶의 목적'(이에 대한 감각)을 인식하지 않고서는 성공할 수 없다. 삶의 목적을 알아야만, 자신이 누구이고 무엇을 원하는지 보다 깊게 성찰할 수 있기 때문이다.

정체성을 찾는 일은 오랜 시간이 걸리는 작업이다. 그러나 반드시 해야 할 일이므로 시간제한 같은 것은 의미가 없다. 우리는 자신의 정체를 이해하고, 정체성을 견지하기 위해 노력해야 한다. 그렇게 해야 할 이유는 수백 가지도 넘는다.

정체성은 건강한 사고구조를 활성화시켜 주고, 인생의 목적을 찾도록 도와줄 뿐 아니라 우리 몸을 건강하게 해주고, 수명도 늘려 준다.[5] 어떤 연구결과에 의하면, 인생의 목적과 의미를 찾는 사람은 그렇지 않은 사람보다 사망 위험률이 15%나 낮다고 한다.[6] 동일한 연구를 통해 밝혀진 사실은 긍정적 사고구조가 코르티솔(부신피질에서 만들어지는 호르몬) 수치의 균형을 잡아 준다는 것이다. 코르티솔의 균형은 정상적인 뇌 기능 및 면역체계 활성화에 중요하다.

2차 세계대전 중 나치 포로수용소에서 3년간 수감생활을 했던 유태인 출신의 신경정신과 의사 빅터 프랭클은 인생의 목적과 정체성이야말로 생명을 살리는 원천이라고 말했다. 이후 그는 자신의 경험을 토대로 한 신경치료법을 개발했다.[7]

나치 정부는 수감자들의 '정체성'을 말살하기 위해 다양한 방법으로 그들을 '비인격화'했다. 그들은 아주 잔인한 방법도 서슴지 않았는데, 이는 삶의 목적과 의미를 앗아가기 위해서였다. 심지어 아우슈비츠와 베르겐-벨젠의 강제수용소 건물을 지을 때에는 건축디자인에 아무런 목적이나 의미를 담지 못하게 했다고 한다. 수감자들이 조그마한 희망조차 품지 못하도록 아예 차단해 버린 것이다. 수용 시설의 모든 공간에는 차가운 기운뿐이었다. 전에 폴란드의 한 수용소를 방문했었는데, 그날을 생각하면 지금도 몸서리를 친다.

그러나 그 끔찍한 환경에 둘러싸여 있어도, 나치의 비인격화 책략에도, 몇몇 수용자들은 살아남았을 뿐만 아니라 정체성과 삶의 목적을 부여잡았다. 통째로 무너지는 세상 속에서 한 가닥 희망을 부여잡는 사람들의 모습이 빅터 프랭클의 눈에 포착되었다. 그들로 하여금 인류 역사상 가장 끔찍한 재앙을 직면하고 견디게 해준 것은 '삶의 목적'이었다. 목적은 매우 강력하다.

1980년대 후반, 나는 환자들에게 삶의 목적과 정체성을 견지하는 것이 얼마나 중요한지 알려 주었다. 또한 그들 각 사람의 독특한 사고체계가 얼마나 소중한지도 말해 주었다. "여러분은 자신이 별로 중요하지 않다고 생각할 것입니다. 어쩌면 세상도 여러분에게 '너는 열등한 사람이야'라고 말할지 모릅니다. 그러나 여러분의 판단도, 세상의 말도 다 틀렸습니다. 여러분에겐 이 세상에 둘도 없는 중요한 '목적'이 있습니다. 그 목적을 갖고 이 세상을 살아가야 합니다."

한동안 그들의 내적 갈등은 혼동으로 이어졌고, 혼동된 마음으로 인해 그들은 소망을 잃어버렸다. 소망을 상실한 사람들은 유해한 사고구조를 구축하기 마련이다. 그 결과 스스로를 실패자로 여겼던 그 생각 그대로 이루어졌다.

그러나 자신의 사고방식이 독특하고 매우 큰 힘을 발휘한다는 사실을 인정하기 시작하자, 그들의 사고구조가 바뀌기 시작했다. 아니, 그들이 용기를 내어 사고구조를 바꾸었다. 그들은 어떻게 생각하고 배워야 하는지 처음부터 다시 배워 나갔다. 그리고 결국 학교와 일터와 일상에서 성공하는 삶을 살게 되었다.

환자들의 삶에 일어난 '변화'를 두 눈으로 목격한 경험에 힘입어, 나는 그동안의 연구를 바탕으로 '은사(재능) 프로파일'Gift Profiles 을 개발했다. 은사 프로파일을 통해 각 사람은 자신만의 고유한 사고방식을 탐구할 수 있다. 나의 환자들(그리고 지금은 이 프로파일을 사용한 전 세계 수천의 사람들)이 이 프로파일을 통해 자신의 사고방식을 이해했고, 그 결과 사고구조의 강력한 힘을 자신의 삶에 훨씬 수월하게 적용할 수 있었다.

이제 당신 차례다. 당신이 얼마나 놀라운 방식으로 생각하는지 확인해 보라. 당신만의 고유한 사고방식을 확인하여 삶의 목적을 재점검하고 또 사고구조의 힘을 적용해 보라.

2부에는 내가 임상실험을 위해 개발한 '은사 프로파일'의 요약본을 실어 놓았다. 해당 질문에 당신이 직접 답을 적고, 그 결과를 스스로 해석해 보라. 은사 프로파일은 당신의 사고방식이 어떠한지 알려 줄 것이다.

검사를 진행하는 동안 당신은 1부에서 배운 내용(다양한 사고구조의 힘)을 자신의 삶에, 자신만의 방식으로 적용해 볼 수 있다. 은사 프로파일은 삶의 의미와 목적을 발견하는 데 큰 도움을 줄 것이다.

2부

은사 프로파일

17장

은사 프로파일의 목적

우리 각 사람은 저마다 독특한 사고思考를 갖고 있다. 이른 바 '생각의 청사진'이라고 할 수 있는 각 사람의 사고는 오직 '자신만을 위해 스스로 고안해낸 사고방식'을 뜻한다. '맞춤형 사고'라고도 부를 수 있는 생각의 청사진은 각 사람에게 주어진 은사(선물)이다.

이처럼 독특한 생각을 통해 우리는 각자의 '맞춤형 행동'을 만들어 낸다. 그래서 우리가 생각하는 동안, 이 세상에 둘도 없는 유일한 '현실'이 창출되는 것이다. 그러므로 목적이 있는 현실, 의미 있는 현실을 만들려면 나만의 사고방식이 무엇인지, 또 그 사고방식이 어떤 장점을 지니고 있는지 알아야 한다. 사실, 나만의 사고방식을 아는 것은 곧 나 자신, 나의 정체성을 찾는 열쇠이기도 하다.

음식을 소화하는 것이 하나의 과정인 것처럼, 생각 역시 일련의 사이클을 거치는 과정이다. 소화 과정을 통해 음식이 분해되고 그 안에 담긴 영양소들이 세포에 흡수되어야만 우리의 생명이 유지되는 것처럼, 정보 또한 일련의 사고 과정을 거쳐 소화되어야만 의미 있는 기억을 형성할 수 있다.

감각(기관)을 통해 전달되는 정보는 맞춤형 사고를 통해 처리된다. 맞춤형 사고는 사람마다 다르다. 나의 사고는 당신의 사고와 다르다. 그러므로 누구의 것이 더 낫다, 더 못하다 말할 수 없다. 서로 '다를' 뿐이다. 모든 사람의 사고 과정은 실로 놀라우며, 그 자체로 완벽하다!

은사 프로파일을 작성하는 동안 당신은 자신의 독특한 사고를 발견하게 될 것이다. 나만의 맞춤형 사고를 이해하고 삶에 적용해 보는 과정 중 당신의 생각은 점점 명료해질 것이다. 더 풍성한 지혜를 얻고, 더 건강한 사고구조를 얻게 되어 보다 강력한 기억을 구축할 수 있다. 그 결과 당신의 지적 능력은 상승한다. 기존의 지식은 보다 예리해지고, 의사소통 능력은 크게 신장될 것이며, 삶의 목적과 의미도 더욱 깊어질 것이다.

이어서 이번 장에서 우리는 자신의 '맞춤형 사고'가 무엇인지 확인할 것이다. 18장에서는 '은사 프로파일'을 다루고, 19장에서는 어떻게 해야 자신의 정체성을 찾고 자존감을 높일 수 있을지 그 방법을 논의할 것이다. 당신은 자신의 '맞춤형 사고'가 다양한 사고구조들을 활성화하여 장기기억을 구축하는 데 도움을 준다는 사실을 알게 될 것이다. 그러므로 맞춤형 사고로 생각하고 느끼고 선택하는 능력이야말로 참된 은사이다. 이 능력이 우리의 삶을 '의미 깊은' 삶이 되게 할 것이다.

맞춤형 사고와 뇌

맞춤형 사고는 각 사람의 마음이 뇌를 통해 활동하는 '독특한' 방식이다. 물론 모든 사람의 뇌를 이루는 구조물들도 같고, 신경생태 또한 동일하다. 하지만 뇌의 어떤 부위가 언제, 어떻게 활성화되는지는 사람마다 다르다. 그 결과 뉴런 수지상돌기의 성장 양상 또한 사람마다 다르다(수지상돌기에 대해 자세히 알고 싶으면 22장을 읽으라). 이는 마치 각 사람에 따라 독특한 방식으로 뇌의 세포조직이 배열되는 것과 같다. 정보를 처리하고 소화하는 방식이 각 사람의 맞춤형 사고에 따라 달라지는 것처럼 말이다.[1]

어떻게 생각하고, 배우고, 기억을 구축하느냐에 따라 뇌와 몸의 건강 상태가 달라지는 것처럼(건강이 증진되기도 하고, 악화되기도 하는 것처럼), 맞춤형 사고 역시 어떻게 활용하느냐에 따라 사고구조의 능력이 증진될 수도 있고, 저하될 수도 있다.

우리는 뇌 속에서 자신의 맞춤형 사고가 어떻게 작동하는지 알아야 한다. 그래야 인생에서의 성공확률을 높일 수 있다. 자신만의 사고를 어떻게 활용할지 알면 건강한 사고 능력을 얻는다. 그 결과 보다 나은 의사소통을 하게 되고, 이로써 대인관계(일반적인 친분 관계 및 직장 내 상관, 동료들과의 관계) 또한 좋아진다. 생각이 명료해지고, 삶의 의미와 목적도 발견하게 될 것이다. 아침에 잠자리를 박차고 일어나야 할 이유를 확실히 알기 때문에 일상이 즐거워진다. 또한 삶의 방향성과 목적이 분명해지기 때문에 일상의 중요성과 의미도 깨닫게 된다.

그러므로 자신의 맞춤형 사고를 깨닫는 것은 결국 건강한 삶을 위해 필수적이다. 이것은 결코 선택사항이 아니다. 맞춤형 사고는 사고구조가 지닌 능력을 가동시키며 기억 유지 능력을 증진시킨다.

이 세상에 나와 동일한 사람은 없다. 쌍둥이를 대상으로 연구해 보라. 두 사람은 동일한 유전자를 지녔으나 생각이 다르기 때문에 그들은 서로 다르다.[2] 각자의 맞춤형 사고가 다르므로 기억을 구축하는 방법이 다르고, 이로 인해 각자가 배우는 내용도 달라진다. 게다가 서로 다른 맞춤형 사고로 인해 각 사람 안에 상이한 유전자 발현이 일어나므로, 그들의 말과 행동 또한 서로 다르다.[3]

일란성 쌍둥이라 하더라도 두 사람의 선호가 다르고, 습관이 다르고, 살아가는 방식이 다르다. 심지어 질병에 대한 민감도(감염 가능성)도 다르다! 이들의 차이는 후성유전 양상을 지켜보기만 해도 쉽게 알 수 있다. 맞춤형 사고는 후성유전의 일부이다.[4] 후성유전학을 통해 우리는 외부요인(삶에 일어나는 사건들)에 대한 내적 반응(해당 사건들에 대해 어떻게 생각하는지)이 유전자 활동에 영향을 끼친다는 사실을 알게 된다.[5] 우리는 유전자나 생태의 지배를 받지 않는다!

맞춤형 사고와 유전자 발현

생각을 바꾸면 유전자의 지시사항이 구현되는 기본 방식이 바뀌게 된다.[6] 당신의 사고방식은 매우 강력하여 유전자 발현까지 변화시키는 것이다. 생각을 바꾼 결과, 당신의 뇌는 끊임없이 재구축restructuring 된다.[7] 그러므로 생각이 중요하다! 그런데 누가 이러한 사고를 통제하는가? 바로 당신 자신이다. 이 사실이 매우 흥미롭지 않은가? 나는 이 사실을 알게 됨으로 격려도 얻고, 또 도전도 받는다. 당신은 생각하고 느끼고 선택함으로써 이 능력을 마음껏 발휘한다.

맞춤형 사고대로 생각하지 않는 것은 쉽게 말해 자신의 본연을 거스르는 것과 같다. 그런데, 우리의 '생각'이 유전자 발현에 영향을 끼치므로, 맞춤형 사고대로 생각하지 않으면 당신의 정신건강과 신체건강은 악화된다. 이유 모를 좌절감을 느끼거나 생각이 흐려지는 것도 경험할 것이다. 심리적 평안도 사라지고, 그 결과 성취감을 느끼는 감정의 기저 역시 훼손된다. 소통하는 능력, 배우는 능력, 학교·직장·가정에서의 활동 능력은 크게 저하된다. 이처럼 맞춤형 사고를 따르지 않을 경우, 삶의 전반이 부정적 영향을 받는다.

그러나 아직 희망이 있다. 감사하게도 맞춤형 사고 모드로 복귀할 경우, 당신은 '생각'을 통해 뇌와 몸을 (문자적 의미 그대로) 수리할 수 있다. 이는 뇌의 신경가소성 덕분이다.[8] 우리 몸의 각 세포에는 완전한 조합의 DNA(세트)가 들어 있다.[9] 우리의 생각은 유전자의 스위치를 켜서 DNA의 기능에 영향을 준다.[10] 유전자가 효율적으로 기능하느냐, 마느냐는 우리의 생각이 얼마나 효율적인지에 따라 결정된다. 효율적인 생각은 자신의 맞춤형 사고를 올바로 활용할 때 생산된다.

아인슈타인처럼 생각하려고 노력하지 말라. 다만 그가 자신만의 독특한 사고방식으로 세상을 이해했고, 또 세상과 소통했음을 인정하면 된다. 아인슈타인이 천재성을 발휘하며 과학계를 크게 변화시킬 수 있었던 것은 그가 자신만의 사고방식으로 기억력을 신장시켰기 때문이다.

누구에게나 자신만의 독특한 사고방식이 있다. 그러므로 각자의 맞춤형 사고에 따라 생각한다면, 그 자체로 완벽하다! 당신이 자신만의 은사, 자신만의 사고방식으로 생각하고 배운다면, 앞으로 어떤 위대한 일을 이루게 될지는 아무도 예단할 수 없다.

자신의 방식대로 생각한다면, 당신은 이미 위대한 사람이다. 하나님께서 창조하신 본연의 모습, 지금 그대로의 모습이 얼마나 놀랍고 아름다운지 아는가! 자신 안에 있는 천재성을 인식하라. 다른 사람 안에 있는 천재성 또한 인정하라!

맞춤형 사고와 의사소통

요즘 사람들은 대화하는 방법을 모르는 것 같다. 각 사람은 서로 다른 견해를 갖고 있다. 당연한 사실 아닌가? 각 사람의 사고방식 자체가 다르므로, 견해 또한 다른 것 아닌가? 우리는 서로 다르게 말하고, 다르게 행동한다. 이 세상에 나와 동일하게 생각하는 사람은 단 한 명도 없기 때문에, 다른 사람과 소통하는 것은 삶의 가장 어려운 과제 중 하나이다. 우리는 다른 사람이 전하려는 뜻을 오해할 수 있고, 그 역도 마찬가지이다. 오해는 종종 언쟁으로 번진다. 때론 그보다 더 과격한 싸움으로 이어지기도 한다.

그러나 자신이 어떻게 생각하는지를 알면, 사람들이 나와 다르게 생각한다는 사실을 인정할 수 있다. 우리는 이러한 차이가 나쁘지 않음을 안다. 아니, '서로 다름'은 오히려 다양성을 드높이기에 '좋다'는 사실을 안다. 대화할 때, 우리는 나처럼 생각하지 않고, 나처럼 행동하지 않으며, 나처럼 말하지 않는 상대에게서 위협감을 느끼지 않아야 한다. 이를 바꿔 생각하면, 나와 다른 사람과의 소통은 나만의 독특한 천재성을 드러낼 수 있는 기회이다. 이것이 마음과 뇌에 대한 과학 연구가 알려 준 내용이다.

자신의 맞춤형 사고를 알면 타인에 대한 이해심은 더 커질 것이다. 이에 우리는 강력한 공동체성을 꾀할 수 있다. 이 책의 1부 '사고구조'에서 살펴본 것처럼, 강력한 공동체성은 행복과 성공의 필수요소이다. 우리는 사회적인 존재이다. 사람들과 소통하지 않으면, 우리는 제 역할(기능)을 다할 수 없다.

맞춤형 사고와 집중

자신만의 독특한 사고방식(자신만의 맞춤형 사고)이 무엇인지 알 때, 우리는 업무에 집중하고, 주목하고, 관심을 가질 수 있다. 그래서 현재 처한 상황을 '최적화'할 수 있다. 어떤 상황에서도 최고의 기능을 발휘할 수 있다는 뜻이다. 그 결과 우리는 더 나은 결정을 내릴 수 있다. 집중력은 학업과 업무, 그리고 인생 전반에서 성공을 거두는 데 꼭 필요한 열쇠이다.

맞춤형 사고 모드를 이해하고 자신의 정보 소화 방식을 알 때, 당신은 자신의 마음이 어떻게 작동하는지를 알고, 어떻게 해야 올바른 사고구조를 활성화시킬 수 있는지 알게 된다. 맞춤형 사고는 당신만의 독특한 기술과 재능을 활성화시켜 준다.

맞춤형 사고 vs 신경환원주의

마음은 뇌와 분리되어 있다. 마음은 회로기판과 같은 '뇌'의 기저 substrate 를 통해 활동을 펼친다. 바꿔 말하면, 뇌가 마음에 반응하는 것이다.

마음과 뇌의 관계는 매우 복잡하다. 이 둘은 통합적이지만, 동시에 독립적이다. 사실 뇌와 마음의 관계에 대해선 아직 온전히 밝혀진 바가 없다. 뇌는 인간의 마음 또는 내면을 표현하고 반영하는 양자컴퓨터와 같다. 오늘날 우리는 '의식'(마음)의 본질과 의식이 인간의 인식 활동에 어떤 영향을 주는지에 대해 점점 더 많은 것을 알아가고 있다. 확실히 지금은 뇌 과학계에 아주 흥미로운 시간이다!

마음과 뇌의 관계에 대한 이 같은 접근은 '뇌가 의식을 만들어 낸다'

는 과거의 물질주의적 개념(이를 가리켜 '물리주의'라고도 한다)과 다르다.[11] 물질주의적 관점에서 본다면, '마음'(생각)은 뉴런의 발사 firing 작용이 빚어 낸 결과물일 뿐이다. 충분한 에너지를 얻은 뉴런은 불타오르는데(신경물질 발사), 이때 부산물로 생산되는 '의식의 분출'이 '마음'(생각)이라는 것이다. 이처럼 뇌가 마음(생각)을 만들어 낸다는 식으로 뇌와 마음의 관계를 설명하는 것이 '신경환원주의'이다(환원주의란 복잡한 현상을 단순화하여 이해하려는 시도로, 생물학에서는 복잡한 생명현상을 물리적·화학적으로 단순하게 설명하려는 시도를 뜻한다 – 역자 주). 이는 인간의 의식에 대한 최종 답변을 '뇌'로 규정하려는 노력이다. 신경환원주의에 의하면, 모든 것은 두개골 안에 들어 있는 뇌의 각 부위 활동에 달려 있다.

그러므로 환원주의적 세계관에서 볼 때, 인간이란 존재는 그저 뉴런의 발사 작용이 빚어 낸 산물일 뿐이다.[12] 이 큰 그림에 '자유의지'나 '맞춤형 사고' 같은 개념은 낄 자리가 없다. 환원주의는 인간을 물리적 기능의 테두리 안에 가두고 감금시켜 놓기 때문이다. 그러나 정신과 의사이자 정신건강 옹호론자인 조애나 몬크리에프는 이같이 말했다.

> 정신은 삶을 살아가는 사람들의 재산이다. 눈에 보이지 않지만, 정신은 목적이 있는 행동으로 표출된다. 또한 '사회'라는 맥락으로부터 떼어낼 수 없는 '의미'도 내포한다(교류 가능). 바꿔 말하면, 정신은 수학공식이나 화학원소처럼 추상적인 개념도 아니고, 사회적 맥락과 동떨어진 개체도 아니라는 뜻이다.[13]

우리는 생체적 기계가 아니다. 우리는 복잡한 사회 안에서 살아가는 복잡하고 역동적인 존재이다. 우리는 환경을 변화시키고, 또 환경은 우리를 변화시킨다. 우리는 뇌의 지배를 받지 않는다. '뇌'가 아닌 '내'가 머릿속에 무엇을 들일지 선택한다. 지식은 물론, 어떤 사람이 될지도 선택할 수 있다. 우리의 마음 깊은 곳엔 목적의식이 자리하고 있다. 목적의식은 우리의 삶이 진일보하도록, 또 몸담고 있는 사회를 더 나은 곳으로 만들도록 동기를 부여한다.

뇌 편도체가 당신으로 하여금 이러한 일을 하도록 부추기는 것이 아니다. 뇌 구조물의 활동이 지금의 당신을 존재하게 한 것이 아니다. 당신의 뇌량 들보(그 외, 뇌의 다른 부위도 마찬가지)가 당신으로 하여금 말하게 하거나 행동하게 하는 것이 아니다. 뇌의 구조물들이 당신을 통제하는 것이 아니다. 뇌 구조물들은 우리의 마음속에 생각과 느낌이 떠오를 때, 이에 대한 역동적 반응 차원에서 특정한 신경생리적 기능을 수행한다.

다시 말해서 뇌의 구조물들이 당신을 통제하는 것이 아니라 당신이, 당신의 생각이 뇌의 구조물들을 통제하는 것이다. 뇌의 구조물은 각 사람의 독특한 인지와 맞춤형 사고에 의해 활성화된다.

어둠 속의 열쇠

한밤중 깜깜한 주차장에서 실수로 자동차 열쇠를 떨어뜨려 본 적이 있는가?[14] 당신은 희미한 가로등 아래로 가서 열쇠를 찾으려 할 것이다. 왜냐하면 시야가 확보되는 곳이 그곳뿐이기 때문이다. 그 근처에 열쇠가 있어서 가로등 아래로 간 것인가? 아니다. 다만 야간시야를 확보하는 것이 용이하기 때문에 가로등 근처로 가는 것이다.

이와 마찬가지로, 뇌에 대한 이해 역시 제한적이다. 우리는 뇌 스캔 사진이 인간에 대해 우리가 알아야 할 모든 것을 알려 줄 것이라 기대하며 종종 '가로등' 아래로 간다. 과연 뇌 스캔 사진이 우리가 찾는 열쇠일까?

오늘날 전반적인 뇌과학, 양자신경생물학, 신경과학 연구 분야가 눈부시게 발전했어도, 여전히 과학자들은 뇌가 어떻게 기능하고, 마음속 생각에 어떻게 반응하며, 왜 우리의 반응이 제각각 다른지 밝혀내지 못한다. 그렇기 때문에 '의식'은 종종 '과학이 답하기에 어려운 질문'hard question of science으로 불리곤 한다. 참고로, 이 말은 인지과학자인 데이비드 차머스가 만들어낸 용어이다.[15] 뇌에 대해 논하기 전, 우리는 이러한 사실부터 염두에 두어야 한다.

뇌 관련 연구 논문이나 학술지 기사를 읽을 때마다 우리는 주의해야 한다. 쇼킹한 fMRI 사진들에 흥분한 나머지, "이래서 우리가 이러한 생각을 하고, 그렇게 행동하는구나!"라며 그들의 결론을 쉽게 받아들여선 안 된다.[16]

존스 홉킨스 대학의 논문에 의하면 fMRI 기술을 이용한 4만 건 이상의 연구 중 약 70% 정도가 긍정오류(본래 거짓인데, 참으로 판단하는 경우 – 역자 주)에 속한다고 한다. 이는 기대 오차범위인 5%를 훨씬 상회하는 수준이다.[17] 이를테면 fMRI 촬영 결과, 뇌의 특정 부위가 밝게 빛나는 것으로 나타났는데, 사실 그 부위에 아무런 변화가 없던 경우가 긍정오류에 해당한다. 하지만 수많은 논문이 이 같은 가양假陽 반응을 기반으로 결론을 도출한다.

가장 자세한 fMRI 스캔 영상이라도 인식의 물리적 기반(뇌의 구조물) 외에는 아무것도 보여 주지 못한다.[18] 그러므로 fMRI 사진과 같은 뇌 관련 과학기술 자료를 분석하고 판단할 때, 특별히 주의해야 한다. 부디, 이러한 자료가 사람들의 독특한 사고체계를 설명해 줄 것이라고 기대하지 말라. 다채로운 색상의 뇌 스캔 사진 속 불타는 뉴런들을 보며 "음, 저게 바로 나야"라고 말해선 안 된다는 뜻이다. 우리는 불타는 뉴런이 아니다! fMRI와 같은 뇌과학 기술은 우리의 마음속 생각에 대한 반응으로 뇌가 어떻게 활동하는지를 보여 줄 뿐이다.

fMRI의 가양성(거짓 양성 반응) 오진 위험을 알리기 위한 연어 사체 촬영 실험은 최근 이그노블상을 수상했다.[19] 연구자들은 죽은 연어를 fMRI 기계에 넣고 생선의 눈앞에 여러 장의 사진들을 놓아둔 채 연어의 뇌 촬영을 시작했다. fMRI 영상 판독 결과는 놀라웠다. 죽은 연어의 뇌에서 변화가 감지된 것이다! 물론 데이터 오류를 보정하지 않아서 이런 결과가 나왔겠지만, fMRI 사진만 놓고 본다면 죽은 연어가 자신이 본 사진들에 대해 무언가를 '생각하는' 것으로 결론 내릴 수밖에 없다.

이 연구는 분자 단위의 공정을 거치는 인간의 독특하고 복잡한 생각을 뇌의 특정 부위와 1대 1로 매칭하려는 시도가 얼마나 우스꽝스러운 일인지를 여실히 보여 주었다.[20] 아무리 과학기술이 집약된 기기라고 해도 피사체의 생사 여부조차 판단하지 못하는데, 이를 이용하여 인간의 생각과 행동을 예견한다는 것이 말이 된다고 생각하는가?

뇌와 생각

오늘날 신경과학 연구는 생각하고, 느끼고, 선택하는 방식에 따라 뇌에 구조적 변화가 일어난다는 사실을 보여 준다. 즉 우리의 생각이 뇌를 변화시킨다는 것이다. 실제로 뇌 구조물은 새로 구축되거나 변형된다.

그렇다. 맞춤형 사고를 통해 우리는 무언가를 만들어 낸다!

우리가 생각할 때, 뇌 전체가 작동한다. 뇌 스캔 사진 속 밝게 빛나는 일부분만이 아니라 뇌 전체가 작동하는 것이다. 모든 인지 능력이 '생각' 활동에 관여한다. 예를 들어, 우리가 묵상을 하는 등 내면을 성찰할 경우, 스캔 사진에는 뇌의 전두엽이 다른 부위보다 밝게 빛난다.[21] 그러나 밝게 현상된 뇌 부위만이 내면을 성찰하는 사고 행위에 관여한다고 볼 수는 없다. 무언가를 깊이 생각할 때, 우리 내면에서 일어나는 일을 스캔 사진 한 장이 전부 설명해 줄 수 있을까?

뇌의 활동은 마음속 생각에 대한 반응이다. 뇌 관련 기술은 이러한 뇌의 활동을 기록할 뿐이다. 그러므로 뇌 스캔 사진은 그저 뇌의 구조에 대해 알려 주는 학습도구일 뿐, 우리의 내면을 비춰 주거나 우리가 어떤 사람이고, 어떻게 생각하고, 어떻게 행동하는지를 알려 주는 열쇠가 아니다. 나라는 존재의 중심에는 '뇌'가 아닌 '내'가 있다.

우리의 뇌는 부위별로 독립적으로 작동하지 않는다. 그러므로 우리의 생각 역시 뇌의 개별 부위들에 '깔끔하게' 매칭되지 않는다. 어떠한 생각이나 사고구조를 뇌의 특정 부위에 1대 1로 연결하려는 노력은 기껏해야 신경환원주의에 지나지 않고, 좀 더 강하게 말하면 '신경신화'neuromyths 일 뿐이다.

생각이 지닌 양자적 본질

과학이 발전하면서 연구자들은 섬세하고 복잡한 뇌 구조에 대해 점점 더 많은 것을 알게 되었다. 특히 뇌의 복잡한 양자적 본질에 눈을 뜨기 시작했다. 양자적 본질은 우리의 내면, 손으로 만질 수 없는 인간적 본질, 그리고 '맞춤형 사고'의 기저이다. 하지만 이러한 사실이 fMRI에는 포착되지 않는다. 21세기 양자물리학계의 선두주자라고 할 수 있는 버클리 대학의 교수 헨리 스태프가 말한 것처럼, 물리 세계를 측량하는 도구로 비물리적 세계를 측량할 수는 없다.[22]

고전물리학에는 인간의 '의식'이나 '마음' 등의 개념이 설 자리가 없다. 고전물리학은 지엽적이고 결정론적인 '자연' 개념에 기반을 두고 있다. 즉 고전물리학이 말하는 '자연'은 오직 물질세계 안에서만 작동한다는 뜻이다.

그런데 물질계에 대해 우리가 알 수 있는 것은 고작 눈에 보이는 정도로, 비율로 따지면 기껏해야 1-10% 정도이다. 나머지 90-99%는 눈에 보이지 않는, 이른 바 '비가시' 세계이다.[23]

그렇다면 우리 눈에 보이지 않는 90-99%의 비가시·비물리 세계는 포기해야 하는가? 그럴 수 없다! 우리를 '인간'답게 만드는 것은 1-10%의 물질이 아니라 90-99%에 달하는 비물질이기 때문이다.[24] 우주를 구성하는 요소 역시 물질보다는 비물질이 훨씬 더 많다. 눈에 보이지 않는다는 이유로, 이러한 비물질계를 포기할 수는 없다.

우리는 어떤 태도로 비물질계에 접근해야 하는가? 마음과 의식에 대해 이야기할 때는 뇌 구조물이나 물질적인 요소를 이야기할 때와는 다른 접근법을 적용해야 한다. 마음과 의식 그리고 뇌와 물질은 완전히 다른 상이 개념이므로, 서로 다른 '개념화'와 '물리학'을 채택해야 한다.[25] 전통적 방법으로는 인간의 마음을 다룰 수 없다. 마음에 대한 연구에는 전혀 새로운 과학적 방법이 요구된다.

금세기 최고의 수학자로 일컬어지는 캠브리지 대학의 로저 펜로즈 경이 말했다. "실체는 양자적 성질을 지녔다. 왜 그런가? 인간의 생각이 양자와 동일한 성질을 지녔기 때문이다."[26] 당신의 '맞춤형 사고'는 당신만의 고유한 양자적 지위를 누린다. 심포니 오케스트라처럼 뇌의 모든 구조물들은 '생각'이라는 교향악을 만들기 위해 저마다 주어진 역할을 담당한다.[27] 그런데 '생각'을 만들어 내기 위해 조합되는 뇌 구조물들의 역할 비중은 매번 달라진다.

무한한 경우의 수와 가능성으로 구성되기 때문에, 이렇게 만들어지는 '생각' 교향곡은 연주할 때마다 달라진다. 즉, 매번의 연주가, 매번 만들어지는 생각이 독특하다. 물론 이전에 경험한 심포니(생각)는 지금 연주하는 심포니(생각)에 색깔을 덧입힐 것이다. 매번 생각할 때마다 더 복잡해지고, 더 질 높은 생각이 창출되는 것이다.

오케스트라가 동일한 곡을 여러 번 연주하더라도 아주 똑같은 결과물이 나오지는 않는다. 하지만 여전히 잘 조직된 연주이기에 매번의 연주가 '걸작'이다. 우리의 '생각'도 마찬가지이다. 일련의 과정을 통해 아름답고 온전한 생각이 만들어지는 것이다. 위대한 심포니, 위대한 생각!

맞춤형 사고는 복제되거나 반복되지 않는다. 당신이 체험한 매번의 '경험'이 반복되지 않기 때문이다. 물론 옛 기억과 경험을 소환하여 기억에 새로운 해석을 덧입힐 수는 있다. 그렇게 옛 기억을 재개념화할 수 있다. 그러나 동일한 반복은 불가하다. 당신의 경험이 이미 당신의 사고를 바꿔 놓았기 때문이다.

본질적으로 모든 경험은 당신이 '선택'을 통해 써내려간 복잡한 악보와 같다. 그 악보(경험)는 당신의 뇌와 삶을 통해 연주된다.

위대한 음악가 모차르트의 작곡 과정은 어떠할까? 그가 직접 말한 내용을 들어보자.

> 나는 머릿속으로 악보를 계속 이어갑니다. 조금씩 더 선명해지도록 발전시켜 갑니다. 아무리 오래 걸려도 머릿속에서 전곡이 완성되기까지 나는 이 작업을 반복합니다. 이후 내 마음이 그 곡을 붙잡습니다. 마치 한 번 흘깃 보며 아름다운 그림을 훑어내듯, 그렇게 마음으로 그 곡을 붙잡습니다. 물론 그 곡은 내게 '완성작'으로 다가오지 않습니다. 다채로운 악기 편성 및 세부 구성은 아직 마련되지 않았으니까요. 그러나 걱정할 것은 없습니다. 그런 것은 나중에 하면 됩니다. 중요한 사실은 내 상상력이 그 곡을 붙들고 있고, 내 귀가 그 음악을 듣고 있다는 것입니다.[28]

모차르트의 사고방식이 그로 하여금 인류 역사상 가장 위대한 음악들을 상상하고 듣게 한 것처럼, 맞춤형 사고 속에서 활발하게 움직이는 당신의 상상이 '진정한 자아'를 듣게 하고, 보게 하며, 경험하게 한다. 그렇게 당신은 '자아'를 체험한다. 이 세상 그 누구도 이러한 당신의 사고와 경험 속으로 들어갈 수 없다. 당신의 상상은 물리 법칙을 거부한다. 당신의 마음과 상상은 우리 모두가 '동일하게' 경험하는 자연 세계의 법칙과 한계에 감금될 수 없다. 왜냐하면 여러 사람이 동일한 환경 속에 있더라도 '경험'은 오직 당신 자신만의 '독점적' 소유이기 때문이다.

펜로즈 경은 괴델의 공리를 적용하여 생각의 양자적 본질을 설명했다 (괴델의 공리는 '논리학자의 불완전성 이론'으로 불린다).[29] 쉽게 설명하면, "자연계의 공식으로는 '이해'와 같은 개념을 예단할 수 없다"는 것이다. 그의 말대로 마음, 생각, 이해, 지혜 등은 수학이나 과학 공식의 예측 가능성 너머에 존재한다. 예를 들어 컴퓨터가 체스를 두도록 가르칠 수(프로그램을 입력할 수)는 있지만, 컴퓨터는 체스 게임을 '이해'할 수 없다. '이해'는 매우 복잡한 과정이다. 게다가 각 사람마다 독특한 이해를 지녔다.

이해는 단순한 수식, 프로그램 또는 기계화를 통해 모방할 수 있는 것이 아니다. 독서, 사색, 대화 등의 충분한 준비과정을 거친 후에야 비로소 '이해' 과정이 시작되고, 이후 생각과 말과 행동을 통해 당신이 이해한 개념이 표출된다. 이것은 뇌의 특정 부위에만 국한되는 작업도 아니고, 측정하거나 측량할 수 있는 작업도 아니다. 유명한 동화작가 닥터 수스의 말처럼 "오늘 너는 너이고, 이 말은 사실보다 더 사실적이다. 이 땅에 사는 사람 중 너보다 더 너다운 사람은 없다."[30]

생각의 일곱 모듈

뇌는 아주 복잡한 기계와 같다. 두 개의 반구에 네 개의 엽, 그리고 수많은 구조물들이 뇌를 구성하고 있다. 이러한 뇌의 상하좌우 전역에서 운영되는 (이론상) 일곱 모듈이 있다. 우리의 맞춤형 사고는 이 일곱 개(단위)의 모듈이 상호 교류하며 만들어 낸다.

이 일곱 모듈은 '생각'의 공정에(생각을 만들어내는 데) 필요한 요소이다. 음식물의 소화 과정처럼, 또 앞에서 예로 든 오케스트라의 악기 구성처럼, 당신이 생각할 때 일곱 개(단위)의 모듈이 당신만의 고유한 방법대로 활성화된다. 각자의 독특함은 우리 각 사람이 이 일곱 개의 모듈을 각각 어떻게 사용하고, 또 이들 일곱 모듈이 어떻게 상호 교류하는지에 따라 결정된다.

일곱 모듈의 활동 양상은 사람마다 다르다. 왜냐하면 우리 각 사람이 서로 다르고, 서로 다른 인지능력을 갖고 있으며, 경험한 일도 제각각이기 때문이다.[31] 다시 한 번, 오케스트라를 비유로 들겠다. 바이올리니스트들은 저마다 독특한 방식으로 연주하지만, 다른 바이올린 연주자들과 상호 교류하며 협연을 이루어 낸다.

하나의 생각을 완성하기 위해 우리는 일곱 개의 모듈을 모두 사용해야 한다. 하나의 음식을 소화하려면 내장 기관 전체가 제대로 작동해야 하듯, 또 한 곡의 오케스트라를 완성하기 위해 모든 단원들이 자신의 파트를 올바르게 연주해야 하듯, 하나의 생각을 완성하기 위해 일곱 개의 사고모듈 역시 맡겨진 역할을 제대로 수행해야 한다.

만약 그 모듈 중 하나라도 제대로 사용하지 않으면(이 경우 부정확한 생각을 낳게 된다), 우리는 올바른 방식으로 생각을 세우지 못한다. 그 결과는 흐리멍덩한 정신 상태, 불명료한 생각, 혼돈, 가물가물한 기억력, 정서적 긴장 상태 등과 같이 참담하다. 하나의 악기라도 문제를 일으키면, 전체 오케스트라가 '불협화음' 상태로 들어가는 것과 같다. 단 하나의 내장 기관이라도 고장 나면, 음식물이 소화가 안 되어 복통은 물론 두통과 몸살 등 온몸이 고생하는 것과 같다.

정보를 소화하다

뇌가 생각에 반응하는 방식은 독특하다. 뇌는 생각에 반응하는데, 쉽게 말하면 일곱 개의 모듈이 독특한 방식으로 함께 작동하여 '기억'을 구축해 내는 것이다. 이 장의 앞부분에서 비유로 들었던 소화 과정을 생각해 보자. 생각은 한 끼 식사와 같다. 소화기관들은 저마다 독특한 기능으로 음식물을 소화해 낸다. 마찬가지로 당신의 사고모듈들 역시 독특한 기능으로 '생각'을 소화해 내어 기억을 생성한다.

일곱 개의 모듈은 각각 입, 혀, 위, 췌장, 대장 등의 소화기관과 같다. 입은 음식이 들어가는 문이자 소화 시스템의 첫 번째 역할을 담당하는 기관이다. 치아의 저작을 통해 잘게 쪼개진 음식물을 혀가 잘 섞어 주고, 침샘에서 분비된 액체가 이후의 소화 과정을 이어간다. 목구멍으로 넘어간 음식물은 여러 기관을 거쳐 '소화'된다.

이와 비슷한 방식으로, 일곱 개의 모듈은 사고과정(단계)을 진행한다. 당신의 생각은 이들 일곱 개의 모듈을 거치면서 점점 발전해 간다. 음식물이 모든 소화기관을 거쳐야만 올바르게 소화되듯, 정보 또한 '온전하게' 처리되려면 그 모든 모듈의 공정(단계)을 거쳐야 한다. 동일한 음식을 섭취하더라도 그 음식의 소화 과정은 (비록 큰 그림은 같지만) 사람마다 다르다. 정보가 처리되는 과정 역시 사람마다 다르다. 그러므로 나는 이것을 '맞춤형 사고'라고 말한다.

일곱 모듈의 과학

'일곱 개의 사고모듈' 이론은 마음의 활동에 뇌의 각 부분이 어떻게 반응하는지를 연구하여 얻어 낸 결과물이다.[32] 뇌의 앞부분은 '내면을 성찰하는' 생각 행위에 반응한다. 뇌의 뒷부분은 '시각/공간'과 연관된 생각 행위에 반응한다. 그 외의 부분들은 '대인관계', '언어', '운동', '논리/수학', 그리고 '음악'과 연관된 마음속 생각에 반응한다.

나는 일곱 개의 사고모듈과 뇌의 '다양성 법칙'의 상관관계를 연구했다(22장에 게재한 이론을 살펴보라).[33] 동일한 사건이나 사물을 접해도 이에 대한 사람들의 생각은 저마다 다르다. 무작위로 두 사람을 골라 그들의 생각을 구성하는 모듈의 조합 비율을 확인해 보라. 어떤 조합에서도 동일성을 찾을 수 없다. 일곱 개의 서로 다른 사고모듈이 교류하는 방식은 무한대이다.[34]

모든 사람의 인식은 다 다르다. 그래서 각 사람은 자신만의 '현실'을 창조해 낸다. 이같이 사람마다 다른 '인지'로 인해 각 사람의 뇌 속 구조도 달라지는데, 이것은 어쩔 수 없는 결과이다. 저마다 독특한 방법으로 자신만의 독특한 생각을 만들어 내기 때문이다.

뇌의 다양성을 가장 강력하게 지지해 주는 증거 하나는 우리에게 '직감적 자의식' instinctual awareness of self 이 있다는 사실이다.[35] 이 세상 그 누구도 따라할 수 없는, 오직 당신만이 생각할 수 있고, 알 수 있고, 행할 수 있는 일들을 떠올려 보라. 대략 백만 개, 아니 그 이상이 되지 않을까 싶은데, 그 각각의 일들을 뇌의 특정 부위에 1대 1로 매칭할 수 있겠는가? 그야말로 무모한 시도 아닌가?

fMRI 사진 판독 결과, A라는 행동(또는 생각)을 할 때, 당신의 뇌 속 특정부위가 밝게 빛났는데, 동일한 행동을 하는 다른 사람에게서도 뇌의 동일 부위가 밝게 빛났다고 가정해 보자. 그러면, 당신과 그 사람을 동일인으로 여겨야 하는가? 당신의 독특함은 없어지는 것인가?

맞춤형 사고 측정하기

정보를 소화하는 동안, 당신이 일곱 개의 사고모듈을 각각 얼마만큼 활용하는지 측정할 방법은 없다. 그 모듈들이 어떻게 '협업'하며 작동하는지, 사실 우리는 정확히 알지 못한다. 그렇지만 우리가 생각하는 방식에 대해서는 어느 정도 알 수 있다. 그 정도의 통찰력을 활용하여 나름 유익을 얻을 수 있다는 뜻이다.

뇌 촬영기술을 이용하여 인간의 '인식'을 파헤쳐 보려는 시도도 있었지만, 이를 통해 얻은 결과는 '일반적 사고 패턴'(생각이 의식으로 전환되는 경로) 정도였다. 뇌 스캔 사진으로는 우리의 실시간 맞춤형 사고를 알 수 없다. 물론 스캔 사진을 통해 독서, 그림 등의 작업을 할 때 뇌의 어떤 부위가 작동하는지 개략적으로 알 수는 있지만, 그 작업을 시행하기까지 마음속의 '생각'이 뇌 안에서 어떤 공정을 거치는지는 알 수 없다.

실시간 사고는 굉장히 빠른 속도를 자랑한다(생각은 대략 초당 10의 27승 속도로 움직인다). 그러므로 현재의 뇌 관련 기술로는 생각의 흐름을 볼 수 없다. 이것은 불가능한 일이다. 결론을 말하자면, 생각의 본질은 '무한대'이다.

내가 20여 년 전 개발했고 최근 10년간 점차 발전시켜 온 은사 프로파일은 '생각의 세계'를 들여다볼 수 있는 방법이다. 일곱 개의 모듈은 참으로 놀랍다. 한마디로 이 모듈들은 끊임없이 변화하는 생각들의 '집합체'이다. 또한 각각의 모듈은 개인의 경험을 반영하기 때문에, 사람에 따라 서로 다른 성질을 나타낸다. 이러한 이유로 은사 프로파일의 질문 항목이나 기술記述들은 개괄적이며, 한 가지 답만 요구하지 않는 자유 문답식이다.

은사 프로파일을 시행하면, 당신은 자신의 맞춤형 사고가 어떠한지 어느 정도 '감'을 잡을 수 있을 것이다. 물론 '나는 이러한 유형의 사고를 하는 사람이군!' 또는 '내가 이런 행동을 하는 원인이 이것이었군!' 하며 감탄할 일은 없을 것이다. 유형별로 라벨을 붙이는 순간, 자신도 모르게 그 안에 갇혀 버리는데, 이것은 '학습'의 정반대 효과를 낸다.

은사 프로파일의 점수는 생각 사이클(메타인지 모듈을 통과하는 방식)의 순서가 어떠한지를 보여 줄 뿐이다. 생각 사이클의 순서, 이것이 당신의 맞춤형 사고이다.

우리 각 사람은 서로 다른 방식으로 생각한다. 이 사실을 굳이 말할 필요가 있겠는가? 나는 나 자신을 어떻게 이해하고 있는가? 또 나만의 '독특함'을 나의 일상에 어떻게 적용하고 있는가? 이 질문에 답하는 것이 맞춤형 사고의 핵심이다. 남들과 다른 나만의 독특함은 나만의 사고 구조를 활용하여 일상의 문제들을 해결해 나가는 방식이기 때문이다. 내 삶을 다른 누군가가 대신 살아 주는 것도 아니고, 내가 다른 사람이 될 수 있는 것도 아니므로, 인생에서 성공하기 위해서는 자신이 누구인지 알아야 한다. 당신은 '엉성한 타인'이 아닌 '위대한 나'로 성장해야 한다.

일곱 개의 모듈이 작동하는 방식

일곱 개(단위)로 구성된 사고모듈은 다음과 같다.

- 내면 intrapersonal, 성찰
- 대인관계 interpersonal, 교류
- 언어 linguistic, 말
- 논리/수학 logical/mathematical, 추론
- 운동감각 kinesthetic, 감각
- 음악 musical, 직관
- 시각/공간 visual/spatial, 상상력[36)]

뇌 세포들이 뭉쳐져 이들 일곱 모듈을 구성하며, 뇌의 상하좌우 전역에 이들 일곱 모듈이 분포한다는 가정 아래 논의를 진행하겠다. 물론, 각각의 모듈은 정해진 자리에 고정되어 있지 않다. 이들 메타인지 모듈들은 하나의 모듈에서 또 다른 모듈로 유입될 수도 있다. 또한 모듈 간의 협업도 가능한데, 특히 뇌가 손상되었을 때 모듈들의 협업이 활발해진다.

각각의 메타인지 모듈은 '우산'(umbrella) 형태의 기능을 한다. 뇌의 앞부분은 여러 기능을 담당하지만, 주로 내면 성찰, 의사 결정, 계획 수립, 분석, 생각의 이동, 목표 설정, 계획 유지, 전략 개발 등의 활동에 관여한다. 이를 가리켜 '내면 성찰 사고모듈'이라고 한다. 바로 뒤쪽에는 '대인관계 사고모듈'이 위치한다. 이 모듈 역시 여러 기능을 담당하지만, 주로 사회적 교류, 의사소통, 질서, 순서 지키기, 다른 사람의 필요 돌보기 등의 역할을 활발하게 수행한다.

그 다음은 '언어 사고모듈'이다. 이 모듈은 말과 글로 수행하는 일들에 활발하게 작동한다. 그 다음은 '논리/수학 사고모듈'로, 추론, 논리, 과학적 사고, 숫자, 문제 해결 등의 기능을 주로 담당한다. 그 다음은 '운동 감각 사고모듈'인데, 신체 활동 및 감각 기능을 주로 담당한다. 그 다음은 '음악 사고모듈'이며 본능, 음악적 재능, 행간을 읽는 능력 등이 이에 결부되어 있다. 마지막으로 뇌의 뒷부분에 위치한 '시각/공간 사고모듈'은 주로 무언가를 상상할 때, 또 머릿속으로 공간이나 지형 지도를 그릴 때 활성화된다.

당신의 뇌가 정보를 처리하는 동안 그곳에 양자적 활동이 시작되면서 '독특한 반응'을 일으키는데, 이때 당신의 일곱 모듈이 어떻게 활동하는지가 그 '독특한 반응'에 고스란히 반영된다. 당신은 자신만의 맞춤형 방식으로 일곱 개의 사고모듈을 전부 사용한다. 그 방식이 자신에게는 마치 익숙한 길을 걷는 느낌일 것이다. 자신에게 매우 '자연스러운' 방식이기 때문이다.

맞춤형 방식으로 생각하는 동안, 당신의 뇌는 높은 레벨의 기어로 전환된다. 일곱 모듈은 마치 기름칠이 잘된, 미세하게 조정된 자동차 엔진처럼 작동하여 '생각'을 해낸다. 이후 온갖 놀라운 화학물질들이 뇌 속으로 흘러들어가 격앙된 상태에서 고도의 생각과 고차원의 기억이 형성되기 시작한다.

나는 이 같은 생각 과정이 지닌 신경학적 영향력(한마디로 말하면, '마음-뇌'와 '몸'의 연계성)에 주목하여 '측지 정보처리 이론' 모델을 개발했다(22장 참고). 이 모델에는 다 자란 뇌도 변화될 수 있다(뇌가소성)는 사실이 반영되어 있다.

보통 우리는 어떤 사람을 묘사할 때, 그의 특별한 측면을 부각하여 묘사한다. 이를테면 "저 사람은 언어 능력이 탁월해", "저 사람은 듣는 귀가 좋아" 등과 같은 식으로 사람을 인식한다. 그러나 은사 프로파일의 기저에 놓인 '측지 정보처리 이론' 모델에서는 일곱 개의 사고모듈이 어떻게 조합되는지를 보고, 이를 바탕으로 그 사람을 묘사한다. 즉 일곱 영역의 조합으로 구성된 온전한 존재로서 사람을 인식하는 것이다.

함께 사는 세상 속에서의 맞춤형 사고

종종 비즈니스 리더들이 사원들의 사고 능력과 학습 기술을 향상시켜 달라며 도움을 요청한다. 한번은 그러한 요청에 응하여 해당 업체의 직원들에게 '문제 해결'problem solving 에 대한 강의를 진행했다. 그들과의 만남은 매우 흥미로운 경험이었다.

　그곳 직원들 대부분은 동료의 독특함, 즉 '나와 다른 점'을 알지도 못했고, 인정하려고 하지도 않았다. 회사 분위기가 경직되어 있었던 것은 '불 보듯 뻔한' 결과였다. 게다가 그 기업은 어려운 시기를 지나는 중이었고 여러 가지 문제들이 산적해 있었는데, 그중 몇 가지는 직원들 간의 '반목'으로 인한 것이었다.

　개별 상담 시간에 그 회사의 거대한 회의실 탁자 한쪽 끝에 몸집이 큰 남성 직원 한 명이 앉아 있었다. 신장이 2미터 10센티미터나 되었으니, 당장 미식축구 선수로 뛰어도 손색이 없을 것 같아 보였다. 그리고 탁자 건너편에는 신장 158센티미터의 남성이 앉아 있었다. 그 두 사람은 한 사무실에서 일하는 동료인데, 서로를 무척 싫어하는 것 같았다. 두 사람의 신장 차이만큼이나 그들의 내면적 차이 역시 대단했다. 우리는 '문제 해결' 활동을 시작했지만, 시간이 흐르면 흐를수록 두 사람의 감정의 골은 점점 더 깊어갔다.

　키 작은 사람의 말 때문에 심기가 불편해졌는지, 키 큰 사람이 탁자에 몸을 바짝 댄 채 분노했다. 일촉즉발의 말싸움을 막기 위해서는 바로 그 분노의 순간을 적절히 활용하여 이들에게 교훈을 줘야 했다. "잠시만요! 우리는 서로 다릅니다. 생각도 다르고, 말하는 방식도 다릅니다. 하지만 우리 모두는 성공을 바란다는 점에서 같습니다. 이 사실을 이해하는 것이 얼마나 중요한지 아십니까?"

　나는 그 두 사람에게 상대방의 은사 프로파일을 건네며 각자가 생각하는 방식이나 학습하는 방식이 얼마나 다른지 확인시켜 주었다. 은사 프로파일 상, 그들은 양극단에 위치해 있었다. 이것은 그리 놀랄 일은 아니었다. 키가 큰 사람은 '움직임'과 '상상'에 집중하는 스타일이었다. 그는 마음의 눈으로 본 것(마음으로 상상한 것)을 몸을 움직여 전달하는 사람이었다. 반면, 키가 작은 사람은 '추론'과 '언어'로 소통하는 사람이었다. 그는 항상 설득하려는 태도로 말을 하는데, 그가 말할 때마다 키가 큰 사람은 버럭 화를 내곤 했다.

그러나 내가 그 두 사람의 학습 패턴이 얼마나 다른지, 또 어떻게 해야 상대방을 더 잘 이해할 수 있는지를 알려 주자 상황은 급변했다. 강의 과정이 끝날 무렵, 그들은 팔짱까지 낀 채 회의실을 나섰다! 그리고 사무실 안에서 한 가지 주제를 두고 같이 대화를 나눌 정도가 되었다고 한다.

그 두 사람은 상대방의 생각과 학습방식이 자신의 것과 다르다는 사실을 이해했다. 그러자 그들은 더 이상 상대방에게 '위험인물'로 인식되지 않았다. 이것이 관계를 발전시키는 열쇠이다. 그들은 의사소통 방식을 극적으로 개선하였다. 그 결과 상대방의 말에서 중요한 지혜를 습득하기까지 했다.

연구에 의하면, 올바르게 생각할 때(자신만의 맞춤형 사고로 생각할 때) 우리는 어려운 상황이나 문제들을 좀 더 명확하게 분석해 낼 수 있다고 한다. 올바르게 생각할 때, 우리는 새로운 지식을 습득할 수 있고 일련의 사실들을 카테고리 별로 나누고 묶을 수 있다.

우리 각 사람이 이 모든 것을 일상에 적용할 수 있다면 얼마나 좋을까! 우리가 사는 세상이 어떻게 변할지 상상해 보라.

18장

은사 프로파일

자, 이제 우리는 은사 프로파일에 뛰어들 준비가 되었다. 은사 프로파일에서 최상의 결과를 얻으려면, 자신의 사고에 집중해야 한다. 이러한 이유로 이 책의 1부에서 '사고구조'를 소개한 것이다.

일곱 개의 사고모듈 중 어느 것 하나도 독자적으로 작동하지 않는다는 사실을 기억하라. 사실, 사고모듈들의 힘은 그것들 간의 상호교류를 통해 발휘된다. 속담처럼 "각 부분의 합보다는 전체가 더 위대하다"The whole is greater than the sum of the parts.

문제는, 은사 프로파일에서 각자의 독특한 조합(일곱 모듈의 조합)을 어떻게 찾느냐이다. 나는 이 과정을 '조합 스토리'라고 부른다. 생각의 일곱 모듈을 이용하여 자신의 정체를 찾는 심화과정은 전작 《하나님이 디자인하신 완전한 나》The Perfect You에 좀 더 상세히 기술했다. 특히 별책부록 《UQ Unique Qualitative 검사》(나만의 독특한 자질 검사)의 여러 질문들에 답을 하면서 당신의 자아상을 알게 될 것이다. UQ 검사를 시행하면, 당신은 자신의 독특한 정체성, 즉 오랜 시간에 거쳐 발전해 온 자아의 청사진을 이해하게 될 것이다.

그러나 이 책에서 나는 전작과는 다른 방식으로 일곱 가지 사고모듈을 다루며, 자신만의 맞춤형 사고를 이해하고 찾도록 도울 것이다. 이를 위해 은사 프로파일을 개발한 것이다.

물론, 단 하나의 프로파일 검사 및 테스트로 인간의 복잡함을 다 파헤칠 수는 없다. 어떤 종류의 테스트를 시행하더라도 이 사실을 염두에 두어야 한다. 인간으로서 '나'라는 존재가 지닌 온전함wholeness 및 복잡한 특성에 비하면, 프로파일 검사를 통해 얻은 정보는 아주 미미하다.

일례로, IQ 검사에 대한 대중의 오해(신화)가 이 사실을 반증해 준다. 사람들은 IQ 수치를 근간으로 "지능이 높다" 혹은 "지능이 낮다"고 판단한다. 이러한 오해가 어찌나 급속도로 널리 퍼졌는지, 이를테면 'IQ 운동'이라 부를 만하다. IQ가 높으면 대학을 갈 수 있고, IQ가 낮으면 진학하기 어렵다는 생각도 대중에 만연하다. 그래서 IQ가 또래 집단의 평균 이상인지, 평균인지, 평균 이하인지를 따져 가며 심각하게 고민하는 사람들도 많다. 게다가 수많은 사람이 "지성intelligence은 다섯 살에서 일곱 살 사이에 형성되고, 이후로는 변하지 않는다"며 잘못 믿고 있다. 감사하게도 그들의 믿음은 잘못되었다. IQ는 변할 수 있다!

종종 우리는 여러 상자를 준비하고 각각에 라벨을 써 붙인 후 사람들을 그 안에 가두곤 한다. 이를테면 어떤 상자에는 '학습장애'라는 라벨을 붙여 놓고, 그 안에 무수히 많은 사람들을 집어넣는다. 이외에도 상자에 붙이는 라벨에는 'ADHD', '영재', '우뇌 중심', '좌뇌 중심', '기대 이상의 성과자', '기대 이하의 성과자', '지적인 사람', '제대로 일하지 못하는 사람' 등이 있다. 이러한 라벨은 아주 빠른 속도로 '표준'이 되었고, 우리는 동일한 잣대를 자신에게 들이대며 스스로를, 자아의 가치를 그 기준대로 인식하기 시작했다.

라벨은 너무도 쉽게 우리를 감옥에 가두고, 우리의 능력을 제한시켜 버린다. 하지만 우리의 맞춤형 사고는 우리에게 붙여진 '라벨' 그 이상이다! 숫자는 우리의 정체성을 말해 주지 못한다. 특정한 카테고리가 우리의 정체를 규정하지 못한다. 우리는 누구와도 비교될 수 없는, 누구와도 경쟁할 필요가 없는 '독특한' 사람이다.

감사하게도 과학계가 변하고 있다. 수많은 연구결과 '지성'은 IQ 등의 수치로 나타낼 수 없고, 누구의 지성과도 비교할 수 없는 개인의 '독특한' 자질임이 밝혀지고 있다. 재능 또한 고정된 것이 아니다. 우리가 재능을 갈고 닦으며 사용하는 동안, 그것은 자라기도 하고 발전되기도 한다. 당신은 원하는 만큼 지적인 사람이 될 수 있다!

당신이 발견했든, 모르고 지내왔든 상관없이, 지금까지 당신에겐 이러한 능력이 내재해 있었다. 그러니 그 능력을 어떻게 사용할지 배우기만 하면 된다. 당신이 주도하여 자신의 삶을 살아가는 동안, 하나님이 창조하신 본연의 '디자인'대로 발전해 갈 것이다.

은사 프로파일의 활용법

이 장에서 당신이 보게 될 세 개의 표는 은사 프로파일을 활용하고 해석하는 데 도움이 될 것이다.

〈표 1〉에는 사고모듈의 정의를 기록해 두었다. 이후 이 표의 내용을 이해하기 쉽게 그림 한 장 〈그림 18.1〉을 첨부했는데, 이것은 뇌 속 일곱 개의 사고모듈을 시각화해 놓은 것이다.

〈표 2〉에는 생각이 형성되는 일곱 단계, 즉 생각의 사이클을 설명해

두었다. 그리고 〈표 3〉을 보면, 은사 프로파일의 채점방법을 알 수 있다. 그리고 표 아래에는 은사 프로파일의 질문들에 어떻게 답해야 할지, 또 그 결과를 어떻게 해석하는지 설명해 두었다.

이후 은사 프로파일이 시작된다!

〈표 1〉 일곱 개의 사고모듈

사고모듈	설명
내면 성찰 intrapersonal, 반추	깊은 사고, 분석, 머리로 생각하기
대인관계 interpersonal, 교류	의사소통, 대화, 정보 공유
언어 linguistic, 말	말과 글
논리/수학 logical/mathematical, 추론	과학적 · 전략적 추론, 순서, 질서, 계획
운동감각 kinesthetic, 감각	움직임, 체험, 신체 지각
음악 musical, 직관	본능, 행간 읽기, 음악적 재능
시각/공간 visual/spatial, 상상력	상상, 마음의 눈으로 보기

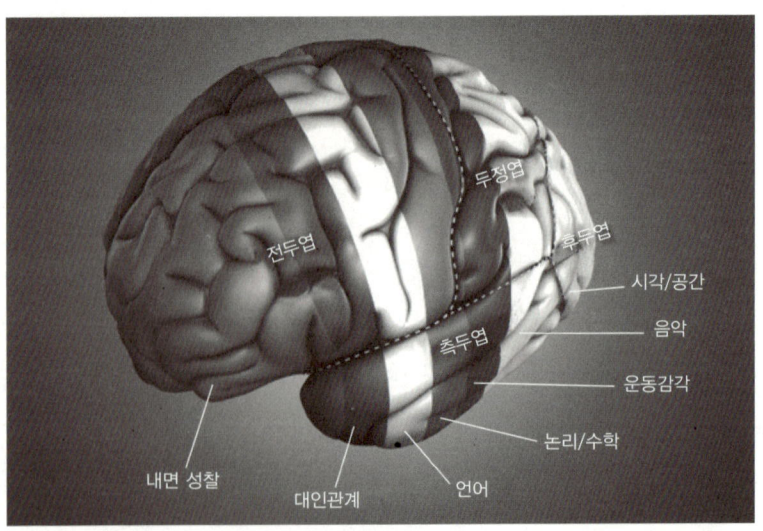

〈그림 18.1〉

생각의 사이클

앞에서 설명했듯, 우리 각 사람에게는 생각을 공정하는 일곱 단계가 있어 이를 통해 정보를 소화해 내는데, 이처럼 연속된 일곱 단계의 과정을 가리켜 '생각의 사이클'이라 한다. 생각의 사이클 중 어떤 단계에서, 어떤 사고모듈을 사용하느냐에 따라 각 사람의 '독특함'이 나타난다.

예를 들어, 어떤 사람의 경우 1단계에서 내면 성찰 사고모듈이 활성화된다. 반면 어떤 사람의 경우엔 1단계에서 운동감각 사고모듈이 활성화될 것이다. 그러나 결국 일곱 단계를 모두 거쳐야(일곱 개의 모듈이 모두 사용되어야) 생각이 만들어진다. 생각의 사이클 일곱 단계를 모두 거치지 않으면, 우리는 올바르게 생각할 수 없다.

이 과정은 매우 빠르게 진행되기 때문에 당신은 감지할 수조차 없을 것이다. 마취 전문의이자 연구가인 스튜어트 해머로프 박사는 "1초에 대략 40회 정도, 마치 의식이 '분출'하는 것처럼 빠른 활동을 보인다"고 말했다.[1] '의식의 분출'을 비유하자면 만화책과 같다고 할 수 있다.

예를 들어 만화책을 본다고 할 때, 일련의 컷들을 보는 체험이 우리의 뇌에선 매 10초마다 '의식 사건'으로 전환된다. 만화영화를 볼 때도 마찬가지이다. 뇌는 그 모든 장면을 일일이 인식하면서 10초마다 그 체험을 '의식'으로 전환시킨다. 즉, 의식의 분출 사건은 1분마다 6회 정도 발생하고, 1시간 동안 360회, 그리고 하루 24시간 동안 8,640회 발생한다. 그러나 이것은 어디까지나 '의식 상태'에서의 이야기이다. 무의식 차원에서는 숫자의 단위 자체가 달라진다. 무의식 영역에서는 지적인 생각들이 1초에 100만 개 단위로 발생하는데, 이것은 무의식 영역에서 1초에 10의 27승 속도로 이루어지는 활동의 결과이다.[2]

충분한 에너지를 공급받은 기억이 의식으로 전환되는 데에는 대략 5-7초 내지 5-10초 정도 걸린다. 때로는 이보다 더 빠른 속도로 이루어지는데, 이 속도를 기반으로 계산하면 24시간 동안 대략 8,000개의 생각(의식)을 만들어 낸다고 할 수 있다.[3] 이 생각들은 내부의 기억과 외부 환경으로부터의 자극에 의해 유발된다. 내부의 기억과 외부의 자극은 '인식'의 일부분으로서, 생각이 만들어지는 '맥락'(배경)을 제공한다.

의식 영역에서 만들어지는 생각들과 무의식 영역에서 만들어지는 생각들을 합하면, 하루 24시간 동안 대략 16,000-18,000개의 생각들이 우리의 머릿속에서 생성된다고 할 수 있다. 여기에는 가공 중(새로운 정보가 기억으로 전환되는 중)인 생각과 문맥상의 생각(정보 중심의 생각)이 포함된다. 국립 과학 재단의 연구결과에 의하면, 우리는 매일 5만 가지의 생각을 한다고 한다.[4] 그렇게나 많은 생각을 한다는 것이 사실인가? 이것은 충분히 가능한 일이다. 특히 무의식 영역의 활동을 고려한다면 말이다. 이 영역에 대한 연구는 좀 더 많이 이뤄져야 할 것이다.[5]

"제 생각은 일곱 개의 모듈을 전부 거치지 않는 것 같아요." 이러한 느낌이 들더라도 염려할 필요가 없다. "저는 그 정도로 많은 생각을 떠올리지 않습니다. 제 생각의 속도는 너무 느린 것 아닐까요?" 어쩌면 이렇게 염려할지도 모르겠다. 하지만 당신은 모든 것을 기억할 수 없고, 또 모든 것을 기억해서도 안 된다. 우리는 집중한 것만을, 또 필요하다고 생각한 것만을 기억한다. 생각의 개수를 추론하는 일은 머릿속에 무엇을 집어넣을지 통제하는 것이 얼마나 중요한 작업인지를 넌지시 알려 주지만, 여기에 민감하게 반응하거나 염려할 필요는 없다. 우리는 생각의 숫자보다는 의식의 능력에 집중해야 한다. 그리고 어떻게 해야 그 능력을

보다 효과적으로 사용할 수 있을지 배워야 한다.[6]

우리의 사고 활동은 수천 개의 생각이 뒤섞인 '의식의 흐름'이다. 이 사실을 아는 것이 중요하다. 그런데 이처럼 많고 복잡하게 얽힌 생각 중 어떤 정보를 기억할지를 우리가 선택하고 통제할 수 있다는 사실이 더 중요하다. 우리는 의식의 흐름을 통제함으로써(자가 통제), 각각의 생각 프레임들을 비교·평가할 수 있다. 그러나 외부 요인이나 유해한 생활반응 때문에 우리의 집중력이 흐트러지면, 통제(자가 통제) 능력이 저하된다. 그 결과 정신 및 신체건강이 악화될 것이다. 자신만의 맞춤형 사고를 이해할 때, 우리는 자가 통제 기능을 회복할 수 있고, 그 결과 자신의 생각을 주의하여 검토할 수 있다.

생각의 사이클과 관련하여, 우리는 일곱 모듈의 공정 중 처음 두 개의 모듈 또는 마지막 두 개의 모듈이 다루는 생각만을 인식하는데, 이는 모듈 내에서의 처리 속도가 매우 빠르고, 또 너무 많은 양의 정보가 이동하기 때문이다. 이러한 이유로 사람들은 자신을 어느 한 분야가 특화된 사람으로 인식한다.

이를테면 "나는 '시각'적 사고가 발달한 학습자입니다" 또는 "나는 '청각'이 발달해 있습니다"라고 인식한다. 간혹 그들이 이해한 바가 맞을 수도 있지만, 대부분은 그렇지 않다. 이처럼 좁은 의미의 학습 방식으로 사람을 이해하는 접근법을 가리켜 '학습 스타일 이론'이라고 하는데, 이러한 이해는 정확하지 않다. 기껏해야 환원주의적인 믿음일 뿐이다. 우리가 무언가를 배우면서 기억을 세워 나가는 동안 특정한 사고모듈 한 개만 사용하겠는가? 이것은 말도 안 되며, 또 불가능한 일이다!

학습 스타일 이론이 옳다면, 자신을 '시각 학습자'로 인식하는 학생에게는 청각 대신 시각 자료만 제공해야 할 것이다. 그러나 우리 각 사람의 독특함을 '흑백' 논리로 따질 수 있겠는가? 아니다. 그러므로 "저 사람은 시각으로 학습하는 사람이다" 또 "저 사람은 청각으로 학습하는 사람이다"라고 말할 수 없다.

학습 스타일 이론을 대상으로 실시한 최근의 메타분석 결과, 우리는 새로운 사실을 발견하게 되었다.[7] 연구자들의 결론은 다음과 같다. "학습 스타일 이론을 교육 영역에 적용하기엔 과학적 근거가 부족하다."

예를 들어, 일반적 'VAK 학습 스타일 이론'Visual 시각, Auditory 청각, Kinesthetic 운동감각에 의하면 학생들마다 선호하는 방식이 있으므로, 교사들은 이들의 선호 학습 스타일을 분별하여 각각의 스타일에 맞게 수업 계획을 세워야 할 것이다. 그러나 교사 인원의 한계, 학급의 규모, 수업일수 등을 고려하면 이 방법은 불가능하다. 게다가 '기억 형성'이란 목표를 고려해 봐도 이 같은 수업 방식은 별 효과가 없다.[8] 더군다나, '학습 스타일 선호도'에 대한 실험 증거자료도 턱없이 부족한 형편이다. 그러므로 초중고교나 대학교에서 학생들의 학업 성취도를 높이기 위해 학습 스타일 이론을 사용하는 것은 이 이론의 단점만을 더욱 부각시키는 일이 될 것이다.

그러나 안타깝게도 VAK 학습 스타일 이론은 교육현장에 널리 퍼져 있다. 그러므로 현재와 같은 학습 환경에서 이 이론이 미치는 '전 세계적' 영향력은 한마디로 골칫거리이다.[9] 교육기관이 활용할 수 있는 자원(물적, 인적)과 시간은 제한되어 있다. 그러므로 새로운 방식을 채택할지를 고려할 때에는 성공 가능성이 확실시되는지부터 점검해야 한다. 그렇게 검토한 후 도입·적용·개발해도 늦지 않다.[10]

나는 미국과 남아프리카 공화국, 그리고 아프리카 대륙의 여러 지역에서 수천 명에 달하는 교사들을 훈련시켰다. 당시, 최우선 과제는 이들의 머릿속에서 '학습 스타일 이론'이라는 신화를 제거해 내는 것이었다. 그래야만 그들이 학생들을 자유롭게 풀어 줄 수 있기 때문이다.

우리는 '상자 안에서의 학습'이나 '상자 밖에서의 학습' 같은 편견을 수용해서는 안 된다. 버려진 공터에서 채소를 재배하여 '갱스터 가드너'gangsta gardener로 알려진 론 핀리가 말했다. "상상력에 대해 말하자면, 인간에겐 '상자' 같은 것이 없습니다."[11]

당신의 마음은 매우 강력하다. 또한 매우 복잡하다. 당신은 한두 단어로 규정될 존재가 아니다. 당신의 생각 역시 강력하고 복잡한데, 당신의 생각은 최소 일곱 공정을 거쳐(당신만의 방법으로 조합하여) 만들어진다. 당신의 인식이 지닌 힘은 그 모두 일곱 모듈이 '합'에 달려 있다. 이 세상에서 당신처럼 생각할 수 있는 사람은 아무도 없다.

〈표 2〉 생각 사이클

단계	설명	느낌
1. 집중하기 새로운 정보가 들어오는 것을 서서히 인식하게 된다.	오감을 통해 정보가 들어온다. 기존의 생각들을 활성화시킨다.	당신의 의식은 이 과정을 '정보 수집 작업' 또는 '생각의 활성화'로 인식한다.
2. 주의 기울이기 정보가 흡수(수용)되는 것을 서서히 인식하게 된다.	기존 정보 및 기존의 기억들과 새로 수용한 정보 사이에 연결고리를 만든다. 이러한 연결고리 덕분에 당신은 새로운 정보를 유의미한 정보로 인식하게 되며 단기기억을 형성하기 시작한다.	유입되는 정보에 마음을 쏟는다.

3. 분석 / 4. 강화 / 5. 통합 아직 완벽하게 인식하는 것은 아니지만, 무의식 영역에서 정보를 분석하고 강화하고 통합한다.	새로운 정보가 뇌의 피질에 있는 '나무들'(신경네트워크) 안에서 강화된다. 당신은 이 새로운 정보가 참되고 정확한지, 아닌지를 (느낌으로) 결정한다. 이후 이 정보를 기존 기억의 네트워크에 통합시킨다.	당신은 생각, 느낌, 선택의 갑작스런 폭발을 체험할 수도 있다(너무 갑작스럽게 일어나기 때문에 그렇지 않을 수도 있다).
6. 적용 의식 영역에서 새로운 정보를 확실하게 인식한다.	유입된 정보에 의미가 부여된다.	당신은 이런 느낌을 받는다. "이 정보는 의미가 있다. 나는 이 정보를 이용하여 이러이러한 일을 할 수 있다."
7. 마감 무언가를 해야 할 필요를 인식한다.	생각 사이클을 재가동시켜야 한다는 느낌을 받는다.	이것을 일종의 행동으로 인식한다.

맞춤형 방식으로 생각하려면, 당신은 각각의 모듈들을 '특정한 순서'대로 활용해야 한다. 당신의 뇌는 이 같은 방식의 사고와 학습을 위해 디자인되었다. 당신은 은사 프로파일을 통해 이 사실을 확인할 수 있다. 그 특정한 순서를 인식한 후 맞춤형 방식으로 생각하면, 자신이 정보를 어떻게 다루는지 알게 될 것이다. 이후 당신은 학교와 직장과 가정에서 자신의 사고 패턴을 효율적으로 사용하게 된다.

은사 프로파일 작성법

지금까지 설명한 내용이 다소 어려울 수도 있는데, 괜찮다! 은사 프로파일을 작성하는 동안 모든 것이 정상화될 것이기 때문이다. 지금은 은사 프로파일 시행 전, 준비단계이다. 지금까지 나는 은사 프로파일을 시행할 수 있도록 이와 관련된 정보들을 독자들에게 제공했다. 책장을 거꾸로 넘겨가며 지금까지 설명한 내용을 다시 한 번 읽어 보기 바란다. 또 은사 프로파일을 작성하는 중에도, 관련 내용들을 반복하여 읽고 확인하면서 다음의 사실을 숙지하기 바란다. "나에게는 독특한, 나만의 맞춤형 사고방식이 있다."

나는 70문항으로 구성된 단순한 프로파일을 만들어 이 책에 실었는데, 이것을 가리켜 '은사 프로파일 요약본'이라 부르겠다. 은사 프로파일을 전부 다루려면, 이 책 한 권으로는 부족하다. 하지만 온라인 어플리케이션 'Perfectly You'에서는 좀 더 많은 분량의 은사 프로파일을 확인할 수 있다.[12]

이 책에 실은 은사 프로파일 요약본이나 Perfectly You의 은사 프로파일은 지난 25년간 임상실험에 사용한 원본 프로파일(1000개 이상의 문항으로 구성)의 개작改作이다. 내가 이 은사 프로파일을 좋아하는 이유는 여러 가지인데, 먼저 많은 사람이 이를 통해 생각의 힘과 독특함을 깨달았기 때문이다. 게다가 각 문항에 어떤 답을 달아 놓아도 결코 '틀린 답'이 아니기 때문이다. 당신은 '예' 혹은 '아니오'로 답할 수 있다. '예'라고 해도 맞고 '아니오'라고 해도 맞다. 이것은 지식을 테스트하는 시험이 아니다. 그러므로 '예'와 '아니오' 둘 다 정답이다.

은사 프로파일을 통해 당신은 자신이 어떻게 생각하고 느끼고 선택하고 배우는지를 살펴볼 수 있다. 생각하고 느끼고 선택하고 배우는 방식, 이것이 바로 맞춤형 사고이다. 몇 점을 맞추는지는 상관없다. 점수는 당신의 숙련도나 지적 수준을 말해 주는 것이 아니라, 생각 사이클의 '순서'

를 말해 줄 뿐이다. 그러므로 30%는 100%만큼이나 좋다. 다시 한 번 말하지만, 은사 프로파일의 결과로 얻은 점수(숫자)는 뇌에서 일어나는 일들의 '순서'를 보여 줄 뿐이다.

당신의 맞춤형 사고는 일곱 가지 타입의 생각을 모두 활용한 결과물이다. 가장 높은 점수를 얻은 사고유형은 가장 먼저 활성화되는 모듈이 무엇인지를 말해 준다. 정보가 생각으로 전환되는 첫 번째 관문인 셈이다. 두 번째로 높은 점수는 유입된 정보에 알맞은 사고의 틀을 선택할 때 활성화되는 모듈이다.

셋째, 넷째, 다섯째는 '생각의 소화', 즉 분석을 담당하는 사고모듈이다. 이때, 생각과 느낌과 선택이 '폭발하듯' 매우 빠른 속도로 이뤄진다. 그러므로 당신은 이 과정을 체험하지 못할 수도 있다. 여섯 번째는 '새로운 정보를 어떻게 적용하는가'에 관여하는 사고모듈이다. 이때 당신은 이 같은 느낌을 받는다. "이 정보는 의미가 있군! 나는 이 정보를 활용할 수 있겠어!" 마지막으로 일곱 번째는 '이해'가 형성됨과 동시에, 생각의 사이클을 마무리하는 방식과 관련 있는 사고모듈이다. 당신은 이것을 일종의 '활동'으로 인식한다.

가장 높은 점수가 당신의 정체성을 말해 주지 않는다는 사실이 중요하다. 일곱 가지 유형의 사고에서 얻는 점수는 '당신이 어떻게 생각하는가'와 '당신의 뇌가 당신의 사고방식에 어떻게 반응하는가'를 알려 줄 뿐이다. 당신은 일곱 모듈을 모두 사용하여 생각한다. 당신이 그 모듈을 얼마나 효율적으로 사용하는지에 따라 학교, 직장, 가정에서의 성공 가능성이 달라진다. 20장에서 배우게 될 〈뇌의 스위치를 켜라 - 5단계 학습과정〉은 당신의 맞춤형 사고를 활성화하여 가장 강력한 기억들을 만들어 낼 것이다. 그러므로 〈뇌의 스위치를 켜라 – 5단계 학습과정〉은 은사 프로파일에 더하여 생각을 개선시킬 최고의 보충자료라고 할 수 있다.

은사 프로파일 요약본

아래에 은사 프로파일을 작성할 때 기억해야 할 몇 가지 사항을 기록해 두었다.

- 이 책에 첨부한 은사 프로파일은 원본의 요약본이다. 이 책의 은사 프로파일은 총체적이지 않고 요약적이므로, 이 검사는 당신의 생각 사이클을 '샘플링'하는 정도이다(좀 더 자세한 프로파일을 원하면, 온라인 프로그램 'Perfectly You'를 검색해 보기 바란다. www.perfectlyyou.com).

- 일곱 개의 서로 다른 범주에 맞춰 질문의 형태로 은사 프로파일을 만들었다. 각각의 범주는 맞춤형 사고를 구성하는 일곱 모듈을 대변한다.

- 오답은 없다. 모든 답이 정답이다.

- 빠르게 답할수록 보다 정확한 결과를 얻을 수 있다. 오랜 시간 '그런가?', '아닌가?' 고민하고 있다면 아닐 확률이 높다. 이런 경우, '아니오'에 O표를 하면 된다.

- 누군가에게 보여 줄 것이 아니므로 정직하게 답하기 바란다.

• 높은 점수를 얻는 것이 목적이 아니다. 점수는 뇌에서 일어나는 생각의 순서를 알려 줄 뿐이다. 당신의 지적 능력이나 기술 수준을 말해 주는 것이 아니므로, 어떤 점수를 얻든 그 자체로 가치가 있다! 당신이 어떤 사람인지를 알려 주기 때문이다.

• 가장 높은 점수의 유형은 정보가 들어가는 입구 역할로, '어떻게 정보를 수집하는가'와 관련이 있다. 중간의 다섯 유형은 '어떻게 정보를 분석하고 단기기억을 형성하는가'에 관여한다. 그리고 일곱 번째 유형은 '어떻게 생각 사이클을 마무리하는가'에 관여한다. 이후 이 과정은 처음부터 다시 반복된다. 당신이 자신만의 맞춤형 방식으로 뇌에 지식을 쌓는 한, 이 과정은 쉼 없이 반복된다!

• 점수는 높을 수도 있고, 낮을 수도 있다. 점수의 고저는 어떤 모듈에서 당신의 생각 사이클이 시작되고, 또 어떤 모듈에서 끝나는지를 보여 준다. 각각의 점수는 생각의 '순서'를 반영하고, 그에 대한 반응으로 뇌 속의 어떤 기능이 활성화되는지를 보여 준다.

• 아무리 비슷해도 차이는 존재한다. 혹 두 사람이 비슷한 강점을 지녔더라도, 구체적인 질문 앞에선 각자의 답이 달라질 것이다. 유사함 속의 차이가 선명해질 것이다.

• 각각의 질문에 '예', '아니오'로 답하면 된다. 당신에게 해당되면 '예'에 O표를 하고, 당신에게 해당되지 않으면 '아니오'에 O표를 하라.

어떤 질문은 모호할 것이다. 답하기가 곤란하면 본능에 따르라.

• 답을 완료했다면 '예'에 O표 한 문항의 개수를 더하라. 각 모듈에는 10개의 질문이 있다. '예'에 O표 한 문항의 합에 10을 곱한 후 %표시를 하라. 예를 들어 10개 중 7개의 문항에 '예'라고 답했다면, 7×10=70% 이렇게 표기하면 된다.

• 당신의 맞춤형 사고를 확인하기 위해 일곱 개의 범주 중 가장 큰 점수를 받은 모듈부터 가장 낮은 점수를 얻은 모듈까지 차례로 나열하라.

• 장소에 따라 답이 달라질 경우도 있을 것이다. 이를테면, 집에 있을 때와 사무실에 있을 때 동일한 질문에 대해 다르게 답할 수도 있다. 우리에겐 '실제 자아'가 있고 환경과 상황에 '적응시킨 자아'가 있다. 살아가는 동안 우리는 다양한 기술을 배운다. 우리는 자신의 재능을 특정 상황에 적응시키며 살아간다.

그러므로 은사 프로파일을 두 번 시행할 것을 권한다. 첫 번째는 실제 자아의 관점에서, 두 번째는 직업·사회적 자아의 관점에서 시행해 보라. 처음 은사 프로파일을 시행하면, 당신은 "나는 이 일을 하고 싶지 않아. 그러나 이 점은 꼭 배워야겠군" 혹은 "이것은 내게 자연스럽지 않아. 하지만 몇 년이 걸리더라도 꼭 배워야겠어"와 같은 '생각'과 '선호' 등을 발견하게 될 것이다.

가장 정확한 프로파일은 '실제 자아'의 관점에서 시행했을 때 얻는다. 어떤 환경을 상정하든 상관없이 '실제 자아'의 프로파일은 거의 동일하다. 만일 결과가 다르게 나왔다면, 당신이 무언가를 잘못한 것이다. 어쩌면 사각형의 나사를 원형 홈에 끼워 넣으려는 시도를 했을지도 모른다(이것은 고민해 봐야 할 문제이다).

- 둘 혹은 셋 이상의 모듈에서 동일한 점수가 나왔다면, 당신이 답했던 질문들을 다시 한 번 검토하며 진지하게 물어야 한다. "이것이 정말 나의 자아인가? 아니면 내가 처한 환경이나 상황을 고려하여 '나는 꼭 이렇게 해야 한다'고 생각한 것인가?"

환경과 상황 때문에 당신은 진정한 자아를 속일 수도 있는데, 그럴 경우 점수가 달라진다. 우리는 특정 환경에 자신을 '적응'시키고 '변화'시켜야 하는 존재이다. 그러므로 모듈 간 동점이 나오는 상황은 수없이 발생한다. 하지만 적응된 자아는 실제 자아와 다르다는 점을 기억하기 바란다.

- 프로파일을 완료한 후 잠시 '외부인'이 되어 관찰자의 입장으로 자신의 생각을 들여다보라. "외부인이 된다고요? 말도 안 돼! 그게 가능하나요?" 가능하다. 당신은 그렇게 하도록 디자인된 존재이다. 자신의 '생각'에 대해 생각할 때, 뇌의 전두엽이 반응한다. 나는 이것을 MPA, '다중 관점 유익'Multiple Perspective Advantage 이라고 한다(다중 관점 유익에 대해서는 3장을 참고하라). 다중 관점 유익을 활성화하기 위해 다음의 질문들을 던져 보라.

- 나는 무엇을 하고 싶은가?
- 무엇이 내게 가장 자연스러운가?
- 내 마음이 끌리는 일은 무엇인가?

- 내게 편안(또는 평범)하게 느껴지는 것은 무엇인가?
- 골똘히 사고하는 동안, 나는 나 자신을 어떤 사람으로 생각하는가?

• 두 번째로 프로파일을 작성할 때, 다음의 질문을 염두에 두라.

- 학교, 직장, 가정에서 더 나은 성과를 얻기 위해 내가 발전시켜야 할 영역은 무엇인가?(예를 들어, 당신은 원래 계획대로 엄격하게 따르는 사람이 아닐지도 모른다. 그렇다면 직장에서의 업무를 위해 당신은 특정 영역을 훈련해야 할 것이다)
- 업무나 학업, 삶의 필요 때문에 자연스레 개발한 기술이나 자질들이 있다면 무엇인가?
- 하기는 싫었지만, 꼭 해야만 했던 일이 있는가? 직장, 학교, 가정에서 당신이 의도치 않게 배워야 했던 기술은 무엇인가?

지금까지의 내용들을 요약하면, 다음과 같다.

- 은사 프로파일에 정답이나 오답은 없다.
- 누군가에게 보여 주려고 은사 프로파일을 작성할 필요가 없다.
- 프로파일 작성 시, 진정한 '솔직함'이 요구된다.
- 높은 점수를 얻으려고 노력할 필요가 없다. 이것은 채점하여 등급을 매기는 테스트가 아니다. 생각의 사이클 속에서 내 생각이 어떻게 움직이는지를 볼 뿐이다.

대부분의 모듈에서 당신은 40-70% 정도를 얻을 것이다. 소수의 모듈에서 70-80%가 나올 수도 있고, 하나 또는 둘 정도에서 80% 이상이 나올 수도 있다. 어떤 모듈에서는 15-20% 정도의 낮은 수치를 얻을 수도 있는데, 이것은 문제점도 아니고 약점도 아니며 실패하는 것도 아니다. 기억하라. 은사 프로파일은 생각 사이클 안에서 당신의 생각이 형성되어 가는 순서를 말해 줄 뿐이다.

정답이나 오답 같은 것도 없다. 가장 높은 수치의 모듈은 당신이 집중하기 시작하는 관문이고, 가장 낮은 수치는 당신의 생각 사이클이 마무리되는 출구이다(표 2를 참고하라). 만일 대부분의 모듈에서 높은 점수를 얻는다면, 당신의 '자아 프로파일'과 '학업 관련 프로파일'이 섞인 결과일 수도 있다. 혹 당신이 솔직하지 않아서 그런 결과가 나온 것일지도 모른다. 이러한 경우, 다시 프로파일을 작성해야 한다.

〈표 3〉 생각 사이클의 순서

순서	%	사고모듈
가장 높은		
두 번째		
세 번째		
네 번째		
다섯 번째		
여섯 번째		
일곱 번째		

은사 프로파일

이제 은사 프로파일(요약본)을 작성하기 시작하라.

1. 내면 성찰 Intrapersonal/Introspection **사고모듈**

1) 스스로 '외부인'이 되어 관찰자의 눈으로 자신의 감정을 들여다 보는 일이 쉬운가? 예 / 아니오
2) 자신의 감정을 다양한 방법으로 표현해야 할 필요를 느끼는가? 예 / 아니오
3) 자신의 내면 internal life 이 멋지다고 생각하는가? 예 / 아니오
4) 자신의 마음속 생각에 자주 집중하는가? 내면에 집중하기 위해 외부 요인들을 자주 차단하는가? 예 / 아니오
5) 혼자 일할 때가 더 효율적인가? 예 / 아니오
6) 깊은 사고를 요하는 질문들을 자주 품는 편인가? 예 / 아니오
7) 머릿속으로 생각하며 시간 보내는 것을 좋아하는가? 예 / 아니오
8) 혼자서 시간 보내는 일이 쉬운가? 예 / 아니오
9) 정보를 인식하고 이해하려면, 잠시 '멍 때리는' 시간이 필요한가? 예 / 아니오
10) 삶에 변화를 주고 싶은가? 예 / 아니오

점수 산정

1) '예'로 답한 문항의 개수를 합한 후
2) 10을 곱하고
3) %를 표기하라.

예시

1) 7개의 문항에 '예'로 답함
2) 7×10=70
3) 70%

2. 대인관계 Interpersonal/Interaction 사고모듈

1) 다른 사람의 생각에 잘 공감하는가? 예 / 아니오
2) 자신을 소진할 정도로 다른 사람의 감정을 느끼는가? 다른 사람의 감정에 민감한 편인가? 예 / 아니오
3) 사람들을 잘 관찰하는가? 사람들의 반응을 주의 깊게 보는 편인가? 예 / 아니오
4) 상대방의 입장에서 생각할 수 있는가? 예 / 아니오
5) 다른 사람에게 동기부여할 수 있는가? 예 / 아니오
6) 사람들과의 교류가 많고, 또 사람들을 연결해 주는 일 networking 을 잘 하는가? 예 / 아니오
7) 주변 사람을 좋아하는가? 예 / 아니오
8) 흥정(협상)하기를 좋아하는가? 예 / 아니오
9) 평화로운 분위기를 조성하며, 분쟁을 가라앉히는 피스메이커 peacemaker 인가? 예 / 아니오
10) 상대방이 자신의 의도를 오해하거나 충분히 이해하지 못할 때, 자신이 한 말을 재검토하는가? 상대방에게 자신의 의도를 충분히 설명하는가? 예 / 아니오

점수 산정

1) '예'로 답한 문항의 개수를 합한 후
2) 10을 곱하고
3) %를 표기하라.

3. 언어/말 Linguistic/Word **사고 모듈**

1) 언어(말)로 노는 것을 좋아하는가? 예 / 아니오
2) 전화하는 것보다 이메일이나 문자 메시지를 더 선호하는가?
   예 / 아니오
3) 당신은 언어를 사용하는 일(의사소통)에 탁월하다고 생각하는가? 예 / 아니오
4) 원활한 의사소통을 위해 많은 말을 해야 할 필요가 있다고 생각하는가? 예 / 아니오
5) 많은 말로(혹은 글로) 자신을 표현하고 설명해야 할 필요가 있다고 생각하는가? 예 / 아니오
6) 글(책, 신문 등)을 많이 읽는가? 예 / 아니오
7) 이야기를 전하는 것을 좋아하는가? 예 / 아니오
8) 일반 상식이 풍부하다고 생각하는가? 예 / 아니오
9) 무언가를 설명할 때, 장황하게 말하는가? 예 / 아니오
10) 말할 때, 많은 말로 상황을 설명해야 한다고 생각하는가?
    예 / 아니오

점수 산정

1) '예'로 답한 문항의 개수를 합한 후

2) 10을 곱하고

3) %를 표기하라.

4. 논리/수학/추론 Logical/Mathematical/Rational **사고모듈**

1) 자신의 삶에 일어난 일들을 논리적으로 설명하거나 이해하려 하는가? 예 / 아니오

2) 세상 돌아가는 '이치'에 관심을 갖고 있는가? 예 / 아니오

3) 어떤 사건이나 현상의 기저에 깔린 작동 원리들을 알아내는 일에 흥미를 느끼는가? 예 / 아니오

4) 일상적으로 일어나는 일의 '순서'나 '의미'를 인식하는가? 예 / 아니오

5) 시간 관리에 탁월한가? 예 / 아니오

6) 계측(계량)하기를 좋아하는가? 예 / 아니오

7) 숫자(수치)에 의미를 부여하는가? 예 / 아니오

8) 정보 분석하기를 좋아하는가? 예 / 아니오

9) 가설 세우기를 좋아하는가? 예 / 아니오

10) 계획 세우기를 좋아하는가? 예 / 아니오

점수 산정

1) '예'로 답한 문항의 개수를 합한 후

2) 10을 곱하고

3) %를 표기하라.

5. 운동감각/감각 Kinesthetic/Sensory **사고모듈**

1) 어떤 것을 이해하려면 직접 체험(보고, 만지고, 맛보고 등)해야 하는가? 예 / 아니오

2) 무언가를 마음속으로 떠올리려면, 일단 그것을 손으로 쥐어보거나 만짐으로써 그 느낌을 '체험'해야 하는가? 예 / 아니오

3) 어떤 일의 절차를 '설명'으로 듣기보다는 직접 '보는 것'을 더 선호하는가? 예 / 아니오

4) 다른 사람에게 설명할 때, 손동작이나 몸짓을 많이 사용하는가? 예 / 아니오

5) 상대방이 자신을 이해하지 못하는 것 같을 때, 목소리가 커지거나 억양이 바뀌는가? 예 / 아니오

6) 정보를 수용하고 해석할 때, 자리에서 일어나거나 주변을 돌아다니는 등, 몸을 움직여야 하는가? 예 / 아니오

7) 깊이 생각하거나 무언가에 집중할 때, 하품을 자주 하는가? 예 / 아니오

8) 운동 또는 스포츠 경기 중 타이밍을 잘 맞춘다는 칭찬을 듣는가? 예 / 아니오

9) 순서에 따라 잘 조직된 몸동작을 하는 그룹 활동에(예를 들면 에어로빅이나 군무 등) 참여하는 것이 쉽게 느껴지는가? 예 / 아니오

10) 잘 하지는 못하더라도 운동이나 스포츠를 즐기는가? 예 / 아니오

점수 산정

1) '예'로 답한 문항의 개수를 합한 후
2) 10을 곱하고
3) %를 표기하라.

6. 음악/직관 Musical/Intuition **사고모듈**

1) 정보를 처리·소화하는 동안 자신의 직관에 의존하는가?
   예 / 아니오
2) 대화 중 자신의 본능적 직관을 따르는가? 예 / 아니오
3) 상대방의 태도를 쉽고 정확하게 파악하는가? 예 / 아니오
4) 행간(숨어 있는 의도)을 잘 읽는가? 예 / 아니오
5) 유해한 생각이 마음과 몸에 끼치는 악영향을 직접 느낄 수 있는가? 예 / 아니오
6) 직관적으로 '예견' 또는 '예상'하는 일이 잦은가? 예 / 아니오
7) 사람들의 성격을 잘 파악하는가? 예 / 아니오
8) 무언가가 잘 되고 있거나 잘못 될 때, 직관적으로 아는가?
   예 / 아니오
9) '그것이 맞다'는 느낌이 들 때까지, 말이나 행동을 자제하는가?
   예 / 아니오
10) 무언가를 배우는 동안 '음악'을 들어야 하는가? 예 / 아니오

점수 산정

1) '예'로 답한 문항의 개수를 합한 후

2) 10을 곱하고

3) %를 표기하라.

7. 시각/공간/상상력 Visual/Spatial/Imagination 사고모듈

1) 주변 사물의 색상, 빛깔, 깊이, 모양 등을 쉽게 알아채는가?
예 / 아니오

2) 거실이나 방이 지저분한 상태이면, 신경이 쓰이는가? 예 / 아니오

3) 제 위치에 정렬되지 않은 물건들을 쉽게 발견하는가?(이를테면 기울어진 채 벽에 걸린 액자 등) 예 / 아니오

4) 사람들의 옷차림새가 얼마나 단정한지에 집중하는가?
예 / 아니오

5) 그림, 새로운 이론, 기발한 아이디어 등 창조적인 방법을 빌려 자신을 '예술적으로' 표현해야 한다는 필요를 느끼는가? 예 / 아니오

6) 머릿속에 수많은 아이디어들이 맴도는가? 예 / 아니오

7) 누군가와 대화하거나 사람들의 말을 들을 때, 당신의 머릿속에 실제로 '영화' 같은 장면들이 재생되는가? 예 /아니오

8) 머릿속의 그림대로 가구를 옮기거나 방을 정돈할 수 있는가?
예 / 아니오

9) 머릿속에 특정 공간의 얼개가 생생하게 보여 당면한 공간 관련 문제를 쉽게 해결하는 편인가?(이를테면 좁은 통로를 빠져나가거나 꽉 막힌 도로에서 차를 쉽게 옮기거나 비좁은 공간에 능숙하게 주차하는 등) 예 / 아니오

10) 삽화, 스케치, 그림, 조각 등 다양한 형태의 미술 작업에 재능이

있는가? 예 / 아니오

점수 산정

1) '예'로 답한 문항의 개수를 합한 후
2) 10을 곱하고
3) %를 표기하라.

적용 예

아래의 표를 보고 은사 프로파일 결과를 어떻게 일상에 적용할 수 있을지 생각해 보라.

〈표 4〉 적용 예

정보 소화 단계	사고모듈	자신에 대한 설명
1. 집중하기 위해(의식 차원에서)	최고 점수 영역: 내면 성찰 90%	나는 하루 24시간 중 70-80% 정도를 내면 성찰 사고 모듈에 사용한다. 누군가가 내게 말을 걸 때, 나는 '내 머릿속으로 들어가기 위해' 먼 곳을 응시하는 것 같다.
2. 주의를 기울이기 위해(의식 차원에서)	두 번째로 높은 점수 영역: 시각/공간 80%	나는 그림을 그리거나 낙서를 하면서 주의를 기울인다.
3-5. 분석하기 위해(분석/강화/통합, 의식적이지 않은 상태에서)	세 번째로 높은 점수 영역: 언어 75% 네 번째로 높은 점수 영역: 운동 70% 다섯 번째로 높은 점수 영역: 음악 60%	나는 언어와 직관을 도구로 삼아 정보를 분석한다. 무언가가 내 마음에 일어나는 것을 느낀다.

6. 적용하기 위해	여섯 번째로 높은 점수 영역: 대인관계	사람들에게 묻기 시작한다. 사람들의 말에 대답한다.
7. 마무리하기 위해	일곱 번째 점수 영역: 논리/수학	논리적이고 질서 정연한 방식으로 무언가를 행한다.

아래의 표에 자신의 은사 프로파일을 작성해 보라. 〈표 1〉과 〈표 2〉를 참고하여 마음껏 적어 보라.

〈표 5〉 나의 적용

정보 소화 단계	사고모듈	자신에 대한 설명
1. 집중하기 위해(의식 차원에서)	최고 점수 영역:	
2. 주의를 기울이기 위해(의식 차원에서)	두 번째로 높은 점수 영역:	
3-5. 분석하기 위해 (분석/강화/통합, 의식적이지 않은 상태에서)	세 번째로 높은 점수 영역: 네 번째로 높은 점수 영역: 다섯 번째로 높은 점수 영역:	
6. 적용하기 위해	여섯 번째로 높은 점수 영역:	
7. 마무리하기 위해	일곱 번째 점수 영역:	

프로파일 활용법

맞춤형 사고를 아는 것은 '참된 자아'로 살기 위한 핵심 열쇠이다. 자신만의 방식으로 생각하고 배우고 성공하기 위한 전략이기도 하다. 맞춤형 사고는 각각의 사고구조에 담긴 '힘'을 활성화한다.

우리는 자신의 필요를 알고, 이에 따를 줄 알아야 한다. 예를 들어 당신이 무언가에 집중할 때 몸을 흔들거나 움직이기를 좋아한다면, 의자보다는 짐볼에 앉아 보라. 아니면 의자에 작은 공을 올려 놓고 그 위에 앉은 채로 이리저리 몸을 움직여 보는 것도 괜찮다. 작은 발판이 딸려 있는 입식 책상에서 일하는 것도 좋다. 만일 당신이 운동영역에서 높은 점수를 얻었다면, 선 채로 몸을 좌우로 움직이며 일할 때 더 많은 정보를 보다 효율적으로, 뇌가 선호하는 순서에 맞게 습득할 수 있다. 이처럼 작은 변화가 일대 혁명을 불러올 수 있다. 나는 환자들의 삶에서 이처럼 작은 변화들이 큰 변화를 일으키는 것을 보았다.

물론 사람마다 움직임의 양상은 다를 것이다. 어떤 사람은 생각하는 중 확연한 움직임을 보일 것이다. 그러나 어떤 사람은 생각하는 중 눈에 띄지 않을 정도의 미동만 보일 것이다. 생각 사이클의 시작 단계에서 유입되는 정보에 집중하고 주의를 기울이느라 분주하게 몸을 움직였던 사람의 경우, 분석 단계에 들어서면 움직임을 멈출지도 모른다. 반면, 어떤 사람은 분석 단계에 들어설 때에야 몸을 움직이기 시작할 것이다.

생각 사이클의 단계 중 어울리지 않는 지점에서 운동감각 자극을 사용한다면, 당신의 학습능력이나 의사소통 능력은 크게 저하될 것이다. 그러므로 언제, 어떻게, 어떤 자극을 사용해야 하는지를 배워야 한다. 자신의 맞춤형 사고를 알면(세상과 소통하기 위해 자신의 뇌가 어떻게 디자인되었는지를 알면) 우리는 보다 빠르게 배우고, 보다 명료하게 생각하고, 보다 신속하게 정보를 처리할 수 있다. 그 결과 더 많은 일을 해낼 수 있고, 마침내 성공할 수 있다!

　이제 'A유형의 성격', 'B유형의 성격'과 같은 개념을 뇌리에서 제거해 버리자. 이 세상 모든 사람이 일곱 가지 사고모듈의 서로 다른 조합을 갖고 있으므로, 각각의 성격은 다 다르다. '성격 유형' 같은 범주로 묶어 낼 군집은 이 세상 어디에도 존재하지 않는다. 우리는 성격 유형 테스트나 A, B, C, D 등의 라벨로 규정되는 존재가 아니다. 나를 나 되게 하는 것은 나만이 가진 '독특함'이다. 맞춤형 사고는 이러한 '차이'에 근간을 둔다. 우리는 모두 비범한 삶을 살아간다.

19장

일곱 모듈의 특징

각 모듈의 특징이 어떠한지 궁금한가? 아래에 일곱 모듈의 특징을 설명해 두었다. 아래의 내용을 읽다 보면, 당신은 자연스레 자신의 맞춤형 사고가 무엇인지 깨닫게 될 것이다. 앞 장에서 시행한 은사 프로파일을 해석할 때에도 아래의 설명이 도움이 될 것이다. 어떤 사람은 아래의 설명을 읽고 깨달은 바를 삶에 적용하겠지만, 꼭 그렇게 하지 않아도 된다. 아래의 설명은 모든 것을 아우르는 내용이 아니기 때문이다. 다만, '나는 어떠한 사람인가'를 아주 간단하게 설명해 줄 뿐이다.

내면 성찰 사고모듈

내면 성찰 사고모듈은 깊은 사고, 의사 결정, 통합, 집중, 분석, 선택 등의 행위를 관장한다. 내면 성찰 사고 능력은 스스로 '외부인'이 되어 관찰자(제3자)의 입장에서 자신의 생각을 분석하는 능력이다. 이것이 내면 성찰 모듈의 핵심이다.

내면 성찰 사고모듈은 선택 능력 또는 자유의지가 자리하는 곳이라고 할 수 있다. 당신은 외부에서 유입되는 정보와 기존의 기억을 종합·분석하여 무엇을 생각하고, 어떤 말을 하고, 어떤 행동을 할지 결정한다.

내면 성찰 사고모듈은 자아, 자아상, 감정, 생각, 직관의 기저이다. 자아상을 확립하면 자신의 행동 양식을 조정할 수 있고, 또 자신의 장점과 약점이 무엇인지 알 수 있다. 내면 성찰 사고모듈을 개발할 경우 추상적 개념(상상)의 이해도가 높아지고, 계획을 수립하여 문제를 해결하는 능력도 증진된다. 이처럼 내면 성찰 사고모듈은 '자가 훈련' self discipline, 수양을 가능하게 한다.

종합하면, 내면 성찰 사고모듈을 통해
- 자신의 내면을 성찰하고, 감정의 폭(범위)을 이해하게 된다.
- 자신의 생각과 감정을 통제할 수 있고, 이를 잘 이용할 수 있다.
- 자신의 생각을 어떻게 표현해야 할지, 그 방법을 찾을 수 있다.
- 삶의 목표를 확인하고, 이를 성취하기 위해 스스로 동기부여할 수 있다.
- 독립적으로 일하는 것을 즐긴다.
- 삶의 목적을 궁금해한다.
- 스스로 계획하여 끊임없이 배우고 성장한다.
- 내면의 경험을 이해하려고 노력한다.
- 다른 사람에게 힘을 주고 용기를 북돋워 준다.
- 혼자 있는 시간을 갈망한다.
- 전략을 세우고, 일기를 쓰고, 홀로 쉬며, 자신의 계획을 평가하고 검토하는 것을 즐긴다.

- 자신의 한계를 인식한다.
- 상황을 평가하고 판단한다.

대인관계 사고모듈

대인관계 사고모듈은 교류, 대화, 나눔, 사랑, 관계 형성 등을 관장한다. 대인관계 사고는 타인을 이해하는 능력, 공감하는 능력, 협동하는 능력을 부여한다.

대인관계 사고모듈에는 타인에 대한 민감성과 공감 능력, 특히 타인의 기분과 그들의 필요와 감정, 경험 등을 이해하는 능력이 포함된다. 대인관계 사고모듈 덕분에 우리는 상대방의 말에 적절히 반응할 수 있고, 또 그들의 감정을 읽을 수도 있다. 바꿔 말하면, 이것은 '타인의 입장에서 보는' 능력이라고 할 수 있다.

또한 대인관계 사고모듈은 누구를 신뢰할 수 있을지 알려 준다. 특히 (사기꾼과 같이) 언변이 화려한 사람과 대화할 때, 그들의 말속에서 모순점을 찾아 내도록 도와준다.

탁월한 중재 기술과 관리 능력, 사람들을 이끌고 그들에게 동기부여 하며 상담해 주는 능력도 대인관계 사고모듈에 포함된다.

종합하면, 대인관계 사고모듈을 통해
- 강력한 리더가 된다.
- 사람 사이의 네트워킹을 잘 한다.
- 협상할 줄 안다.
- 사람들을 가르칠 수 있다.

- 다른 사람의 의견을 이끌어 내는 노력의 일환으로, 자신의 아이디어 말하기를 좋아한다.
- 대화를 즐긴다.
- 조직하는 것을 좋아한다.
- 기꺼이 중재자로 나서고, 갈등 조정에 탁월하다.
- 멘토로 자처한다.
- 다른 사람의 삶에 관심을 가질 줄 안다.
- 다른 사람의 기분, 성격, 마음속 동기와 의도를 감지한다.
- 다른 사람에게 영향을 미친다.
- 그룹 활동, 팀 활동에 탁월하다.
- 사람들과 관계를 잘 형성한다.
- 지속적으로 관계를 유지한다.

언어 사고모듈

언어 사고모듈은 언어를 활용하여 생각과 느낌을 표현하는 일에 관여한다. 언어 사고모듈은 단어, 소리, 운율의 의미 및 언어의 다양한 활용 방법에 민감하다. 언어 사고모듈은 정확한 표현 구사, 언어로 생각하는 능력, 말하거나 글을 쓸 때 효율적으로 언어를 활용하는 능력 등 다양한 방식으로 드러난다.

언어를 구성하는 영역 및 그 구조와 활용법은 다음과 같다.

- 의미 Semantics : 단어의 의미
- 음성 Phonology : 말소리, 소리 간의 상호작용

- 구문 Syntax : 단어를 순서대로 배치하여 유의미한 문장을 만드는 규칙으로, 하나의 문장에는 반드시 한 개의 동사가 있어야 한다는 것을 예로 들 수 있다.
- 어용 Pragmatics : 효과적인 의사소통을 위해 언어가 사용되는 방식

종합하면, 언어 사고모듈을 통해

- 여러 가지 단어를 사용하여 글이나 말로 자신(의 생각)을 표현할 수 있다.
- 논쟁, 설득, 가르침 등의 언어활동을 좋아한다.
- 글쓰기와 읽기, 이야기 전달하기, 언어 놀이 등을 즐긴다.
- 일반 상식이 풍부하다.
- 질문이 많다.
- 토론을 즐기고, 토론 주도하기를 좋아한다.
- 스토리보드, 워드프로세서, 녹음기기 등을 좋아한다.
- 독서를 좋아하여 주변에 책이 많다.
- 단어의 철자를 정확히 쓸 줄 안다.
- 언어 습득이 빠르다.
- 이름, 날짜, 장소 등을 잘 기억한다.

논리/수학 사고모듈

논리/수학 사고모듈은 과학적 추론 및 분석 등의 행위를 관장한다. 이 사고모듈은 '논리 시스템'의 기저 원리를 이해하는 능력, 수열을 분석하는 능력, 패턴 인지 능력, 정확한 방식으로 추론하는 능력, 수량 계측 능

력과 관계가 깊다. 이 모듈은 암산, 논리 문제 해결, 수학 공식 이해 및 표준화된 다중선택(사지선다형, 오지선다형 등) 시험 문제풀이 활동에도 관여한다.

논리/수학 모듈이 관여하는 영역은 다음과 같다.

- 숫자: 효율적으로 숫자를 이용하는 능력
- 패턴: 분류·조직하거나 단어 사이의 연관성을 찾는 능력
- 인식: 사물의 의미를 찾으려는 시도

종합하면, 논리/수학 사고모듈을 통해
- 논리적 사고를 좋아하게 되며, 직관적이다.
- 계산하는 것, 측정하는 것을 좋아하고 '수치화'를 편하게 느낀다.
- 추론을 좋아한다.
- 일련의 배열을 살핀 후, (패턴 분석 및 추론을 통해) 그 다음에 무엇이 올지 안다.
- 상상의 영역으로 들어가 비논리적인 연산 등을 하며 논다(이를테면 자동차 번호판을 보고 그 숫자들을 재배치하거나 각각을 더하고 빼면서 논다).
- 논리적이기 때문에 모순이나 부조리한 상황을 받아들이지 못한다.
- 사물의 이치 및 세상 돌아가는 원리를 탐구하며 자신만의 이론을 세우길 좋아한다.
- 복잡한 패턴(순서 및 원리)을 완벽하게 이해하기 원한다.
- 무언가를 실제로 활용하기 전, 그 기저에 깔린 체계적 원리(근거 등)부터 찾는다.

- 자신이 문제를 인식하고 있다는 사실을 보여 준 후에야 실제로 문제를 해결한다.

운동감각 사고모듈

운동감각 사고모듈은 움직임 및 몸의 감각을 관장한다. 이 모듈은 축구, 달리기 등의 스포츠 활동을 돕고, 넘어짐 없이 의자에 앉거나 부딪힘 없이 좁은 통로를 지나가도록 도와준다. 그뿐 아니라 몸속 감각들을 느낄 수 있게 도와준다.

정의상, 운동감각 사고모듈은 촉각, 활력, 몸의 움직임을 통제하는 다중 감각 사고모듈이다. 또 눈과 손과 발의 협응(흔히 말하는 운동신경), 사물을 다루는 능력 등도 여기에 포함된다. 또한 만지고 느끼고 사물을 옮겨야 할 필요를 통합하는 기능도 담당한다.

종합하면, 운동감각 사고모듈을 통해

- 운동신경이 좋아진다.
- 운동, 스포츠 등의 활동 중 '타이밍이 좋다'는 칭찬을 듣는다.
- 몸으로 문제를 해결하려 한다.
- 촉각이나 몸의 움직임 등으로 주변 환경을 인식한다.
- 사물을 만지는 것이 좋아한다.
- 종종 스트레칭을 한다.
- 상황극, 역할극을 좋아한다.
- 춤을 잘 춘다.
- 생각할 때, 몸을 움직여야 한다.

- 운동을 좋아한다.
- 취미로 무언가를 만드는 일(공작활동)을 좋아한다.
- 몸의 균형을 잘 잡고, 민첩하며, 몸동작이 우아하고, 몸으로 하는 일에 정확하다.
- 새로운 운동기술을 개발한다.

음악 사고모듈

얼핏, 음악 사고모듈은 노래를 하거나 악기를 연주하는 능력에만 관여하는 것 같아 보이지만, 놀랍게도 패턴을 읽어 내는 능력, 리듬을 분별하는 능력, 본능적 감각, 그리고 가장 중요한 '행간 읽는 능력'과도 깊게 연관되어 있다. 섬엽insula으로 불리는 뇌 부위가 음악 사고모듈을 광범위하게 담당한다. 뇌 섬엽은 음악 사고모듈에 깊숙이 파고들어 당신의 본능적 감각들을 발전시키고, 다양한 상황 속에서 '행간'을 읽어 내게 만든다.

음악적 사고를 통해 당신은 '진의'眞意를 찾아낼 수 있다. 예를 들어, 친구에게 "너, 잘 지내니?"라고 물었는데, 그 친구가 "응. 괜찮아"라고 대답하긴 했지만 말할 때 그의 목소리가 살짝 떨렸다면, 음악 사고모듈이 작동하여 그 말의 숨은 의미(행간)를 알려 준다. 결국 당신은 다음과 같이 친구의 말을 재해석한다. '괜찮게 지내는 것이 아니군!' 이것이 발언 내용의 문자적 의미보다는 목소리 톤과 몸짓으로 전달되는 말의 진의를 읽어 내는 능력이라 할 수 있다.

이 모듈은 음의 높낮이, 멜로디, 리듬, 소리, 음의 움직임, 조화 등에 매우 민감하다. 또한 리듬과 음의 높낮이를 만들어 내는 능력에도 관여하여 '음악적 표현'을 가능하게 한다. 직관, 본능, 몸짓을 읽어 내는 능력과도 연관되어 있다. 휴먼 스케일 human scale (인간의 신체 및 감각에 맞춘 도량형 - 역자 주)의 한쪽 끝에는 대화의 내용을 해석해 주는 '음악적 사고'가 놓여 있다. 그리고 다른 한쪽 끝에는 '음악적 천재성'이 놓여 있는데, 모차르트의 경우가 그렇다.

어떤 모듈은 '가장 잘 개발되는 적기適期'가 있는데, 음악 사고모듈이 그러한 모듈 중 하나이다. 만 4-6세가 음악 사고모듈을 개발할 적기이다. 이때 소리의 높낮이에 대한 감수성이 가장 크게 발전하기 때문이다. 그러므로 이 시기에 음악적 재능이 가장 잘 개발된다고 할 수 있다. 그러나 이 시기를 놓쳤다고 해서 더 이상 음악적 재능을 키우지 못한다는 뜻은 아니다. 우리는 언제든 음악적 사고모듈을 개발할 수 있다.

게다가 음악은 학습을 돕는다. 특히 클래식 음악은 교실 및 그 외 여러 학업 공간에서 이루어지는 학습활동에 큰 도움을 준다.

종합하면, 음악 사고모듈을 통해

- 어떤 일이 옳은지, 그른지를 본능적으로 느낀다.
- '옳다'는 느낌이 들기 전, 그 일을 하지 않는다.
- 이유를 설명할 수 없지만, 누구는 믿어도 되고 또 누구는 믿어선 안 되는지 안다.
- 주변 환경에 고도로 민감하여 특정 장소에서 평안함이나 불편함을 느낀다.
- 사람들의 말을 들을 때, 행간(숨은 의미)을 읽어 낼 줄 안다.
- 사건(사물)의 배후에 깔린 의미를 이해한다.

- 소리에 민감하다.
- 음악에 반응한다.
- 음악을 만드는 것을 좋아한다.
- 악기를 연주한다.
- 정확한 음으로 노래할 줄 안다.
- 음악활동을 위한 시간을 따로 마련해 둔다.
- 본능적으로 음악을 찾고, 음악을 분석하면서 듣는다.
- 주변에서 들리는 소리를 듣고 반응한다.
- 음반이나 악기를 모은다.
- 악기를 만든다.
- 음악 용어를 사용할 줄 안다.
- 자주 흥얼거린다.
- 일하거나 음악을 들을 때, 발을 구르거나 손가락을 튕기거나 펜 등으로 책상을 두드린다.
- 음악의 의미를 해석할 줄 안다.
- 직관력이 고도로 발달되어 있다.

시각/공간 사고모듈

시각/공간 사고모듈은 색, 빛깔, 모양, 깊이 등을 볼 줄 아는 능력에 관여한다. 당신은 눈을 감고도 사물의 모양과 색상을 머릿속으로 그려낼 (상상할) 수 있다. 예를 들어, 사랑하는 사람의 모습을 떠올리는 경우가 여기에 해당한다. 이는 무의식에 존재하는 사람의 시각적 이미지를 불러내어 의식 영역으로 이동시키는 능력이다. 시각적·공간적 세계를 '그림'으로 인식하는 능력, 마음의 눈으로 세상을 그려 보는 능력, 머릿속에 지도를 만들어 주변 환경을 정확하게 인식하는 능력이다.

시각/공간 사고모듈은 외부 세계를 마음속에 재현하는 작업을 담당한다. 이로써 당신은 3차원 공간에 좀 더 익숙해질 수 있다. 예술가들의 시각/공간 사고모듈은 고도로 발달해 있다. 이러한 사실은 레오나르도 다빈치나 미켈란젤로와 같은 예술가들의 걸작에 잘 드러나 있다.

하지만 시각/공간 사고모듈을 '예술' 영역에만 한정할 수는 없다. 예를 들어 아이작 뉴턴이나 앨버트 아인슈타인은 고도로 발달한 시각/공간 사고모듈을 과학에 접목하여 해당 분야에서 두각을 나타낸 사람들이다.

이 사고모듈에 '시각/공간'이란 이름이 붙긴 했지만, 이름에서 유추할 수 있는 것과 달리 물리세계에만 국한되지 않는다. 시각/공간 사고모듈이 고도로 발달하면, 당신은 추상적 언어와 상상의 이미지를 활용할 수 있다. 이 경우, 마음의 눈으로 본 것에 의존한 것이기 때문에 시각이 손상된 사람일지라도 시각/공간 사고모듈을 개발할 수 있다.

종합하면, 시각/공간 사고모듈을 통해

- 공간 인식이 탁월하다. 그래서 길을 잘 찾는다. 예를 들어, 꽉 막힌 도로에서 어떻게 해야 빨리 벗어날지를 잘 안다.
- 음악이나 강연, 혹은 상대방의 말을 듣는 동안 주변 공간을 응시하곤 한다.
- 직접 체험하는 것을 좋아한다. 즉, 눈으로 보고 손으로 만지면서 배우는 스타일이다.
- 얼굴은 잘 기억해도 이름은 기억하지 못할 수 있다.

- 머릿속으로 그림을 그려 생각하고, 시각화를 통해 세부사항을 인식한다.
- 확실한 패턴, 미묘한 패턴을 모두 인식한다. 다양한 관점으로 사물을 볼 줄 안다. 사실적으로 디자인하고, 추상적으로도 디자인할 줄 안다.

사고모듈의 활용 예

내 프로파일 결과를 예로 들겠다. 가장 높은 점수를 얻은 영역은 '대인관계'이다. 생각의 흐름 순서상 내가 가장 먼저 집중하는 것이 '대인관계'라는 것이다. 그러므로 교실이나 회의실에서 최상의 능률을 올리려면 나 같은 사람들은 선생님과 학생들, 동료 직원들과 교류해야 한다. 상호교류에 집중할 때, 나는 최고의 성과를 낼 수 있다.

정보를 수용할 때에도 '질의응답' 과정을 거치는 것이 좋다. 왜냐하면 생각의 흐름상 가장 먼저 작동하는 것이 '대인관계' 모듈이므로 질문과 대답의 상호과정을 거칠 때, 뇌가 빨리 돌아가기 때문이다. 혼자 일할 때에도 마찬가지이다. 나는 실제로 입을 열어 내가 읽거나 들은 내용의 의미를 스스로에게 묻는다. 옆에 남편이 있으면 수시로 물어 보며 괴롭힌다. 수백만 개의 질문을 던지고, 또 그에 대한 답으로 일련의 사실들을 제시하면서 정보를 처리한다.

만일 내 프로파일의 최고 점수 영역이 '내면 성찰'이라면, 상황은 정반대가 된다. 누군가에게 꼭 질문을 던져야 할 상황이 생기면, 나는 식은땀을 흘릴지도 모른다. 어쩌면 질문하지 못해 큰 좌절감을 느낄 수도 있다. 조용히 이해해야 할 정보에만 집중하는 스타일이므로, 남에게 질문하는 행위는 나만의 맞춤형 사고를 방해할 뿐이다.

이처럼 자신의 맞춤형 사고가 무엇인지 발견했다면, 어떤 촉발 요인들을 선택해야 뇌 기능이 최대화될지 생각해 보기 바란다.

다시 한 번 강조하지만, 어떤 모듈 영역에서 최고점을 얻었는지는 가장 강력한 성향의 은사가 무엇인지, 또 생각 사이클의 순서 중 가장 먼저 작동하는 것이 무엇인지를 알려 줄 뿐이라는 사실을 기억하기 바란다. 어떤 영역에서 정말 높은 점수를 얻었다면, 그 영역이 당신의 성격을 지배할 것이다.

예를 들어 내가 대인관계에서 70점을 얻었다고 하자. 그러면 90점을 받은 사람에 비해서는 '상호교류'에 활용하는 시간이 적을 것이다. 그러나 만일 나의 최고점 영역이 '내면 성찰'이고 그 영역에서 90점을 얻었다면, 나는 정보를 처리하기 위해 가장 먼저 혼자 생각하는 시간을, 그것도 아주 많은 시간을 마련해 둬야 할 것이다. 만일 내가 얻은 점수가 70점이라면, 그보다는 적은 시간을 갖게 될 것이다.

은사를 이해함에 있어서 가장 중요한 요소는 '자유'이다. 자신이 어떻게 생각하는지 이해하면, 당신은 어떠한 '라벨'로부터도 자유로울 수 있다. 스스로 붙여 놓은 라벨은 물론, 세상이 당신에게 붙여 준 라벨로부터 자유로울 수 있다. 혹은 "세상이 내게 이런 라벨을 붙였어"라고 착각하는 라벨로부터도 말이다.

자신의 프로파일을 분석할 때 주의하여 기억해야 할 사실 한 가지는, 우리는 '상자' 안에 갇힐 수 없는 존재라는 것이다. 만일 당신의 은사 순서 중 논리/수학 영역이 최하위에 있다 하더라도 신경 쓰지 말라. 일곱 개의 모듈을 모두 발전시킴으로써 자신의 마음을 계발하면, 다양한 방식으로 논리/수학 인식능력을 높일 수 있다.

과거 남아프리카 공화국에서 지도했던 한 학생의 경우, 음악 사고모듈과 운동감각 사고모듈이 두드러졌다. 그런데 어느 날 아이가 수학 과목에서 낙제한 것 아닌가? 부모는 "수학 성적이 향상될 때까지 악기 연습을 하지 말라"고 했지만, 아이는 오히려 더 열심히 악기 연주에 몰두했다.

나는 이 아이의 은사 프로파일을 실시한 후, 그 결과를 부모에게 보여주며 이렇게 조언했다. "수학 성적을 향상시킬 방법은 집중력을 높이는 것인데, 이 아이의 경우 '음악 사고모듈'이 크게 발달되어 있으므로 음악을 통해 수학에 집중하는 것이 바람직합니다." 우리는 아이를 피아노 앞에 앉혔다. 드럼을 연주하게 했고, 노래도 부르게 했다. 또 밴드에 가입시켜 합주하게 했다. 그 결과 아이의 사고 능력은 크게 향상되었고, 얼마 안 있어 놀라운 결과가 나타났다. 아이의 수학 성적이 수직 상승한 것이다. 핵심은 이것이다. 만일 당신이 학업에 집중하지 못하고 있다면, 공부 방법이 잘못된 것이다. 잘못된 공부 방법으로는 아무것도 배울 수 없다!

하지만 맞춤형 사고를 활용하면 놀라운 효과를 볼 수 있다. 자신이 어떤 방식으로 생각하는지를 알 때, 비로소 당신은 "그래 바로 이거야! 나는 사실 매우 스마트해. 내 머리가 그리 나쁜 것은 아니야"라고 말하게 될 것이다. 이것은 매우 획기적인 깨달음이다. 살면서 우리는 이와 같은 흥분과 만족, 이러한 감격을 매일같이 경험해야 한다.

무언가를 이해하여 갑자기 기분이 좋아질 때가 있는가? 이것은 당신이 맞춤형 사고를 활용하고 있다는 증거이다. '사용설명서'대로 자신의 뇌를 사용한 것이다. 그 순간의 느낌을 포착하라. 그 순간의 감정을 마음에 새기라. 그 느낌을 의식적으로 인식하기 바란다. 이것이 바로 '최상의 나'이다.

맞춤형 사고는 '도미노' 같이 작동한다. 일곱 개의 모듈을 대변하는 도미노 조각 7개가 있다. 하나를 밀어 쓰러뜨리면, 그 다음에 서 있던 조각이 쓰러진다. 그리고 그 다음, 그 다음으로 연이어 순서대로 영향을 받는다. 이 순서는 고정되어 있다. '경험'이나 '인생의 성숙도'로 바꿀 수 있는 것이 아니다. 그러나 맞춤형 사고를 구성하는 일곱 모듈 간의 상호 교류를 활발히 하며 꾸준히 발전시킬 경우, 사고의 질(지혜)은 높아질 수 있다.

은사 프로파일의 또 다른 예

예를 들어, 당신의 맞춤형 사고 안에서 '생각의 사이클'이 다음과 같은 순서로 진행된다고 가정해 보자.

1. 내면 성찰
2. 대인관계
3. 언어
4. 시각/공간
5. 운동감각
6. 음악
7. 논리/수학

생각하는 동안 전기적·화학적 '흐름'은 위 순서대로 뇌의 다양한 부위를 통과한다(18장의 그림 18. 1을 참고하라). 이것이 바로, 생각의 사이클이다.

이제, 아래와 같이 1번과 2번의 순서를 바꾸어 보자.

1. 대인관계
2. 내면 성찰
3. 언어
4. 시각/공간
5. 운동감각
6. 음악
7. 논리/수학

두 개의 모듈 순서만 바꾸었을 뿐인데, 전자와 다른 사고 패턴이 도출되었다. 이로 인해 세계를 인식하는 관점(세계관)도 달라진다. 왜냐하면 이것은 '전혀 다른' 맞춤형 사고 패턴이기 때문이다. 한마디로 완전히 다른 '생각'인 것이다.

사실, 사고방식의 수는 '무한'하다. 당신의 맞춤형 사고는 고정적이지 않다. 물론, 모듈의 순서는 달라지지 않는다. 그러나 당신은 역동적인 사고가이므로, 자신의 맞춤형 사고를 활용하여 끊임없이 발전하고 성장한다. 즉, 당신의 '지성'이 당신의 손에 달려 있다는 뜻이다.

무언가를 이해하기 위해 깊게 생각할 때, 당신은 자신의 맞춤형 사고를 활용하게 된다. 깊은 생각은 뇌 속 신경가지들 branch 의 수를 늘리고, 가지들 간의 네트워킹 용량을 늘리는 방법이다. 서로 얽힌 신경네트워크의 연합(생각 덩어리)은 뇌의 효율성을 높인다. 맞춤형 사고를 많이 활용할수록 신경네트워크의 연계 또한 활발해진다. 그 결과 당신의 뇌는 훨씬 더 나은 상태로 발전한다.

살면서 끊임없이 맞춤형 사고를 활용한다면, 뇌의 능력은 크게 신장할 것이다. 물론 맞춤형 사고를 통해 뇌의 건강상태를 유지하는 것도 가능하다. 뇌는 끊임없이 변한다. 시간이 흐르면 뇌 또한 나이를 먹는다. 그러나 뇌는 신체의 놀라운 생태 구조물 중에서도 가장 독특한 기관이다. 결코 '닳는' 법이 없기 때문이다. 뇌에는 '유통기한'이 없다. 이 말은 당신의 능력에도 유통기한이 없다는 뜻이다.

독특한 조합

가족들과 지내면서, 나는 매일 우리 각 사람의 독특한 '모듈 조합'(은사)이 각자의 삶에 얼마나 강력한 영향을 미치는지 확인한다. 남편과 나는 네 자녀를 두고 있다. 우리 가족은 수많은 가치를 공유하고 또 공통점도 많지만, 우리 가족의 삶을 흥미롭게 만드는 것은 각 사람의 독특함(차이)이다. 우리는 각 사람의 '차이'를 각자의 장점으로 인식하고 있다. 그래서 생각이 다르고, 말이 다르고, 행동이 다르지만, 서로를 인정하며 평안을 유지한다. 게다가 아무 조건 없이 서로를 신뢰한다.

'은사'라는 개념 덕에 우리는 각자의 '차이'를 인정하고, 그 차이를 '틀림'이 아닌 '다름'으로 인식한다. 이러한 차이는 누구에게도 위협이 되지 않는다. 차이를 다름으로 인정하는 순간, 서로 경쟁해야 할 필요가 없어지기 때문에 '자유'를 만끽하게 된다.

이러한 각 사람의 '차이'가 공동체를 윤택하게 만든다. '사고구조'를 언급한 장들에서 말했듯, '서로 다름'을 인정하는 것은 성공하는 삶의 필수요소이다.

맞춤형 사고와 목적

성장하면서 자신에게 내재한 능력을 활용하기 위해 우리는 '불능 관점'disability focus을 피해야 한다. '불능 관점'은 내가 만든 표현으로, 자신의 약점에만 집중하고 장점은 잊어버리는 성향을 뜻한다. 우리는 자신이 할 수 없는 일이 아닌, 할 수 있는 일에 집중해야 한다. 그렇게 할 때, 맞춤형 사고가 자연스레 강력해지는 것을 체험할 수 있다. 다른 사람의 맞춤형 사고를 부러워하지 말라. 우리는 자신의 맞춤형 사고에 집중하여 자신만의 방식으로 세상을 인식하고 이해해야 한다.

불행히도 오늘날 교육계의 최대 관심사는 '약점'이다. 학생들은 자신이 할 수 없는 일에 집중하도록 강요당한다. 장점을 생각하고 이에 집중할 기회와 자유는 주어지지 않는다. 교육가들과 학부모들은 (대부분은 고의로 그렇게 하는 것은 아니지만) 학생들의 장점이 무엇인지 알아 내는 일에 게으르다. 시간을 두고 아이들의 장점을 발견하려는 노력은 미미하다. 대부분은 자녀나 학생들에게서 어떠한 장점이나 가능성도 발견하지 못한다. 심지어 논리/수학이나 언어 영역에서 탁월한 실력을 보이지 않으면, 포기해 버리곤 한다.

하지만 이것은 아이들이 학업에 게을러서가 아니라, 아이들의 맞춤형 사고가 소위 '학교가 인정하는 지성인'의 사고와 다르기 때문인데, 어른들은 이러한 차이를 인정하지 않는다. 이 같은 문제는 교육 부문에만 국한되지 않는다. 직장과 가정에서도 동일한 문제가 전염병처럼 창궐하고 있다.

은사 프로파일은 우리의 관심을 '맞춤형 사고'로 돌려 놓는다. 사람들을 특정 카테고리 안에 가두는 대신 각자의 차이를 인정하고 '다름'을 기뻐할 줄 알게 한다. 사람은 특정한 형틀로 찍어 낸 존재가 아니다. 이 사실을 모든 구성원이 깊이 깨달을 때, 공동체가 발전한다. 이 세상에는 각 사람이 수행해야 할 독특한 역할이 있다.

사실, 모든 사람이 '창조적'이다. 그동안 우리는 시각/공간적 사고 혹은 음악적 사고가 주도적인 사람들에 한해서 '창조적'이라는 수식어를 붙여 왔다. 전통적인 견해가 그렇고, 또 그렇게 배워 온 것이 사실이다. 하지만 창조성은 일곱 개의 모듈 모두를 통해 발현될 수 있다. 자신만의 맞춤형 사고 안에서 활동하고 기능할 때, 우리는 창조적인 사람이 된다.

분석적 사고를 창조성과 연결지어 생각할 수 있는 사람은 그리 많지 않을 것이다. 특히 교육자들 중 논리/수학 사고를 창조성과 연결지어 생각하는 사람은 거의 없을 것이다. 그러나 '분석' 행위가 지극히 창조적이라는 사실을 아는가?

위대한 예술가 레오나르도 다빈치의 경우를 보자. 그는 분명 창조적인 사람이었다. 그의 예술적 재능을 입증해 주는 작품들을 일일이 언급하지 않아도 그가 창조적인 사람임을 부인하는 이는 없을 것이다. 그런데 그의 경우 논리/수학적 사고가 크게 두드러졌다는 사실을 아는가? 다빈치는 역사상 처음으로 헬리콥터를 디자인했고, 인체 비례도나 인체 해부도를 그려 냈다.

아인슈타인도 마찬가지이다. 그는 확실히 수학과 논리 영역에서 탁월했다. 하지만 그는 창조적인 사람이었다. 다빈치처럼 예술 작품을 남기진 않았지만, 그는 '우주에 대한 창의적 통찰력'을 마구 쏟아 냈다. 물감이나 붓을 들지는 않았지만, 우주를 시각화하는 그의 능력은 실로 경이롭다! 과연 누가 그에게 "넌 창의력이 부족해"라고 말할 수 있겠는가?

우리 각 사람은 놀랍도록 독특한 퍼즐 조각을 갖고 있다. 그것은 매우 특별한 조각이다. 그 조각들이 한데 모여 개인의 삶, 공동체, 사회를 이룬다. 그 안에서 자신의 자리를 찾으려면, 자신만의 맞춤형 사고대로 생각할 줄 알아야 한다. 일곱 개의 모듈이 독특한 방식으로 공조할 때, 우리는 은사대로 활동하며, 자신의 진정한 자아를 배우고, 느끼고, 인정하게 된다.

'내가 아닌 것'으로부터 떠나라! 다른 사람의 기대에 부응하려고 노력하지 말라. 가면을 쓰거나 자신이 아닌 다른 사람인 척, 가장할 필요가 없다 자신만의 맞춤형 사고에 충실할 때, 다음의 일들을 할 수 있다.

- 계획을 세울 수 있다.
- 전략을 짤 수 있다.
- 상상할 수 있다.
- 들을 수 있다.
- 추론할 수 있다.
- 길 안내를 할 수 있다.
- 묵상할 수 있다.
- 따를 수 있다.
- 평가할 수 있다.
- 지적일 수 있다.
- 분석할 수 있다.

- 실현할 수 있다.
- 깊이 생각할 수 있다.
- 창조할 수 있다.

그리고 이 모든 것을 잘 수행할 때, 다음과 같은 위대한 존재가 될 수 있다.

- 리더가 될 수 있다.
- 부모가 될 수 있다.
- 추종자가 될 수 있다.
- 친구가 될 수 있다.
- 교육자가 될 수 있다.
- 배우자가 될 수 있다.
- 관리자가 될 수 있다.
- 전문가가 될 수 있다.
- '인간'이 될 수 있다.

그 외 당신은 원하는 대로 변화될 것이다. 바꾸어 말하면, "성공할 수 있다!"

은사를 발전시키는 방법

아래에 소개한 가이드라인을 따르면, 당신은 다양한 사고모듈을 활용하고 또 개발할 수도 있다. 자신만의 맞춤형 사고방식으로 올바르게 생각하는 데에는 일곱 개의 모듈 모두가 필요하기 때문에, 나는 각각의 모듈을 발전시킨다는 목적으로 아래의 가이드라인을 작성했다.

맞춤형 사고는 자신의 사고모듈을 어떻게 사용하느냐에 따라 달라진다. 그러므로 각 사람의 맞춤형 사고는 다 다르다. 우리는 일곱 개의 사고모듈을 모두 사용한다. 다만 사용하는 방식이 다를 뿐이다. 나이가 들고 성장하면서, 또 변화되고 성숙하면서, 사고모듈을 발전시키는 방식도 달라진다(성장, 변화, 성숙의 영향 때문이다). 우리가 변하듯, 사고모듈 역시 변화된다.

각각의 모듈을 (프로파일 검사를 통해 발견한 모듈의 순서에 상관없이) 우리 삶의 일부분으로 삼고 발전시키면 좋을 것이다. 프로파일을 통해 얻은 모듈의 순서는 당신이 지닌 재능이나 기술의 수준을 보여 주는 것이 아니라, 당신이 각각의 모듈을 어떻게 활용하고 있는지를 보여 줄 뿐이다.

아래의 가이드라인을 따를 때, 주의할 점이 있다. 약점을(혹 약점으로 생각하는 것을) 개선하려고 노력하지 말라. 다만 자신의 맞춤형 사고에 집중하고, 장점을 발견하여 이를 개발하고 다듬으면 된다.

가이드라인

내면 성찰 사고모듈을 발전시키기 원하면,
- 자신의 생각이나 마음의 소리에 귀를 기울임으로써 자의식을 계발하라.
- 옳다고 생각되는 '직감'을 분석하라.
- 감각을 개발하라. 이를 통해 인식능력이 증진될 것이다.

- 홀로 조용한 곳에서 시간을 보내라.
- 자신이 꾸었던 꿈의 내용을 노트에 적어 보라.
- 새롭고 독특한 생각들을 예전의 오래된 생각들과 연결지어 보라.
- 다양한 관점으로 사물(사건)을 바라보라.
- 미학적(심미적)으로 끌리는 물건, 물체 등에 최대한 반응(관찰)해 보라.
- 자신의 문제에 대한 해결 방안을 모색해 보라.
- 모든 상황을 '도전'으로 여기고 솔루션을 찾아보라.
- 자신에게 솔직하라.
- 사람들의 말을 잘 들어보고, 그들이 정말 전하려는 속뜻이 무엇인지 찾으려고 노력하라.
- 〈뇌의 스위치를 켜라 - 5단계 학습과정〉을 활용하라.

대인 관계 사고모듈을 발전시키기 원하면,
- 그룹 활동을 하라.
- 들은 이야기를 제3자에게 전달(재구성)해 보라.
- 백과사전 등의 정보검색 도구를 활용하라.
- 발표 등의 과제를 할 때, 그룹 활동에 참여하여 다른 사람의 말에 귀를 기울이라.
- 사람들이 어려운 상황을 헤쳐 나갈 때, '편안함'을 느끼도록 말과 행동으로 격려해 주라.
- 사람들과 시간을 보내라.
- 중간에 말을 끊지 않고, 또 답할 말을 떠올리지 않으면서 상대방의 말을 들으라.

- 말하는 것의 두 배 이상 들으라.
- 다른 사람의 입장에 서 보고, 그들이 생각하는 방식대로 생각해 보라.
- 발표 능력 증진을 위한 수업에 참가하라.
- '만약에 ~라면'What if 이라는 게임을 해보라
- 당신이 잘 하는 일을 다른 사람에게 가르쳐 보라. 필요한 사람에게 멘토가 되어 보라.
- 〈뇌의 스위치를 켜라 – 5단계 학습과정〉을 활용하라.

언어 사고모듈을 발전시키기 원하면,

- 읽으라. 읽고 또 읽고 더 읽으라! 언어 사고모듈을 증진시키는 가장 효과적이고 빠른 방법은 독서이다. 신문 기사부터 뉴스, 잡지, 소설에 이르기까지(만화책도 괜찮다) 다양한 장르를 섭렵하여 읽으라. 다양한 주제의 서적들을 읽으라.
- 하루 한 개씩, 새 단어를 공부하여 어휘를 늘려 나가라. 1년이면 365개의 새로운 단어를 획득하게 된다. 그리고 일상에서 이 단어들을 사용하려고 노력해 보라.
- 집중력과 이해도를 높이기 위해 자신만의 효율적 독서 능력을 개발하여 시행하라.
- 트리비얼 퍼수트Trivial Pursuit(캐나다에서 개발된 보드게임으로 지리, 연예, 역사 등 다양한 분야의 퀴즈를 맞히는 방식 – 역자 주), 스크래블Scrabble(알파벳이 적힌 사각형 조각들을 가로 세로로 나열하여 단어를 만드는 보드게임 – 역자 주), 클루도Cluedo(살인사건을 상징하고 게임 참가자들이 각각

용의자가 되어 살인범을 추적하는 게임 - 역자 주), 제너럴 널리지$_{\text{General Knowledge}}$(다양한 분야의 상식을 묻고 맞히는 퀴즈 게임 - 역자 주) 등의 언어 관련 보드게임을 해보라.

- 가로세로 낱말퍼즐을 해보라.
- 새 언어를 학습해 보라.
- 〈뇌의 스위치를 켜라 - 5단계 학습과정〉을 활용하라

논리/수학 사고모듈을 발전시키기 원하면,

- '추론'을 연습하라.
- 자신이 좋아하는 스포츠 팀의 성적을 외워 보라.
- 계산하는 것을 '일상'으로 삼으라. 이를테면 점심시간이나 퇴근할 때까지 시간이 얼마나 남아 있는지 계산해 보는 것이다.
- 눈에 보이는 숫자들을 머릿속으로 크기에 따라 나열해 보라.
- 머릿속으로 계산하는 게임을 해보라. 예를 들어 창밖으로 보이는 옆 차선 자동차의 번호판을 보고 거기 적힌 숫자를 일일이 더해 보는 것이다.
- 무언가를 계산할 일이 있으면, 암산 후 확인 차원에서 계산기를 사용하라. 계산기에 의존하지 말라.
- 기억하고픈 정보들을 여러 조각으로 나누어 보라.
- 효과적인 '생각 훈련'을 위해 백개먼$_{\text{backgammon}}$(주사위를 던져 판 위에 있는 체커를 모두 제거하면 이기는 게임 - 역자 주)이나 체스, 브릿지$_{\text{Bridge}}$(카드 게임의 일종 - 역자 주) 등의 게임을 해보라.
- 숫자를 갖고 이야기를 구성해 보라.

- 가족, 친구들의 전화번호를 외우라.
- 〈뇌의 스위치를 켜라 – 5단계 학습과정〉을 활용하라.

운동감각 사고모듈을 발전시키기 원하면,
- 공부할 때, 의자 대신 피트니스 볼 위에 앉아 보라.
- 스트레칭을 자주 하라.
- 연극, 역할극, 상황극을 해보라.
- 창조적인 몸동작, 춤, 스트레칭 등을 시행하라.
- 손가락으로 하는 게임, 예를 들어 플래시 카드나 고무도장 놀이를 해보라.
- 공작 활동을 해보라.
- 스캐빈저 헌트 Scavenger Hunt (주최자가 여러 품목을 정하여 목록을 작성해 주면 참가자들은 그 품목들을 구해 오는 게임 – 역자 주), 트위스터(왼손, 오른손, 왼발, 오른발 및 빨강, 노랑, 파랑, 초록색의 점들이 그려진 돌림판을 돌린 후, 돌림판의 지시에 따라 빨강, 노랑, 파랑, 초록색 점이 그려진 플라스틱 매트 위에 손과 발을 올려놓는 게임 – 역자 주) 게임을 해보라.
- 악기를 연주하거나 독창적으로 악기를 만들어 보라.
- 도자기 공예, 나무 공예 등을 해보라.
- 〈뇌의 스위치를 켜라 – 5단계 학습과정〉을 활용하라.

음악 사고모듈을 발전시키기 원하면,
- 일할 때, 클래식 음악을 틀어 놓으라.
- 가능하다면, 정기적으로 악기를 연주해 보라.

- 음악에 맞추어 에어로빅을 해보라.
- 컴퓨터 자판을 두들길 때, '따닥따닥'거리는 리듬에 발장단을 맞춰 보라.
- 일할 때, 노래를 부르거나 허밍해 보라(다른 사람에게 방해가 되지 않는 선에서).
- 시를 낭송해 보라.
- 일할 때나 공부할 때, 마치 자신이 DJ인 것처럼 생각해 보라.
- 대화할 때, 자신의 음성 변화를 살펴보라. 상대방의 음성 변화에도 주의를 기울여 보라.
- 몸짓언어 body language 를 이해해 보려고 노력하라.
- 자신의 직감에 귀를 기울이라.
- 〈뇌의 스위치를 켜라 – 5단계 학습과정〉을 활용하라.

시각/공간 사고모듈을 발전시키기 원하면,
- 자신만의 만화를 만들고 읽어 보라.
- 신문 광고나 도로 위 광고판들을 분석해 보라.
- 사무실 또는 교실에 포스터를 붙이되, 아이디어 증진에 도움이 되는 방식으로 만들어 게시하라.
- 플로우차트(순서도)를 그리고 이를 이용하며 일해 보라.
- '로만 룸' Roman Room technique (외워야 할 정보가 있다면, 자신에게 익숙한 공간을 상정하고 그 안의 물건들을 '외울 정보'로 치환하여 암기하는 방법 – 역자 주)과 같은 연상법이나 신체 부위, 숫자, 음운(두운, 각운)을 활용하여 필요한 정보를 암기해 보라.

- 생각하는 동안 그림을 그리거나 낙서해 보라.
- 색상들의 차이를 비교·대조해 보라.
- 미술 수업을 들어 보라.
- '다빈치 훈련'(복잡한 물체를 응시하여 그 생김새를 외운 후, 눈을 감은 채 세부 모습을 상기하는 훈련)을 통해 시각 기억력을 증진시키라.
- 상상 게임을 해보라.
- 복잡한 블록 쌓기 놀이를 해보라.
- 로봇공학 수업을 들어 보라.
- 〈뇌의 스위치를 켜라 - 5단계 학습과정〉을 활용하라.

독특한 마음과 독특한 뇌

과학의 도움으로 우리는 마음이 어떻게 뇌에 영향을 미치고, 또 뇌를 변화시키는지 알게 되었다. 뇌는 마음의 '회로기판'과 같다. 마음의 활동은 뇌를 통해 표현된다. 그렇게 우리의 뇌에는 생각이 저장되고, 이후 저장된 생각(기억)으로부터 '말'과 '행동'이 나오게 된다. 각 사람의 뇌는 각 사람의 독특한 마음에 매칭되어 있다. 이렇듯 각 사람의 마음이 다 다르기 때문에 각 사람의 뇌 역시 독특할 수밖에 없다. 빙햄턴 대학의 연구자들은 뇌파 반응만으로도 동일인의 뇌에서 나오는 상이한 뇌파인지, 아니면 서로 다른 사람의 뇌에서 나오는 뇌파인지를 구별할 수 있다고 한다.[1] 실제로 그렇다(뇌파 뿐 아니라 각 사람의 후각신경도 다 다른데, 이를 가리켜 후각 지문 olfactory fingerprint 이라고 한다).[2]

각 사람의 독특한 세계관(세상을 바라보는 관점)도 뇌의 독특성에 기인한다.[3] 거시 차원(뇌의 큰 부위들)에서 볼 때에도 뇌는 사람마다 다르고,

미시 차원(뉴런 단위)에서 볼 때에도 뇌는 사람마다 다르다. 아원자 차원에서도 다르고, 진동으로나마 감지할 수 있는 양자 영역에서조차 우리의 뇌는 다 다르다. 기본적인 게놈(유전자 지도) 구성은 동일하지만, 각 사람의 뇌와 신체 안에서 게놈의 활성화 양상은 다 다르다. 단백질마저 서로 다른 방식으로 진동한다.[4]

각 사람의 맞춤형 사고는 각 사람의 맞춤형 뇌를 통해 표출된다. 당신은 '은사 프로파일'을 통해 이 사실을 확인할 수 있다. 영화, 음식, 연예인, 언어 등 특정 자극에 대한 사람들의 반응 차이는 미미할 수 있지만, 그 미미한 차이가 각 사람의 사고방식 차이에 근간을 두고 있으므로, 이러한 차이가 참 많은 것을 말해 준다고 할 수 있다.

자신만의 맞춤형 사고방식, 곧 '생각하고 느끼고 선택하는' 능력에 주의를 기울이면, 자아의 핵심이라고 할 수 있는 '나는 어떻게 생각하는가'를 알 수 있다. 당신의 생각은 당신의 선택에 널리 스며 있다. 그러므로 '생각'은 자신의 유익을 위해 사용하고 통제해야 할 '강력한 독특함'이다.

3부에서 우리는 유용하고 의미 있게 기억을 구축하는 방식을 배울 것이다. 어떻게 해야 자신만의 독특한 맞춤형 사고를 활용하여 학교, 직장, 가정에서의 성공을 위해 꼭 필요한 지식들을 얻을 수 있는지 함께 이야기해 보자.

3부

뇌의 스위치를 켜라
– 5단계 학습과정

20장

학습이란 무엇인가?

    왜 우리는 어떤 것은 기억하고, 어떤 것은 잊는가? 기억력을 증진시킬 방법은 있는가? 우리는 무엇을, 어떻게 배우는가? 회사, 사업장, 학교에서 좀 더 효율적으로 일하고 배울 방법이 있는가? 나이가 들면 기억력도 감퇴하는가? 기억력 감퇴를 막을 방법은 있는가? 사람들은 내게 이러한 질문들을 건넨다. 좀 더 똑똑해지고 싶지 않은 사람이 있을까? 성적 향상을 마다하는 학생이 있을까? 직장에서 양질의 업무 성과를 내고 싶지 않은 사람이 어디 있겠는가?
    지난 30년간의 연구를 통해 나는 이러한 질문에 대한 답이 바로 '자가 정신 케어'임을 알게 되었다. 이것에 대해서는 이 책의 시작 부분에서 이미 언급한 바 있다. 자가 정신 케어는 '깊은 생각'Mindfulness 과 관련이 깊다.
    '깊은 생각'을 통해 당신은 자신에게 집중하여 '과연 나는 어떻게 생각하는가'를 알게 된다. 이것은 사고방식의 변화를 이끌어 내는 혁명적 디딤돌과 같다. 오늘날 이 같은 '깊은 생각'은 서구사회에서 점점 인기를 얻는 추세이다. 최근의 연구를 통해 '깊은 생각'에 수많은 유익이 따른다는 사실이 밝혀졌다. 물론 전문가들은 이에 대한 증거가 얼마나 확고한지부터 따져봐야 할 것이다. 어쨌든 그들은 '깊은 생각'의 장점과 효율성을 강조하고 있다.[1]

깊게 생각할 때, 우리는 평온함과 질서, 그리고 통찰력을 얻는다. 이러한 결과물은 곧 고도의 지식 습득으로 이어진다. 쉽게 말해, 깊게 생각하는 동안 자신이 받아들인 정보를 성공적으로 처리하게 된다는 뜻이다.

이 장에서 소개할 5단계 학습과정을 시행하면, 당신은 마음을 단련하여 뇌를 변화시킬 수 있다. 또 이를 통해 보다 효율적이고 유용한 기억 네트워크를 구축하게 될 것이다.

기억하라. '깊은 생각'이 첫 번째 단계이다. 그 다음 단계로 나아가기 위해 당신은 맞춤형 사고(2부)로부터 배운 바를 실행하여 각각의 사고구조(1부)를 활성화해야 한다(이를 위해 네 가지 단계를 더 밟아야 한다).

물론 깊은 생각 이상의 단계로 넘어가려면, 엄청난 양의 시간과 노력을 들여야 할 것이다. 하지만 그 결과물은 '행복한 삶'이므로, 시간과 노력을 투자해봄직하다. 자신이 어떻게 생각하는지를 알고, 또 어떻게 해야 지속적으로 기억을 구축할 수 있을지 알게 될 때, 당신은 행복한 삶에 도달할 뿐 아니라 정신적·신체적 건강도 얻을 수 있다. 그렇다! 배움(효과적인 기억 구축)은 정신건강과 신체건강에도 유익하다. 핵심은 성공적으로 일하고, 행복하게 살고, 뇌의 건강을 유지하기 위해 건강한 기억을 구축해야 한다는 것이다!

이 책의 1부에서 이야기했듯, 기술혁신은 우리의 '사고방식'에 큰 영향을 끼쳤다. 물론 기술 신장으로 인한 좋은 열매도 많다. 하지만 결론부터 말하자면, 기술혁신의 결과 우리는 깊게 생각하는 법이나 지식을 탐구하는 방법을 잊게 된 것 같다. 좀 더 쉽게 설명해 보겠다. 지금은 이같이 말하는 사람이 많아졌다. "구글로 검색하면 그만이지, 뭣 때문에 공부하나? 왜 그런 것을 암기하려고 애쓰나?"

사실이다. 컴퓨터에 대한 의존도와 검색 엔진 활용 비율이 높아짐에 따라 사람들의 깊은 사고 능력은 크게 약화되었다. 버밍엄 대학의 마리아 웜버는 사람들이 스마트폰이나 인터넷 검색 서비스를 이용하여 수동적이고 반복적으로 정보를 습득할 경우, 그렇게 학습된 내용은 장기기억으로 전환되지 않는다고 말한다. 첨단기기에 의존하여 정보를 취득하는 습관은 결국 우리의 마음과 뇌에 부정적인 영향을 끼친다. 어쩌면 치매를 유발할 수도 있다.[2]

인터넷에 대한 높은 의존도는 문제 해결을 위한 우리의 사고력을 저하시킨다. 또 학습 방법(생각 과정)도 변질시킨다. 우리는 뇌에 기억을 구축해야지, 스마트폰에 기억을 저장해선 안 된다. 연구자들은 스마트폰과 같은 기기를 사용할 때마다 '인식의 짐 내리기' 현상 cognitive offloading (애써 기억하지 않으려는 게으름)이 잦아지고, 인터넷과 같은 '기억 도우미'에 의존하는 성향이 점점 짙어진다는 사실을 발견했다.[3] 인터넷 접속 습관은 우리의 사고방식을 변화시켰다. 사람들은 자신의 머릿속 지식보다는 온라인상에 떠도는 지식에 의존하며, 마우스로 무언가를 클릭할 때에만 "나는 안다"고 자신 있게 말한다.

이처럼 디지털 플랫폼들은 우리 뇌의 학습과 기억, 정보 인식 행위를 방해한다. 그러므로 우리는 이 같은 기술들이 뇌의 기억구축 능력에 해를 가하지 못하도록 올바른 기술 사용법을 배워야 한다. 기억구축 과정은 건강한 뇌 기능 및 학교, 직장, 가정에서의 성공에 매우 중요하다.[4]

그러나 우리는 디지털화된 환경으로부터 동떨어져 살 수 없다. 또 깊은 생각만으로는 디지털 문명의 홍수와 같은 악영향을 막아낼 수 없다. 물론 깊은 생각에서 시작한다고는 하지만, 보다 의미 있는 기억들을 구축하려면 그 너머로까지 나아가야 한다. 그렇게 하지 않으면 우리는 지속 가능한 변화를 꿈꿀 수조차 없다.

디지털 기술에의 의존도가 높아질수록 지성은 약화된다. 이것은 틀림없는 사실이다. 게다가 유해한 중독 현상은 점점 심해진다. 스마트폰의 '당겨서 새로 고침'~pull down refresh~ 기능은 의도적으로 '슬롯머신' 작동방식을 모방해서 만든 것이라고 한다.[5] 마치 도박장 분위기를 연상시키는 이 기능은 스마트폰을 끊임없이 새롭게 하고픈 사람들의 욕망을 부추기면서, 실제로 뇌의 보상체계를 변질시킨다. 현대의 미국인들이 열광하는 다이어트 방법들이나 마약처럼 말이다.

스마트폰은 의미 있는 대인관계 형성에 필수라 할 수 있는 친밀감, 신뢰, 공감 및 다양한 감정을 차단시키기도 한다.[6] 10분 정도 짧은 시간 동안 지인과 대화를 나누더라도 손에 스마트폰이 들려 있으면 중간중간 대화가 단절된다. 최근, 첨단 디지털 기술 산업 관계자들은 자신들이 만든 소셜미디어의 악영향에 대해 염려하고 있다. 일례로, 페이스북의 초대 회장인 션 파커 역시 동일한 우려를 표했다.[7]

학습이란 무엇인가?

우리는 디지털 기술 플랫폼들을 활용하여 유익을 얻어야지, 이로부터 악영향을 받아선 안 된다. 마음이 다시 한 번 제대로 작동해야 할 필요가 있다. 자가 정신 케어를 시행하면 우리의 뇌가 건강해지고 또 이를 통해 맞춤형 사고가 활성화되는데, 이때 이해력과 사고구조의 능력이 결합되어 건강한 기억을 구축해 낸다.

이번 장에서 우리는 〈뇌의 스위치를 켜라 – 5단계 학습과정〉을 사용하여 뇌를 발전시킬 방법을 배울 것이다. 이것은 지난 30여 년간 내가 연구하여 개발한 기술이다.

이 책 전반에 걸쳐 나는 '생각하고 이해하여 유용한 기억을 구축하는 과정'에 대해 설명했다. 그리고 그 과정을 일컬어 '학습'이라 불렀다. 학습은 기계적 암기법과 같은 암기 기술이 아니다. 건강하고 생산적인 학습은 '생각' 능력을 활용하는 기술로, 아주 오래됐지만 훌륭한 방법이다. 이 같은 '학습'의 대척점에 놓여 있는 것이 디지털 기술에 의존하는 태도이다.

성공하기 위해 우리는 생각하고 배워야 한다. 이 책임은 우리의 몫이다. 누구도 우리를 대신하여 생각해 줄 수 없고, 대신 배워 줄 수도 없다. 우리는 기계, 기술, DIY Do It Yourself 가이드 등에 의존해선 안 된다.

"이렇게 하면, 하룻밤 만에 지적인 사람이 될 수 있다"와 같은 식의 광고에 현혹되지 말라. 부지런히 목적의식을 갖고 열심히 노력하는 것을 대체할 수 있는 것은 없다. 오직 마음의 훈련만이 뇌를 변화시키고, 뇌의 변화만이 우리의 말과 행동을 변화시킨다. 이러한 변화를 위해 우리에겐 노력과 끈기와 절제가 필요하다.

지금 우리가 살아가는 세상의 환경은 우리를 참을성 없는 사람으로 만들고 있다. 이에 우리는 희생과 노력을 기울여야 하는 일에 손사래 치며 거부하지만, 하찮은 일에는 엄청난 시간을 투자한다(시간낭비이다). 수많은 학교들이 기술을 과도하게 사용하고, 신경신화를 향해 무한한 신뢰를 보내며, 오직 시험을 위한 가르침에 몰두함으로써 이러한 양상을 더욱 가속화시킨다. 기억하라. 시간과 노력은 숭고하다. 시간과 노력은 성공을 보장해 준다.

생각은 실재이다

학습은 곧 생각을 쌓는 일이다. 생각은 '정신의 부동산'(뇌 속의 구조물) 영역을 점유한다. 생각은 마음의 활동과 상관관계에 놓여 있는 신경생태학적 '실재'이다. 오늘날 과학기술은 '기억의 흔적' memory engram 이라 불리는 기억의 생태·물리적 실체가 단백질로 구성된 물질임을 밝혀 냈다.[8] 쉽게 말해, 기억(생각)은 단백질 덩어리로 존재한다는 것이다.

생각은 마음의 활동에 대한 반응으로 끊임없이 변한다. 그리고 생각에 따라 뇌도 변한다. 이처럼 우리는 사고능력을 통해 뇌를 변화시킨다.

생각은 우리의 뇌 속에서 나무 모양의 물리적 실체로 나타나는데, 나무의 모양새를 띠고 있는 것은 수지상돌기들이다. 여러 정보가 담기는 수지상돌기는 순간순간의 경험(행동 학습)에 따라 변화된다.

생각은 우리가 말하고 행동하는 '뿌리'(근거) 역할을 한다.[9] 생각이 만들어지기 전에는 말도 할 수 없고, 행동도 할 수도 없다. 그러므로 무엇을 말하고 행동하든, 첫 번째 단계는 '생각 쌓기'이다.

사실 우리는 하루 종일 생각하고, 또 생각을 표현한다. 생각하고 이해하여 기억을 쌓는 학습은 우리 삶의 일환이며, 우리가 살아 있음을 인식하는 방법이기도 하다. 학습을 통해 기억이 구축되고, 기억은 사고구조, 세계관 그리고 가장 중요한 '나'(정체성)를 표현하는 데 활용된다.

무엇을 생각하든, 가장 많이 생각하는 그것이 당신의 마음에 가장 크게 자리한다. 그러므로 무엇에 집중할지 선택한 순간, 선택된 그것은 곧 당신의 뇌에 새겨지고, 이후 당신의 말과 행동에 영향을 미칠 것이다. 사실, 당신의 말과 행동은 마음속에서 일어나는 일들(의식적 생각)의 '반영反影'이다. 무엇을, 어떻게 배우는지에 따라 당신은 성공할 수도 있고, 실패할 수도 있다. 이 사실을 아는 것이 중요하다. 마음의 능력에는 엄청난 책임이 따른다.

연구에 의해 밝혀진 바에 따르면, 우리가 어떤 사고방식을 취하느냐(맞춤형 사고를 사용하는 방식)가 정보의 기억 또는 망각을 결정한다. 생각하는 방식에 따라 당신의 뇌 건강은 증진될 수도 있고, 악화될 수도 있다! 무언가를 제대로 기억하기 위해서는 뇌 세포 간의 시냅스 연결에만 의존해선 안 되고(그림 20.2 참고), 수지상돌기를 활용하는 방식으로 생각해야 한다. 그래야 성공적으로 기억할 수 있다. 참고로 수지상돌기는 뇌 속 뉴런에 달린, 마치 크리스마스 트리처럼 생긴 가지를 지칭한다(그림 20.1 참고).

어쩌면 당신은 이 책을 읽기 전까지 기억과 관련된 뇌의 구조물들에 대해, 예를 들어 수지상돌기나 시냅스 등에 대해 생각해 본 적이 없을 것이다. 하지만 이 책을 읽게 된 이상, 이런 것들에 관심을 가져야 할 것이다. 특히 이 장에서는 더더욱 그렇다.

올바른 생각 쌓기는 마음과 뇌의 건강으로 이어지고, 성공과 행복을 낳는다. 맞춤형 사고와 올바른 사고구조, 그리고 이 장에서 배우게 될 여러 가지 학습 기술들을 활용하면, 우리는 수지상돌기에 건강한 기억들을 채울 수 있다. 이것은 우리에게 굉장히 좋은 일이다!

기억과 학습에 대한 잘못된 이론을 믿으며 올바르지 않은 인식(앞에서 이야기한 신경신화들)을 붙잡는다면, 학습에 대한 당신의 인식은 크게 변질될 것이다. 결국 당신이 학습하는 방법에도 악영향을 미칠 것이다.

 기억은 인간의 의식과 믿음체계의 중심에 위치한다. 기억의 작동 원리를 바르게 이해할 때, 비로소 당신은 '맞춤형 사고'의 중요성을 깨달을 것이다. 이러한 사실을 바탕으로 이제 당신은 기억을 통제하는 주체가 바로 자기 자신임을 알게 된다. 기억에 대한 올바른 이해는 자가 정신 케어를 위해서도 중요하다.

〈그림 20.1〉 확대한 수지상돌기

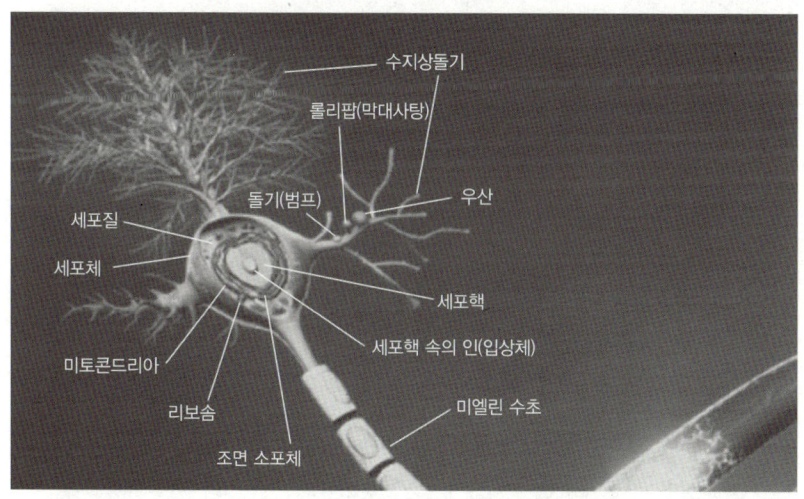

캐롤라인 리프와 피터 아무아-콰시 고안

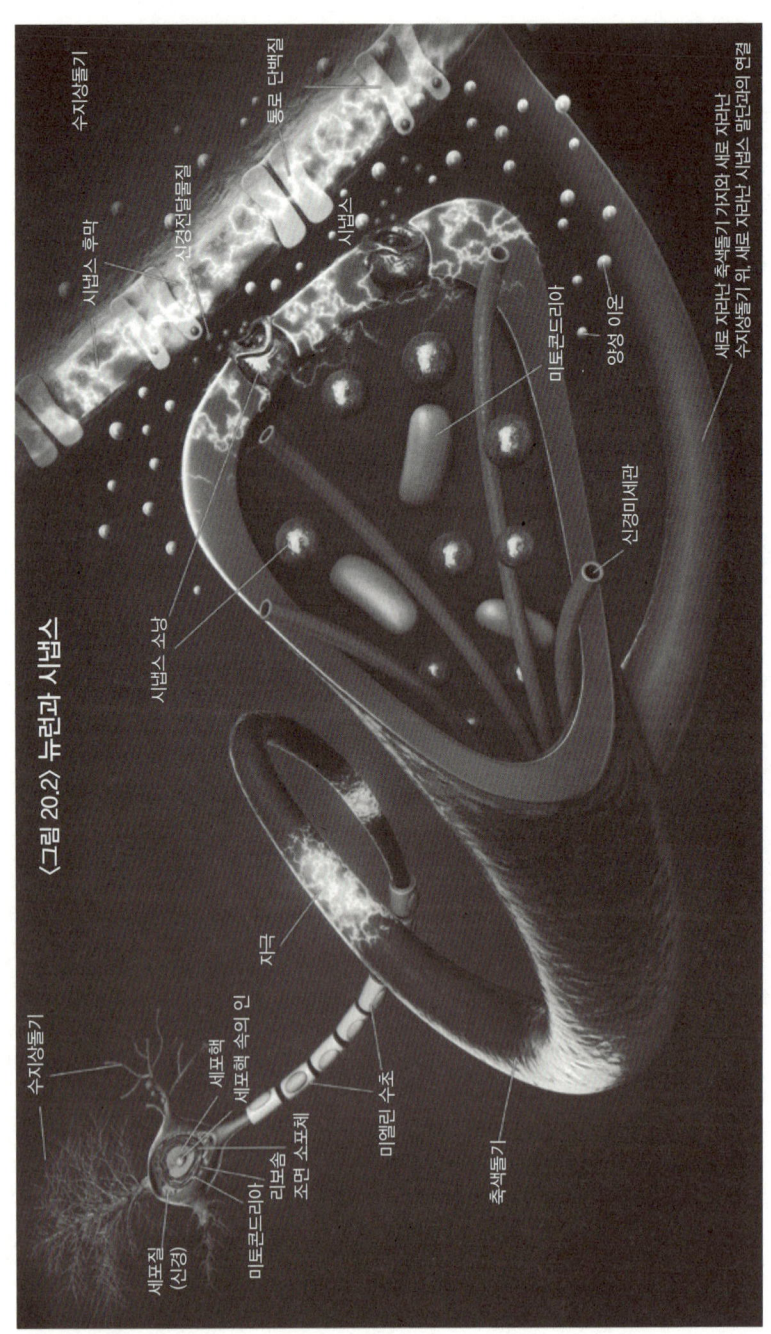

〈그림 20.2〉 뉴런과 시냅스

뇌의 스위치를 켜라 – 5단계 학습과정

처음에 나는 외상성 뇌손상Traumatic Brain Injury, TBI 환자와 학습장애 환자, 자폐증 환자, 만성 외상성 뇌증Chronic Traumatic Encephalopathy, CTE 환자 및 뇌성마비 환자와 인식장애 환자, 소통장애 환자, 공감장애 환자, 그리고 치매 환자들에게만 집중했다.[10] 이 장에서 〈뇌의 스위치를 켜라 – 5단계 학습과정〉이란 이름으로 소개할 학습 기술은 이들 환자를 대상으로 시행할 임상실험을 위해 내가 개발하고 발전시켜 온 과학 연구의 산물이다. 하지만 이제는 환자들뿐 아니라 전 세계 수십만 명의 사람들에게 도움을 주고 있다.[11] 앞에 언급했던 부류의 환자들에게 이 프로그램을 시행했을 때, 나는 그들의 학업, 인식, 지성, 감정, 사회 기능 전반이 개선되는 것을 두 눈으로 직접 보았다. 당신에게도 동일한 변화가 나타날 것이다!

생각과 학습과 지성(뇌의 능력)은 고도로 집중하여 마음을 훈련할 때 발전할 수 있다. 〈뇌의 스위치를 켜라 – 5단계 학습과정〉은 기억 연구, 신경과학, 양자생태학, 인식신경심리학, 언어학, 소통학, 신경정신학, 정신신경 면역학, 후생유전학, 양자물리학, 일반물리학의 접점들을 중심으로 개발한 도구이다. 이 프로그램은 기억 구축에 매우 중요한 역할을 할 것이다.

앞에서 이야기한 대로, 기억은 학습의 핵심이다.

성공적 기억 구축을 위한 5단계

〈뇌의 스위치를 켜라 – 5단계 학습과정〉은 아주 잘 조직된 학습도구로, 다섯 가지 중요한 단계로 구성되어 있다(그림 20.3 참고). 이 다섯 단계

〈그림 20.3〉

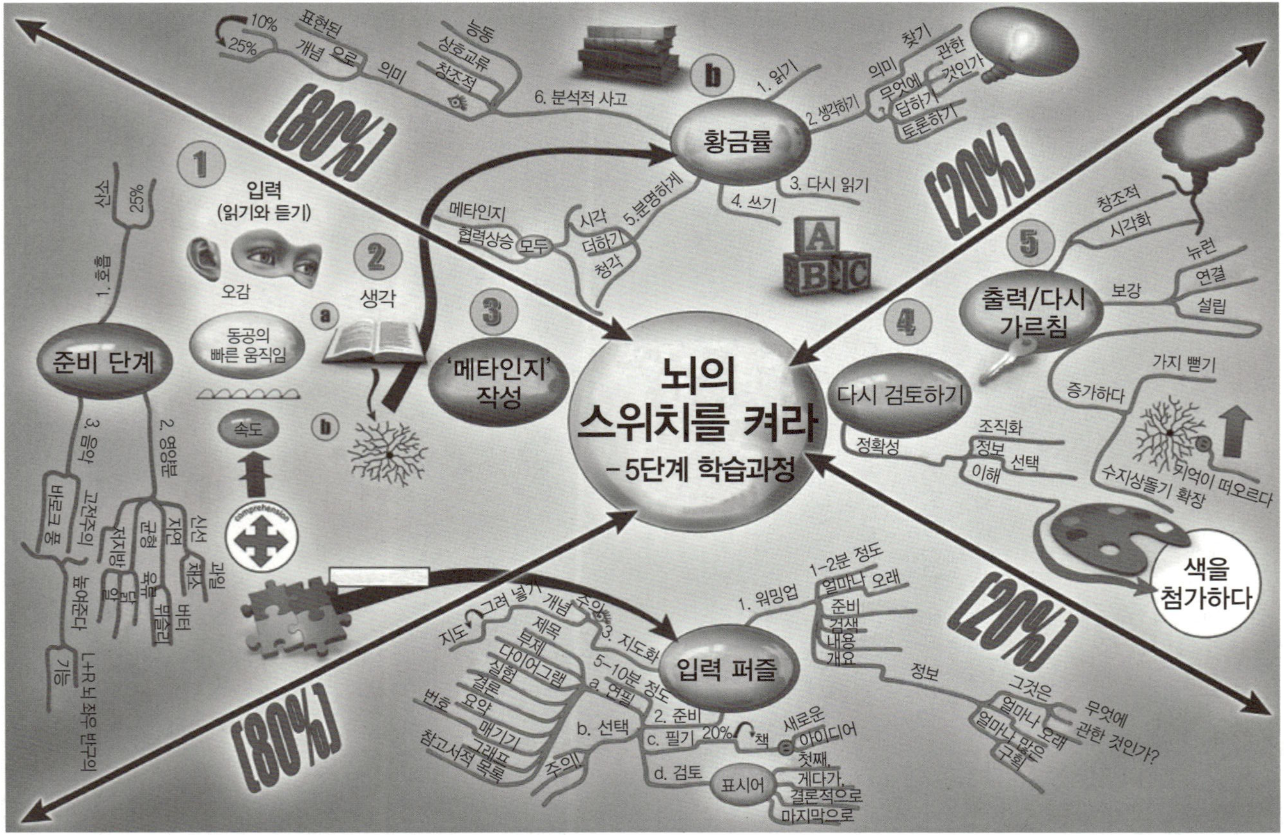

는 각 사람이 자신의 맞춤형 사고를 이용하여 효과적으로 기억을 구축하고 저장하도록 도와준다.

그러나 다섯 개의 모든 단계를 올바르게 밟아야만 이 시스템이 제대로 작동된다는 사실을 잊지 말라. 5단계 학습과정은 '단기기억' 형성을 넘어 효과적이고 유용한 '장기기억' 구축을 목표로 한다. 프로그램의 각 단계는 뇌가 수행하는 여러 독특한 역할들에 기반을 두고 있다. 각 기능이 총체적으로 작동할 때, 장기기억 구축이 가능해진다.

다섯 단계는 다음과 같다.

- 입력 Input : 읽기, 듣기, 보기
- 반추 Reflect : 묻고 답하고 토론하기
- 쓰기 Write : 메타인지를 만들어냄
- 다시 검토하기 Recheck : 정확성 여부를 확인하기 위한 검토
- 출력 Output : 다시 가르치기

〈뇌의 스위치를 켜라 - 5단계 학습과정〉을 시행할 때, 당신은 자신만의 맞춤형 사고를 활성화하여 유용한 기억을 생산해 낼 것이다. 핵심은 학습의 '양'이 아닌 학습의 '질'이다. 왜냐하면 '질'이 보장되지 않은 '양'은 오히려 뇌를 손상시키기 때문이다. 반면, 질이 보장된 양은 뇌의 활동에 다양성을 부여하며, 양질의 결과물을 이끌어 낸다. 건강하고 효율적인 변화로 이어진다고 할 수 있다.

당신의 생각이 깊은 생각 이상의 수준으로 더 깊이 들어갈 때, 인생의 여러 경험들에 대해 '질 높은' 해석을 가하게 된다. 그리고 삶의 순간순

간들에 의미를 부여하게 된다. 이것은 '현재'라는 시간을 인식하는 최고의 방법(묵상)이다. 디지털 플랫폼에 의존해서는 이러한 유익을 얻을 수 없다. 더 깊은 생각을 통해 당신은 새로운 지식을 습득할 뿐 아니라, 자신만의 지식 습득 방식(과정)에도 집중하게 된다. 이것은 '깊은 생각'보다 훨씬 '더 깊은 생각'이 주는 생산적인 열매(지적으로도 만족할 만한 결과)라고 할 수 있다.

깊은 사고 과정은 결여된 채 되풀이 학습을 할 때, 회의나 시험 전날 '벼락치기'식으로 공부하여 단기 암기력을 증폭시킬 때, 디지털 플랫폼을 활용하여 쉽게 지식을 습득할 때, 당신이 맞이할 결과는 참담하다. 다음의 격언이 그 참담함을 잘 설명해 준다. "쉽게 얻은 것은 쉽게 나가는 법이다!" 그렇게 공부하면, 학습 전보다 학습 후 뇌의 상태가 더 나빠질 것이다.

〈뇌의 스위치를 켜라 - 5단계 학습과정〉은 '좋은 생각 습관'을 유지하는 훈련이다. 이 프로그램을 시행할 때, 각 사람은 자신의 뇌에 '지식기억 창고'를 만들어 낸다. 이것은 매우 효율적인 학습방법이지만, 그 속도는 매우 느리다!

수지상돌기에는 마치 나뭇가지에 잎이 움트기 전 여러 개의 망울들이 돋는 것처럼 여러 개의 돌기(융기)들이 자란다. 그 돌기들이 견고히 자라나 버섯 모양의 수지상 척추(수지상 척추는 수지상돌기에 저장된 장기기억이 견고해졌음을 알려 주는 지표이다)가 되기까지 적어도 63일이 걸리기 때문에 (8장과 22장 참고), 각 사람은 천천히 그리고 꾸준히 노력해야 한다. 이를 위해 굳게 결심해야 할 것이다.

5단계 학습과정은 우리의 뇌가 최대치로 기능하도록 세심하게 고안

되었다. 뇌가 효율적으로 작동하여 양질의 장기기억을 많이 만들어낼 때, 우리는 학교, 직장, 가정에서 성공을 거둘 수 있다.

이 사실을 잊지 말라. 마음속 무의식의 영역에서 지식이 계발되고 여러 기술들이 쌓이지만, 그동안 겉으로는 아무 진전도 없는 것처럼 보일 것이다(22장 참고). 대부분의 사람들은 돌파구와 같은 것이 열리기 전, 일찌감치 지쳐 포기해 버린다. 그러나 우리는 옛 현인의 말에 귀를 기울여야 한다. "오래된 방식이지만, 오직 노력, 노력, 노력뿐이다! 노력은 배신하지 않는다."

'이해' 없이 시행하는 반복 학습은 장기기억으로 이어지지 않는다. 사실, 지속적인 기억이야말로 '성공'의 핵심인데 말이다. 뇌와 관련하여, 지름길은 없다. 지름길처럼 보이는 디지털 플랫폼이나 벼락치기 공부 등은 뉴런의 세포체 안에서 '연산 활동'만을 부추길 뿐, 수지상돌기에 아무 영향을 미치지 않는다(참고로 뉴런의 세포체 활동과 시냅스 연결을 통해서는 단기기억만 생성된다). 그저 시냅스의 연결을 통해 일시적인 기억만을 만들어 내고 전달할 뿐이다. 진정 성공하기 원한다면, 단기기억은 오히려 '걸림돌'이란 사실을 명심하라.

반면, 두 달 정도 지속적으로 깊은 생각을 품을 경우, 거대한 양의 정보가 '장기기억'으로 전환될 것이다. 이는 수지상돌기에서 자라난 여러 돌기들(수지상 척추)에 기억이 쌓이기 때문이다. 이는 최고 성능의 양자컴퓨터 수천 억대의 영향력과 맞먹는다고 할 수 있다(그림 20.1 참고).

앞에서 말했듯 당신의 생각은 뇌 속 구조물들을 변화시킨다. 이를 가리켜 '마음이 주도하는' 신경가소성이라 한다. 나는 '신경가소성'의 실체를 보았다. 그리고 환자들의 '행동 변화'를 통해 이것을 입증했다. 스탠

포드 대학의 심리학 연구자인 캐롤 드웩 박사도 수학과 전공 학생들에게서 이와 동일한 결과를 얻어냈다.[12] 하버드 대학에서 시행된 연구 또한 '이해할 때까지 깊게 생각하는' 훈련이 뇌 속 구조물을 실제로 변화시킨다는 사실을 말해 준다.

우리는 '생각의 변화'가 발휘할 힘을 무시할 수 없다. 단순한 변화이지만, 그것이 뇌 속 구조물들(물리적 실체)에 미치는 영향은 실로 지대하다. 실제로 뇌 회백질의 기능이 크게 향상된다! 생각의 힘이 얼마나 강력한지, 뇌 과학자들은 상상을 통한 피아노 연주 학습이 실제 피아노를 치는 전통적 교수법만큼이나 효율적이라고 말한다.[13]

뇌가소성과 관련하여 가장 흥미로운 사실은 매번 새로운 정보를 수용할 때마다 뇌가 변한다는 것이다. 태어나면서부터 지금까지, 당신의 뇌는 결코 동일했던 날이 없다! 그러므로 자신의 은사를 올바르게 활용하여 건강한 기억들을 구축하면, 당신의 뇌는 점점 나아질 것이다. '생각'이 '이해'로 이어지는 일련의 시스템은 〈뇌의 스위치를 켜라 – 5단계 학습과정〉에 잘 녹아 있다. 이를 통해 당신의 학습 방식은 영원히 바뀔 것이다. 이로써 자신도 모르게 한계를 뛰어넘어 마음껏 잠재력을 펼치게 될 것이다. 이 프로그램은 당신의 삶 전반에 적용된다. 그렇다. 이것이 당신의 삶을 바꿀 것이다!

1단계) 입력

입력 단계의 목적은 간단하다. 말 그대로 '입력'이다. 수용한 정보를 뇌 속에 올바르게 입력하는 과정, 듣고 읽고 체험한 것을 이해하는 것이 이 단계의 목적이다. 정보는 감각기관을 통해 양자신호로, 또 전자기적 신호로 뇌에 들어가 내후각 피질$_{\text{entorhinal cortex}}$이라고 불리는 곳 근처에 닿는다(그림 20.4 참고). 뇌의 내후각 피질은 입력신호들(정보)을 전처리$_{\text{preprocess}}$(미리 처리함)하여 '기억 센터'의 역할을 수행한다.

입력 과정에서 정보를 올바르게 수용하는 것이 중요한데, 그 방법을 아래에 소개한다.

- 글을 읽을 때, 도구를 사용하여 읽으라. 읽는 동안 눈의 움직임을 도와줄 도구를 사용하라는 뜻이다. 그것이 손가락이어도 좋고, 연필이어도 좋다. 하지만 자, 종잇조각, 책갈피 등은 본문을 가리기 때문에 안 된다.

눈으로 보는(읽는) 부분을 도구를 사용하여 짚어나가면, 집중도는 높아지고 이해력은 50% 이상 향상된다. 이유는 간단히다. 양쪽 뇌를 모두 사용하기 때문이다. 이러한 도구 없이 글을 읽을 경우, 집중도는 떨어지고, 집중하는 시간도 짧아진다. 게다가 양쪽 뇌를 조화롭게 사용하지 않으면 실제로는 피곤하지 않지만, 갑작스레 이유 모를 피로감을 느끼게 된다.

- 큰 소리로 읽으라. 가능하면 언제, 어디서든, 글을 읽을 때 소리를 내는 것이 좋다. 물론 상황에 따라 크기를 조절해야 하겠지만 말이다. 당신은 자신이 읽는 '글'을 눈으로 볼 뿐 아니라 귀로도 '들어야' 한다. 청각 자극은 이해력을 극적으로 높여 주며, 정보를 이해할 때 실수할 확률을 줄여 준다. 게다가 당신의 은사를 최대치로 발휘할 수 있도록 자기 통제력을 향상시켜 주기도 한다.

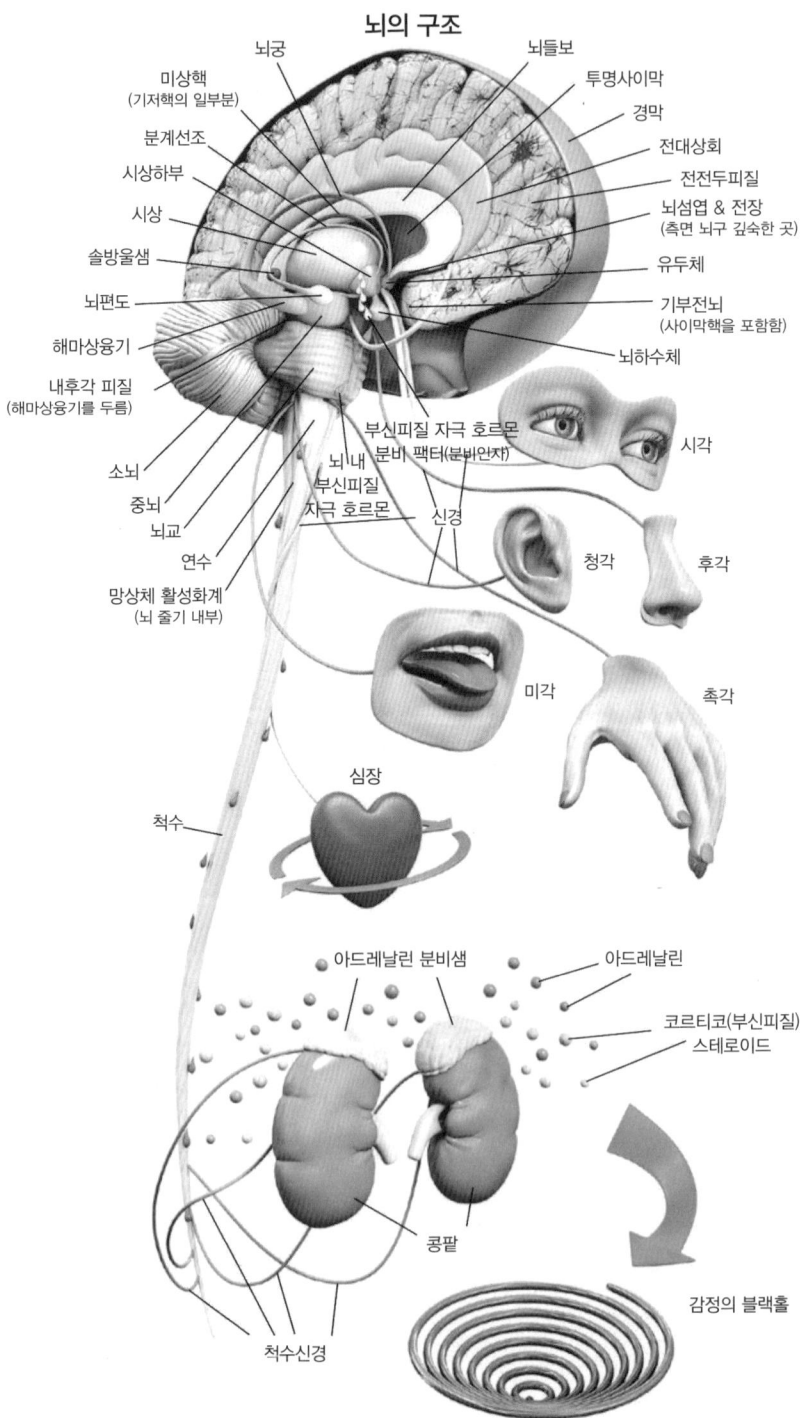

〈그림 20.4〉
뇌의 구조

• 한 번에 한 덩어리씩 읽으라. 여기서 한 덩어리는 1-3개의 문장 정도이다. 즉, 1비트 크기의 정보량을 말한다. 한꺼번에 많은 양을 읽고 그것을 외우려고 하면, 장기기억을 제대로 구축할 수 없다. 물론 이렇게 읽으면 어느 정도의 '이해'를 얻을 수는 있지만, 이해한 내용들이 장기기억으로는 이어지지 않는다.

그러나 단번에 소화할 분량의 정보(1비트 크기)는 이해하기도 쉽고, 또 오랫동안 기억할 수도 있다. 마치 한 입 크기의 음식은 쉽게 소화할 수 있듯, 작은 덩어리의 정보는 한 번에 수용할 수 있다.

물론, 이런 방법도 괜찮다. 먼저 빠른 속도로 한꺼번에 모든 내용을 훑은 뒤, 다시 한 번 덩어리 단위로 읽으면서 기억을 구축하는 것이다. 그렇게 하면 수지상돌기에 기억을 채울 수 있다.

• 읽은 내용에 대해 올바른 태도를 견지하라(1부에서 배운 사고구조를 다시 한 번 검토하라). 올바르지 않은 사고구조는 뇌의 양자·전자화학 반응에 악영향을 끼친다. 그 결과, 당신은 자신이 읽은 내용을 이해하는 데 어려움을 겪게 될 것이고, 이해의 속도도 느려질 것이다.

최대한 읽은 내용과 '소통'하려고 노력하라. 책이든, 필기한 내용이든, 신문 기사이든, 저자가 말하려는 내용을 읽으면서 그 내용을 시각화해 보는 것도 좋다. 읽은 내용을 이해하기 위해 "저자의 의도는 무엇인가?" 질문하는 것도 좋다. 각 페이지에 적힌 단어들을 곱씹으며 그 의미를 음미해 보는 것도 좋다.

이와 같이 읽은 내용과 '소통'하는 것을 습관화하기 위해 거기 담긴 정보에 대해 스스로 묻고 답하며, 또 읽은 내용을 자신의 언어로 바꾸어 말해 보고 자신과 토론하라. 이러한 소통을 시행할 때, 신경세포는 수지상돌기에 '장기기억'을 저장하는 유전자를 활성화시킨다. 그 결과 수지상돌기의 가지들에 아주 튼튼한 장기기억이 자리하게 된다.

- 집중하여 들으라. 듣기 전에 종이와 펜을 준비하고 소통하려는 태도를 가지라. 어떻게 해야 잘 듣고 건강한 기억을 구축할 수 있는지 아래에 소개한다.

  - 적으라. 단어, 문장, 그림 등 듣는 동안 무언가를 적는 것이 중요하다. 이것은 보다 깊은 정신 활동(생각) 중 당신의 마음이 방황하는 것을 막아 준다. 또한 마음에 질서를 부여하는 방법이기도 하다.

  - 할 수 있는 한 소통하며 들으라. 질문을 떠올려 보라(말하는 사람에게 실제로 질문을 던져도 좋고, 속으로 질문을 생각해도 좋다). 화자의 말을 내 말로 바꾸어 반복해 보라(당연히 마음속으로 해야 한다). 해당 주제에 대해 머릿속으로 토론해 보라.

  - 생각을 통제하라. 화자의 말을 듣는 동안 머릿속에 여러 생각들이 무질서하게 떠오를 것이다. 그러한 생각들은 입력된 정보의 자극에 의해 발생한 것일 수도 있다. 그러한 생각들을 인식하라. 하지만 화자에게서 필요한 모든 정보를 듣기 전에는 생각을 통제해야 한다.

1단계에 뇌에서 일어나는 일

마음의 활동에 우리의 뇌는 어떻게 반응하는가? 아래에 간단한 설명을 적어 둔다. 〈그림 20.4〉를 활용하면 보다 쉽게 이해할 수 있다(시냅스 연결, 세포체, 수지상돌기, 기억 형성과 관련된 양자 활동 등에 대해 더 많은 것을 알고 싶으면 21장을 보라).

오감을 통해 무언가를 듣고, 읽고, 경험함으로써 뇌에 정보를 입력하면, 그 정보는 두 가지 차원으로 뇌 속에 들어간다. 정보는 양자 차원에서 중첩된 입자들의 구름 형태로, 그리고 전자기적·화학적 차원에서 순서에 따라 뇌의 여러 영역들을 흘러 지나감$_{flow}$으로써(이것은 양자 활동에 비해 훨씬 느리다) 뇌에 들어간다.

전자기적·화학적 흐름은 내후각 피질$_{entorhinal\ cortex}$(입구 역할을 힘)을 지나 시상$_{thalamus}$(위성 지구국 역할)으로, 또 대뇌피질(뇌의 외부)로 흘러들어간다. 대뇌피질에 장기기억이 저장되면, 기존의 기억들도 활성화된다. '감정'은 활성화된 기억의 결과물로 시상하부를 자극하고, 시상하부는 화학물질을 분출하여 기억구축을 돕는다. 이러한 과정이 진행되는 동안 평정심을 유지하는 것이 중요하다. 왜냐하면 흥분, 염려, 불안 등의 감정은 기억 형성 과정을 방해하기 때문이다.

이 시점부터 정보는 뇌 편도체로 흘러들어 간다(참고로 뇌 편도체는 감정의 도서관과 같다). 뇌 편도체에서는 보다 많은 기억구축 준비 작업이 이루어진다. 마침내 정보는 해마상융기로 흘러들어 가는데, 해마상융기에서는 단기기억이 만들어진다. 이후 이곳에서 단기기억은 장기기억으로 전환된다. 이렇게 전환된 장기기억은 21일 이상 외부 피질에 저장된다. 기억이 형성되기 시작하면서 전기적 활동의 흐름은 이러한 뇌의 모든 구조물들 사이를 반복해서 이동한다.

반면, 양자 활동은 뇌 전역에서 동시다발적으로 일어난다. 당신이 읽고 듣는 동안 참으로 많은 일들이 일어난다!

이제 다섯 단계 중 첫 번째 단계를 마무리한다. 이 시점에서 우리는 자신이 생각하는 존재임을 기억해야 한다. 우리는 하루 종일 생각한다. 그리고 생각은 뇌의 물리적 구조물들(정신의 부동산)을 점령한다. 올바른 생각은 '이해'를 낳고 좋은 기억들을 생산해 낸다. 바꿔 말하면, 나쁜 생각은 (그것이 감정 차원에서이든, 얕은 생각의 습관이든) 뇌를 유해한 상태로 만들고, 생각하는 능력에 악영향을 끼친다.

2단계) 반추/집중된 생각

이 책의 목적은 올바르게 생각하는 법을 알려주는 데 있다. 우리는 올바르게 생각하면서 수지상돌기에 장기기억을 효율적으로 생성·저장하는 방법을 배워야 한다. 〈뇌의 스위치를 켜라 – 5단계 학습방법〉의 황금률은 이것이다. 당신이 기억하려는 정보를 이해하기 위해 생각하라! 참고로 이해하기 위해 생각하려면, 묻기, 답하기, 토론하기의 과정을 거쳐야 한다.

집중된 생각을 위해, 다음과 같이 하라.

- 덩어리 단위로 글을 읽어 정보를 습득하라. 물체(연필, 펜, 혹은 손가락)로 본문을 짚어가며 1-3개의 문장을 큰 소리로 읽으라.

- 잠시 멈추고, 자신이 방금 읽은 내용에 대해 스스로에게 물으라.

• 방금 읽은 내용을 다시 한 번 훑어보며 스스로 던진 질문에 답하라. 이후 그 부분을 다시 한 번 읽되, 주요 개념에 동그라미표를 그리며 큰 소리로 읽으라. 하지만 몇몇 단어에 밑줄을 긋거나 형광펜으로 표시해 두는 것은 바람직하지 않다. 왜냐하면 밑줄 긋기는 수동적 행위로 이어질 가능성이 크기 때문이다. 밑줄 친 부분, 형광펜으로 칠한 부분에 대해서는 굳이 생각하거나 분석하려는 노력을 기울이지 않게 된다. 반면 동그라미표를 할 경우, 능동적인 행위로 이어지곤 한다.

• 습득한 정보에 대해 스스로 토론해 보라. 이때 시선은 자신이 방금 읽었던 문장들에 고정되어야 한다(다른 문장으로 넘어가지 말라는 뜻이다). 여기서의 토론은 그 문장들의 내용을 숙지할 때까지 여러 차례 반복하여 '자신에게 설명하는 행위'를 뜻한다. 혼자서는 이해할 수 없는 내용이라면 다른 사람에게 물어봐도 좋고, 나중에 다시 한 번 찾아보기 위해 노트에 적어 놓아도 좋다.

• 그렇게 토론하는 동안 얼마나 많은 동그라미표를 해두었는지 세어 보라. 만일 한 페이지의 40% 이상을 동그라미표 해두었다면 너무 많다. 아마도 제대로 이해하지 못했다는 증거일 것이다. 그럴 경우 처음으로 돌아가 다시 한 번 읽어 보고, 재토론 과정을 거쳐 보라. 아마 동그라미표의 비율이 15-30% 정도로 낮아질 것이다.

재토론 과정을 거쳤는데도 동그라미표의 비율이 그대로이거나 높아졌다면, 당신은 이렇게 생각했을지도 모른다. '동그라미표를 많이 해둘수록 많은 내용을 기억할 수 있겠지.' 확실히 말해 두는데, 당신의 생각과 정반대의 일이 일어날 것이다. 너무 많은 단어나 문장에 집중할 경우, 기억에 남는 내용이 훨씬 적어진다. 사실, 한 페이지 안에 중요한 개념은 15-35% 정도이고, 나머지 단어나 문장들은 그리 중요하지 않은 내용을 담고 있을 것이다. 일단, 당신이 읽은 부분의 핵심 개념을 온전히 이해한 것 같으면, 3단계의 '쓰기'로 넘어갈 준비를 하라.

2단계에 뇌에서 일어나는 일

집중된 생각(깊은 생각)은 뇌에 부하를 걸어 더 높은 기어gear로의 변속을 가능하게 한다. 이것이 집중된 생각의 목표이다. 만일 당신의 사고구조(1부에서 배움)가 올바르면, 생각의 시작 단계에서 기대감이 상승하면서 좋은 화학물질들이 배출될 것이다. 이로써 '깊은 생각'이 가능해진다. 예를 들어, 무언가를 이해하여 깨달으면 뇌에서는 도파민과 엔돌핀이 분출되는데, 그 결과 배우려는 열정도 높아지고 효율적인 학습도 가능해진다.

세포(신경세포, 뉴런) 차원에서는 수지상돌기가 학습과정에 관여하므로, 양질의 기억이 대거 생성됨을 알 수 있다(자세한 내용은 21장에서 확인하라). 뇌 구조물 차원에서는 당신이 생각할 때 뇌 전체가 관여하므로, 뇌의 다양한 부위에서 추가적 활동 파동waves of extra activity이 생성됨을 알 수 있다.

당신이 정보를 정리하고 통합하는 동안 뇌량 들보가 활성화된다. 그리고 해마상 융기가 활성화되면서 정보는 단기기억에서 장기기억으로 전환되고, 뇌 피질에 있는 수지상돌기에 저장된다. 당신이 무언가를 결정하고 계획을 수립할 때, 뇌의 전두엽이 반응한다. 이와 함께 뉴런들(신경세포)도 반응하는데, 뉴런들은 정보를 저장하기 위해 수지상돌기를 성장시킨다. 이처럼 뇌의 좌우 반구 전역에서 세포 및 뇌 구조물 차원에서 정보의 정리 및 통합 과정이 진행된다.

3단계) 쓰기/메타인지

'쓰기'는 깊은 생각(분석적 사고) 중 선택한 정보들을 기록하는 행위이다. 나는 '뇌 친화적' 쓰기 방식을 추천한다. 내가 개발한 뇌 친화적 쓰기 방식을 나는 '메타인지'$_{Metacog}$라 부른다. 메타인지는 수지상돌기의 가지 모양과 같다(그림 20.1 참고, 수지상돌기는 나무 모양의 구조물인데, 마치 수많은 가지들이 달려 있는 것처럼 보인다). 당신이 정보를 수용하기 위해 스스로 묻고 답하고 토론할 때, 나뭇가지 형태로 기억의 신경네트워크가 뻗어간다. 나는 이처럼 뻗어가는 나뭇가지 형태를 '쓰기' 방식에 접목했다.

묻고 답하고 토론하는 과정 중 당신에게 중요해 보이는 내용이나 개념을 적어 내려가는 것이 좋다. 이렇게 할 때 수지상돌기가 건강해지고, 자신의 내면을 살펴보기가 쉬워지기 때문이다(이러한 유익은 굳이 말하지 않아도 될 것이다).

우리의 뇌는 '양자컴퓨터'처럼 작동한다. 양자컴퓨터와 같은 뇌에 신호를 보내는 것은 마음속의 '깊은 생각'이다. 깊이 생각하는 동안(2단계, 묻고 답하고 토론하기) 당신은 뇌에 여러 가지 신호들을 보내고, 뇌 친화적 쓰기 방식인 '메타인지'를 접목하여 중요한 단어들과 개념들을 적다 보면 뇌 속 양자신호는 점점 강력해진다. 이때 수지상돌기가 성장하면서 거기에 입력된 정보(기억) 또한 견고해진다. 이처럼 '쓰기'를 통해서도 수지상돌기가 변화될 수 있다. 즉, 당신의 생각과 행동이 '유전자 발현'(뇌 구조물의 변화)에 영향을 끼치는 것이다. 뇌가 당신을 변화시키는 것이 아니라 당신이 뇌를 변화시키는 것이다.

신기하게도 메타인지를 눈으로 볼 뿐인데, 이미 당신의 뇌는 자극을 받아 정보를 처리하기 시작할 것이다. 세부사항에서 큰 그림으로, 또 큰 그림에서 세부사항으로 정보가 처리된다. 이렇게 정보를 처리하면, 뇌의 좌우 반구 전역에 기억들이 견고하게 자리한다.

메타인지는 〈뇌의 스위치를 켜라 - 5단계 학습과정〉에 사용되는 시각 도구이다. 이것은 나무줄기로부터 가지들이 뻗고, 가지로부터 잎사귀들이 뻗어나가는 형태로, 핵심 개념과 중요 단어들을 적어 내려가는 필기 방법이며, 뇌 친화적인(깊은 사고 친화적) 쓰기 방식이다.

우리 뇌의 신경네트워크 역시 이러한 모양과 패턴으로 형성된다. 우리가 생각하는 동안 뇌에서는 '메타인지'의 형태로 정보가 처리되는데, 줄기에서 가지, 가지에서 잎사귀들이 뻗어나가는 양상으로 정보가 처리되는 것이다. 나는 이 모양을 본 따 메타인지 필기법을 개발했다. 그러므로 메타인지를 작성하는 것은 자신의 뇌에서 일어나는 일을 두 눈으로 들여다보는 것과 같다. 마치 뇌와 마음의 해부도를 지면에 옮겨 놓은 것이라고 할 수 있다.

메타인지는 창조성과 기억력의 정수精髓를 막힘없이 흘려보내는 멋진 방법이다. 메타인지를 작성하는 동안, 전에는 보이지 않던 것들이 눈에 들어올 것이다. 또 당신은 이전과 달리 아주 깊은 생각에 잠기게 될 것이다. 메타인지는 당신을 변화시킨다. 그리고 당신에게 멋진 삶을 선사할 것이다.

모든 사람이 생각하고 배운다. 신경가소성 중심의 학습 시스템인 〈뇌의 스위치를 켜라 - 5단계 학습과정〉은 뇌가 본연의 목적대로 작동하도록 뇌를 자극할 것이다. 하나님께서 의도하신 바, 본래 뇌는 이해 및 건강한 기억 구축을 위해 깊이 생각하도록 만들어졌다.

이 학습과정을 시행하면, 당신은 멋진 학생으로 거듭날 것이다. 멋진 학생에게 꼭 필요한 여러 가지 기술도 얻게 된다. 이것은 최첨단 학습 연구의 결실이다. 이를 통해 사람들은 어떻게 생각하고 배울지, 또 어떻게 지식을 활용할지 알게 된다.

메타인지 작성 방법

한 문장을 읽는 동안에도 당신의 무의식은 기억을 구축하기 위해 중요한 단어들만 선별한다. 생각해 보라. 지면에 적힌 그 모든 단어들을 선택하여 기억할 수 있겠는가?

당신은 이 사실을 알고 있는가? 눈은 활자를 따라가고 있지만, 당신은 자연스럽게(본능적으로) 그 문장의 '의미'를 이해하려고 노력한다(의미를 찾으려 노력한다). 보통 한 문장당 15-35% 정도의 핵심 개념이 '의미'를 구성하는데, 바로 이 핵심 개념을 지면에 옮기는 방법이 메타인지이다.

만일 35% 이상의 개념들을 적으면, 메타인지가 굉장히 복잡해질 것이다. 게다가 중복되는 내용도 많아질 것이므로, 오히려 중요한 내용을 기억하는 데 방해가 될 수도 있다. 15-35% 정도가 적절하다. 15% 이하이면 기억 중간 중간에 구멍이 생길 것이고, 35% 이상이면 오히려 기억을 재생하는 데 방해를 받을 것이다.

올바른 순서로 메타인지를 작성하면, '성공적 학습'이 가능해진다. 이해를 돕기 위해 아래에 메타인지 작성 지침을 적어 둔다.

- 아무것도 적혀 있지 않고, 어떤 표시(칸, 선 등)도 없는 백지를 준비하여 정중앙에 당신이 다루려는 주제를 적으라. 예를 들어 현재 당신이 읽고 있는 책의 장(챕터) 제목, 기억하고 싶은 신문 기사의 제목, 또는 회의의 주제를 적을 수 있다. 휴일에 놀러가기 위한 계획도 좋고, 블로그에 올릴 사담의 주제도 좋다.

- 글씨를 정자체로 또박또박 쓰라. 흘림체로 쓰지 말라. 정자체로 쓴 것은 기억하기가 쉽다. 핵심 카테고리는 (영문일 경우) 대문자로 적으라. 그래야 눈에 쉽게 띈다. 세부사항은 소문자로 기록하라.

- 개념어에 밑줄을 그어 두되, 한 줄에 한 단어만 기록한다. 당신은 가지처럼 생긴 선들 위에 단어들을 적어 문장을 구성해야 한다. 그런데 선 하나에 한 단어씩만 기록해야 한다. 당신이 선택한 개념어들 사이의 논리적 관계나 전후 문맥 관계(그러므로, 그래서, 그러나 등의 접속사로 연결할 수 있는 관계)는 당신이 정해야 한다.

메타인지에는 이러한 관계들이 구조적으로 반영된다. 그러므로 한 줄에 한 단어씩 기록하는 것이 좋다. 연결선에 기록된 단어들은 '확장' 및 '연결' 과정을 거쳐 그 다음의 개념들과 논리(의미)적으로 이어진다. 사실 이것은 당신의 뇌 속에서 일어나는 일과 같다.

선 하나에 한 개 이상의 개념을 적은 것은 메타인지가 될 수 없다. 그것은 다이어그램이나 플로우차트, 또는 선형 linear 요약에 더 가깝다. 물론 그 모든 개념들을 완벽하게 이해했다면 그렇게 해도 좋지만, 아직 개념 정리가 완료되지 않았다면 가급적 원칙을 따라 메타인지를 작성하기 바란다. 이는 각각의 개념마다 뇌가 부여한 전기신호가 따로따로 존재하기 때문이다. 그러므로 선 하나에 두 개의 단어를 적으면, 두 개의 전기신호를 동시에 수지상돌기로 전달하는 꼴이 된다. 그러면 그 둘이 충돌하여 하나로 섞이든가, 아니면 절반을 잃게 될 것이다. 쉽게 말해, 정보를 잃거나 혼동을 일으키게 된다는 뜻이다.

- 중앙에서 방사형으로 뻗어나가는 가지들 중 하나를 골라(오른쪽 상단을 추천한다) 첫 번째 하부 제목을 기록하라.

- 그 하부 제목에 관련된 정보들을 개념 형태로 기록하되, 15-35% 원칙을 잊지 말라(문장 전체를 기록하지 말라). 각각의 개념은 하부 제목(가지) 아래의 '잎사귀'들이다. 이때 밑줄 하나에 한 개의 단어만 기록해야 한다는 원칙도 잊어서는 안 된다.

- 하부 제목으로부터 뻗어나가는 정보들은 '일반적'에서 '세부적'으로 구체화되어야 한다. 즉, 당신이 선택한 15-35%의 개념을 수용하기 위해 핵심 카테고리부터 시작하여 외부로 가지들이 뻗어나가야 한다는 뜻이다.

- 선 위에 적어야 한다. 선 옆이나 아래에 적지 말라.

- 첫 번째 하부 제목과 관련된 모든 개념들을 다 적었다면, 두 번째 하부 제목 및 관련 개념들을 동일한 방식으로 기입하라. 이렇게 메타

인지를 완성하면 된다. 지금까지 당신이 행한 것은 〈뇌의 스위치를 켜라 - 5단계 학습과정〉 중 세 개의 과정(입력하기, 생각하기, 쓰기)이다.

• 당신이 메타인지에 그리는 가지들은 뇌 속 수지상돌기의 성장 양태와 비슷하다. 마찬가지로 '수지상돌기 나무'는 당신이 작성한 메타인지의 가지 모습과 닮아 있다. 이러한 사실에 굳이 신경 쓰지 않더라도 당신의 뇌 속 신경네트워크는 당신이 종이에 그린 메타인지의 가지가 뻗는 양상을 그대로 따라할 것이다.

이러한 이유로 나는 메타인지를 가리켜 '종이 위에 펼쳐진 뇌 해부도'라고 설명한다. 당신이 메타인지를 그리는 동안, 당신의 뇌는 이미 동일한 패턴을 만들며 기억을 구축하고 있을 것이다. 만일 선들을 그리지 않은 채 단어만 잔뜩 적는다면(참고로 메타인지에 그리는 선들은 논리적 연결선임을 기억하라), 당신의 뇌에도 동일한 일이 펼쳐질 것이다. 즉, 뇌 전역에 단어들이 여기저기 흩어져 기억될 것이다. 그러면 그 정보가 필요할 때 끄집어 내어 사용하는 일이 불가능해진다.

• 주제를 기록한 중앙 원의 오른쪽 상단부터 가지를 그리기 시작하여 하부 제목 및 그와 관련된 개념을 적어 나가라. 그 다음 하부 제목들은 시계 방향으로 가지를 그리며 작성하기 바란다. 만일 반시계 방향이 편하면(혹은 왼손잡이라면) 반시계 방향으로 해도 된다. 대부분의 '글'이 왼쪽에서 오른쪽으로 기록되기 때문에 우리는 그 방향의 '읽기'에 익숙해져 있다. 그러므로 메타인지도 동일한 패턴을 따르는 것이 좋다.

시계 방향(또는 반시계 방향)으로 그려야 하기 때문에 편의상 종이를 돌려가며 적어야 할 것이다. 이렇게 할 경우, 메타인지에 적힌 글씨들의 절반은 위아래가 바뀌어 있을 것이다. 이것은 당신의 뇌에 매우 좋은 영향을 줄 것이다! 왜냐하면 종이를 돌려가며 기록하는 동안 좌우 반구 사이의 시너지가 증폭되기 때문이다. 또한 종이를 돌리는 작업은 당신의 뇌에 경각을 일으킨다. 물론 작성한 후엔 종이를 돌려가며 거기에 적힌 정보를 읽어야 하는데, 이렇게 하는 것이 싫다면 종이를 가만히 놔둔 채 작성해도 된다.

그런데 뇌 연구결과, 종이를 돌려가며 쓰고 읽는 것이 깊은 생각에 더 도움이 되는 것으로 밝혀졌다. 게다가 시계(반시계) 방향으로 선들을 그리며 글을 쓰는 것이기 때문에, 그 방향에 따라 종이를 돌리는 것이 더 자연스럽다.

• 어떤 개념들을 언제, 어떻게 선택해야 할지 알기 위해 〈뇌의 스위치를 켜라 – 5단계 학습과정〉의 황금률을 항상 적용하라. 그것은 '묻고 답하고 토론하기'이다. 두 번째 단계에서 읽었듯, 스스로 질문하고 스스로 답해야 한다.

원칙상 읽은 정보의 15-35%만 메타인지에 기록해야 한다. 그러므로 이러한 토론 과정을 거쳐 핵심정보만을 추려 냈는지 검토하는 것이다. 당신은 자신이 읽은 내용에 대해 이해할 때까지 깊이 생각해야 한다. 정보를 요약하라는 말이 아니다. 상관없는 정보는 걸러 내고, 오직 관련 있는 정보만을 수집해야 한다는 뜻이다.

• 원한다면 '다시 검토하기' 단계(4단계)에서 더 나은 구성을 위해 색

상을 사용해도 좋다. 그러나 중요하다고 생각하는 모든 정보를 추린 후에 그렇게 해야 한다. 색상을 덧입히면 메타인지는 시각적으로 좀 더 나아보일 것이다. 그러나 꼭 색을 사용할 필요는 없다.

처음으로 메타인지를 작성할 때는 한 가지 색을 사용하라. 예를 들어 샤프 펜을 사용하는 것이다. 그러면 뇌의 생각 흐름이 방해를 받지 않을 것이다. 게다가 실수로 적은 내용은 쉽게 지울 수도 있으므로 샤프 펜을 사용하면 좋다(잘못 기록했을 때, 메타인지를 처음부터 다시 작성하지 않아도 된다). 색을 첨가하고 싶으면 4단계에서 그렇게 하라. 용이한 검토 및 기억 증진에 도움이 된다고 판단되면, 그때 색을 첨가하라.

• 그림이나 상징, 도형, 이미지 등이 기억 증진에 도움이 된다면 사용하라. 그러나 이것은 어디까지나 옵션이다. 그림을 그려 넣는 것이 자연스러울 때에만 그같이 하라. 물론 모든 단어를 이미지화할 필요는 없다. 개념 그룹에만 그림, 이미지, 상징을 추가하라. 색을 사용하는 것처럼 그림도 4단계(다시 검토하기)에서 사용하는 것이 좋다. 이해한 내용에 집중하고, 그 내용의 15-35% 정도를 선택하는 동안 특정한 그림이 마음에 떠오를 수 있다. 그렇다면 메타인지에 그 이미지를 그려 넣으라.

그러나 그림보다는 개념을 이해하고 선택하는 일에 보다 많이 집중해야 한다. 훌륭한 그림을 만들어 내느라 내용 이해를 놓쳐선 안 된다. 자신에게 자연스러운 일을 하는 것이 중요하다. 4단계의 '다시 검토하기'나 마지막 '출력' 단계에서는 그림을 첨가할 시간이 넉넉하다(그림은 단순할수록 좋다).

그림은 '학습을 위한 무의식'의 활성화에 도움이 된다. 의식적 사고의 배후에서 강력하게 활동하는 요인은 무의식 영역의 메타인지이다. 그러나 그림의 활용 여부는 어디까지나 당신의 미적 '은사'(초기 사고 모드)에 달려 있다.

- 당신이 메타인지를 만든다. 이 말은 수지상돌기에 기억을 구축한다는 뜻이다.

- 컴퓨터로 메타인지 작성법을 알려주는 다양한 앱이 있다. 나 또한 컴퓨터 앱을 사용하긴 하지만, 일단은 손으로 메타인지를 작성한 후 컴퓨터의 도움을 받는다.

3단계에 뇌에서 일어나는 일

메타인지를 활용하는 동안 뇌의 전두엽, 두정엽, 측두엽, 후두엽 모두가 활성화되어 정보가 통합된다. 그리고 뇌간으로부터 수많은 신경전달물질들(세로토닌, 도파민, 노르에피네프린, 아세틸콜린, 글루타민산염)이 분비되어 변연계(중앙 부위)를 지나 피질에 닿는다. 피질에서는 '기억 나무'들이 많이 발견된다.

또한 전전두엽(전두엽 피질, 전두엽의 외부)의 활동이 매우 활발해져 뉴런 속 정보들을 활성화시킨다. 그 결과 당신의 뇌는 단기기억을 검토하고 처리할 수 있게 된다. 전전두엽은 전두엽 및 뇌의 여러 엽$_{lobe}$들과 공조하여 다양한 결정을 내리는 데 도움을 주고, 여러 가지 정보들을 비교하며 분석하는 데에도 도움을 준다.

양자 정보 역시 뇌 전역에서 활발해진다. 이때 긍정적인 태도는 유전자들의 스위치를 올려 단백질을 합성시키고 양질의 기억을 형성해 낸다 (시냅스 연결, 세포체, 수지상돌기, 63일 동안 기억을 형성하는 양자 행동들에 대해 자세히 알기 원하면 21장을 보라). 이처럼 메타인지의 유익은 상당하다!

모든 사람이 메타인지를 작성할 수 있다. 메타인지는 단순한 정보 요약이나 노트 필기, 브레인스토밍과 다른, 그 이상의 놀라운 도구이다! 메타인지는 필요한 정보를 추려 내고 뇌에 저장하는 데 도움을 주기 때문에 시험, 발표, 회의를 앞둔 사람에게 최고의 도우미가 될 것이다. 메타인지를 통해 당신은 필요한 정보들을 100% 기억하게 될 것이다.

또한 본질상, 메타인지는 깊은 사색을 도와준다. 그래서 메타인지를 작성하는 동안 당신은 자신의 내면에 집중하며 깊이 성찰하게 된다. 앞에서 언급했듯 자신(나는 무엇을, 어떻게 배우는가)에 대해 진지하게 생각할 때, 뇌의 좌우 반구가 동시에 활성화되어 깊이 있는 정보처리 과정을 이끌어 낸다. 그 결과 우리는 학교, 직장, 가정에서 성공한다.

선형 글쓰기가 가능한 언어는 영어 외에도 많다. 선형 쓰기는 왼쪽에서 오른쪽, 오른쪽에서 왼쪽, 위에서 아래로도 가능하다. 어쨌든 중앙에서 바깥으로 써나가는 것은 큰 그림에서 세부사항으로 진행하는 것을 말하는데, 이는 오른쪽 뇌 반구의 활동이다. 물론 당신의 눈은 외부의 가지로부터 중앙으로 즉, 세부사항에서 큰 그림으로 이동할 수도 있다. 이것은 뇌 좌반구의 활동이다. 이처럼 메타인지를 작성하고 중앙에서 외부로, 외부에서 중앙으로 읽어 나가면, 뇌량 들보가 자극을 받아 향상된 기능을 수행한다. 이때 뇌량 들보는 뇌의 양쪽 반구를 함께 활동시킴으로써 뇌 전역에서 정보를 통합하게 한다. 이처럼 메타인지는 수많은 정보들을 '유용하고 의미 있는' 장기기억으로 전환하는 데 도움을 준다.

앞에서 당신은 의식을 구성하는 구조물이 뉴런, 축색돌기, 수지상돌기임을 배웠다. 당신이 무언가를 듣고 보고 말하고 배울 때, 그 모든 정보는 전기적·양자적 신호로 뇌 안에 들어간다. 뇌를 자극하면 할수록 수지상돌기는 성장할 것이다. 그 결과 유용하고 의미 있는 장기기억이 수지상돌기에 저장될 것이다. 메타인지를 작성할 때, 수지상돌기들이 뇌의 양 반구 전역에 잘 정돈된 채 자란다. 수지상돌기가 보다 조직적으로 성장하고 밀집될 때, 당신은 더욱 지적인 사람이 되며 보다 쉽게 성공을 거둘 수 있다.

모든 사람의 은사(자신만의 맞춤형 사고)는 제각각 다르다. 그래서 당신이 작성한 메타인지는 다른 사람들의 메타인지와 크게 다를 것이다. 이 사실을 아는 것이 중요하다. 당신의 메타인지는 깔끔해 보일 수 있다. 빈 면 다른 사람의 것은 무질서해 보일 수 있다. 당신의 메타인지에는 많은 색깔이 칠해진 반면, 다른 사람의 메타인지에는 아무 색도 칠해져 있지 않을 수 있다. 당신의 메타인지에는 많은 단어가 기입되어 있지만, 다른 사람의 메타인지에는 몇 개 안 되는 단어만 기입되어 있을 수도 있다.

종종 사람들은 시각적인 성향이 두드러져야만, 메타인지를 작성할 수 있고 그로부터 배울 수 있다고 생각하는데, 이는 사실과 다르다. 당신은 자신의 맞춤형 사고에 따라 메타인지를 작성할 수 있다. 그러므로 당신의 메타인지는 당신의 성향에 맞춰질 것이다. 메타인지는 모든 사람에게 유용하다. 왜냐하면 메타인지는 최대의 성과를 올리도록 도와주는 도구이기 때문이다.

4단계) 다시 검토하기/재방문

'다시 검토하기'는 〈너의 스위치를 켜라 – 5단계 학습과정〉의 네 번째 단계이다. '다시 검토하기'는 수지상돌기에 유용한 장기기억을 구축하는 것 다음으로 중요한 작업이다.

다시 검토하기는 매우 단순한 과정이지만, 그 효과는 실로 엄청나다. 당신이 해야 할 일은 메타인지를 유심히 살피며, 거기에 작성된 내용이 '말이 되는지' 또 필요한 모든 정보를 빠짐없이 기록했는지를 검토하는 것이다. 말이 안 되는 것을 배울 수는 없다. 다시 검토하기 과정은 메타인지 내용을 전반적으로 평가하는 과정이다.

다시 검토하기 단계를 위해 다음의 사항들을 확인하라.

- 자신이 작성한 메타인지가 '이해되는지'(말이 되는지) 확인하라.
- 선택한 정보(그 정보들이 개념화될 것이다)에 대해 만족할 수 있을지 자문하라.
- 선택한 정보의 양이 너무 많은 것은 아닌지, 혹은 너무 적은 것은 아닌지 검토해 보라.
- 메타인지가 말이 안 된다면, 말이 될 때까지 수정하라.
- 논리적으로 정보를 조직했는지 확인하라.
- 정보들이 유기적으로 연결되어 있는지 확인하라.
- 그림, 상징, 색상 등을 첨가하면 핵심 개념들을 더 쉽게 기억할 수 있을지 검토해 보라. 혹 이미 적어 놓은 단어나 그림을 지우는 편이 더 나을 수도 있으니, 이것 또한 검토해 보라.

〈뇌의 스위치를 켜라 – 5단계 학습과정〉의 4단계에 이르렀다면, 당신은 이미 충분한 정보를 뇌 속에 저장한 상태일 것이다. 올바르게 각 단계를 따랐다면, 언제나 어디서든 필요한 정보들에 접속할 수 있고 기억된 정보량의 60-90% 정도까지, 심지어 100%까지 재생해 낼 수 있다. 더 나은 결과를 원한다면, 이제 마지막 과정으로 넘어가야 한다.

4단계에 뇌에서 일어나는 일

'다시 검토하기/재방문'은 기억한 내용들을 강화하는(견고하게 다지는) 작업이다. 만일 기억하려는 내용을 온전히 이해하지 못했다면, 얼마 지나지 않아 그 결과는 명백하게 드러날 것이다. 이 과정을 제대로 수행하면, 당신은 통찰력을 얻고 또한 전에는 보이지 않던 것들을 보게 될 것이다.

이 단계에서 당신은 이미 앞선 세 단계를 통해 세 번이나 다루었던 정보(기억)를 다시 한 번 검토하게 된다. 이 과정을 마치면, 이제 당신은 동일한 정보를 네 번 다루게 되는 것이다.

물론 '내가 이렇게 많이 반복했나?'라는 생각은 들지 않을 것이다. 이러한 반복은 참으로 좋다! 반복을 통해 뇌 전역에서 양자 활동이 활발해지기 때문이다(시냅스 연결, 세포체, 수지상돌기, 기억 형성과 관련된 양자 활동 등에 대해 더 많은 내용을 알고 싶으면 21장을 보라).

5단계) 출력/다시 가르침

'출력/다시 가르침'은 〈뇌의 스위치를 켜라 – 5단계 학습과정〉의 마지막 단계이다. 이 단계에서 당신은 '교사' 역할을 해야 하는데, 메타인지에 기록된 그 모든 정보를 누군가에게 가르쳐야 한다. 집에서 기르는 개나 고양이에게 가르쳐도 된다. 당신의 말을 듣지 못하는 대상에게 가르쳐도 되고, 거울을 보면서 자신에게 가르쳐도 좋다.

이것은 자신이 학습한 내용을 큰 소리로 되뇌는 작업으로, 당신의 모든 감각을 활용하여 가르치는 것이 좋다. 그래야 뇌가 더 활발히 움직이고, 당신의 기억도 보다 효과적으로 생성될 것이기 때문이다.

메타인지에 따라 자신에게 가르친 후 그 결과에 만족할 수 있다면, 이제 실전테스트를 해야 한다(물론 혼자 하는 테스트이다). 당신의 상관이나 혹은 선생님이 당신에게 물어볼 만한 질문을 만들어서 스스로 답해 보는 것이다. 특히 당신이 기억한 내용을 일상에 적용할 방법들을 묻고 답해 보는 것이 좋다.

이번 단계에서 시행하는 훈련은 신생 수지상돌기를 강화시키고, 수지상돌기에 돋아나기 시작한 돌기들을 성장시키는데, 이것은 매우 좋은 일이다!

출력 단계에서 실행해야 할 내용은 다음과 같다.

- 자신을 가르치는 단계이다. 일단 메타인지를 벽에 붙여 놓으라.

- 자신의 메타인지를 누군가에게 설명해 보라. 애완동물 또는 거울에 비치는 자신에게 가르쳐도 된다. 주변에 생물체가 없다면 아무것이나 골라서, 심지어 연필 같은 것들에게 가르치면 된다.

- 해당 정보를 자신이 이해했던 방식으로 가르쳐야 한다. 마치 타 언어권 사람에게 설명하듯, 차근차근 설명해야 한다. 이때 당신은 여러 가

지 예를 곁들이며 다양한 방식으로 자신이 배운 것을 상세히 설명하게 될 것이다.

• 배운 내용을 상상해 보고, 그것이 마치 한 편의 영화인 양 유심히 들여다보는 노력도 출력 단계에 포함된다. 메타인지에 기재한 정보들을 근간으로 머릿속에 그림을 그려 보라. 메타인지에 적힌 정보들을 살아 있게 만들라는 뜻이다. 상상력을 활용하라. 상상이 기억의 물리적 변화에 크게 기여한다는 학술 연구결과가 있다.

• 메타인지를 보지 않고도 어려운 질문에 답할 수 있을 때까지 다시 가르치기를 반복하라.

• 보통은 세 번 정도 반복한다. 그러면 온전한 이해를 바탕으로 자신 있게 가르칠 수 있다. 이쯤에서 고사장, 교실 및 회의 장소로 이동하면 된다. 메타인지 없이도 문제를 해결할 수 있는 상태이기 때문이다.

• 다시 가르치는 중 메타인지에 적힌 일부 내용이 확실치 않을 경우, 자신의 노트를 보며 메타인지를 고치라.

• 기억을 떠올리게 도와줄 핵심 단어와 구절, 혹은 이미지를 살펴보라.

• 이 작업은 시험, 발표, 회의가 시작되기 2-3일 전에 완료해야 한다. 준비기간 동안 당신은 매일 혹은 주 단위로 메타인지를 작성하여 각각

의 정보들을 검토해야 한다.

5단계에 뇌에서 일어나는 일

'출력/다시 가르침' 단계에서도 신경네트워크들이 생성된다. 가르치는 연습 중 새로운 기억들은 견고해지고 기존의 기억들과 연결된다. 뿐만 아니라 정보를 다양한 방식으로 적용하는 능력도 얻게 된다.

깊이 생각할수록 더 많은 수지상돌기가 자란다. 또 축색돌기를 통한 수지상돌기들의 연결 빈도도 높아진다. '유용한 지식'은 단지 머릿속에 저장된 정보가 아니다. 유용한 지식은 정보를 연결하여 적용하는 능력을 의미한다.

〈뇌의 스위치를 켜라 – 5단계 학습과정〉의 각 단계는 의미 있는 기억들을 구축하고 연결하는 데 목적이 있다. 〈뇌의 스위치를 켜라 – 5단계 학습과정〉의 느리지만 지속적인 영향력 때문에 신경네트워크(구체적으로는 수지상돌기) 안에는 정확하고 견고한 기억들이 자리를 잡게 된다.

뇌는 통합적으로 작동한다. 수지상돌기 안에 형성된 기억들은 서로서로 건강한 교류를 일으킨다. 그 결과 당신의 생각은 유연해진다.

〈뇌의 스위치를 켜라 – 5단계 학습과정〉의 타이밍

이 학습 프로그램은 세 개의 생각 레벨로 이뤄진다.

레벨 1) '입력' 단계로, 지나가는 생각들을 붙잡아 자극한다. 만일 이 생각들을 붙잡아 두지 않으면 24-48시간 안에 사라질 것이다.[14]

레벨 2) 좀 더 깊은 생각으로 들어가는 과정이다. 레벨 2에서는 '반추/집중된 생각'을 한다. 스스로 문답하고 토론하는 동안 당신은 기억들을 붙잡아 각각의 기억에 양분을 공급한다.

기억의 성장을 위해서는 한 자리에서 다섯 단계를 모두 밟는 것이 좋다(대략 45-60분 정도가 소요된다). 1-2단계의 목표는 장기적으로 기억할 핵심 개념들을 뽑아내는 것이다. 3단계인 '쓰기/메타인지' 과정의 목표는 1-2단계에서 선별한 개념들을 지면에 옮기는 것이다. 4단계인 '다시 검토하기/재방문' 단계에서는 메타인지에 기록한 개념들의 정확성을 검토한다. 그리고 5단계인 '출력/다시 가르침'에서는 1-4단계를 거쳐 기억한 내용들을 스스로 설명한다(가르쳐 본다).

5단계까지 마무리하는 데 소요되는 45-60분 중 대부분은 1-3단계에 활용한다. 4단계와 5단계는 시험, 발표, 회의 직전, 최종 준비 차원에서 집중적으로 시행하는 것이 좋다.

레벨 3) 최소 3주(21일) 동안 매일 꾸준히(45-60분 정도) 1-5단계의 학습과정을 시행하며 한 겹 한 겹 이해와 기억을 쌓아 올린다. 연구결과, 최상의 효과를 거두려면 21일 사이클을 두 번 더 반복해야 함을 알 수 있었다. 그러므로 시험이나 발표를 앞두고 적어도 42일 동안은(63일이 이상적이지만) 이 학습과정을 시행해야 한다.

〈뇌의 스위치를 켜라 - 5단계 학습과정〉의 적용

당신이 학교를 다닌다고 가정해 보자. 학교에서는 날마다 새로운 정보를 배운다. 만일 당신이 5단계 학습과정을 시행하여 그날그날의 학습 내용을 마스터하면 얼마나 좋겠는가? 교실에서는 메타인지가 노트필기 기술이 되겠고, 집에서는 과제를 수행하는 방식이 될 것이다. 어느덧 시간이 흘러 기말고사가 며칠 앞으로 다가왔다. 그러나 학기 내내 당신은 메타인지를 작성해 두었으므로, 시험을 대비하는 차원에서 그동안의 메타인지만 재검토하면 된다!

이것이 내가 환자들에게 요청했던 훈련지침이다. 뇌를 다친 환자의 경우 뇌의 재건을 위해, 학습장애나 감정조절 장애가 있는 환자의 경우 치료를 위해, 그리고 단순한 학업 증진을 위해, 나는 그들에게 메타인지를 작성하게 했다.

메타인지는 매우 강력한 도구였다. 실험 결과, 환자들에게서 증진 효과가 나타났다. 학업, 인지, 사회적 기술, 감정, 지성 영역이 75% 정도 발전된 것이다. 어떤 환자의 경우엔 증진 효과가 200%에 육박했다. 효과가 대단했으므로 환자들은 기뻐하며 놀라워했다.

현재, 전 세계 수십만 명의 사람이 이 학습과정을 시행하고 있다. 사람들의 뇌가 5단계 학습과정에 익숙해질 만큼 재조정되었을 때, 삶의 여러 영역들에서 장기적 개선 효과가 나타났다. 5단계 학습과정은 당신의 지성과 지혜를 빛나게 할 것이다.

앞에서도 언급했듯, 나는 수천 명에 달하는 교사에게도 이 학습과정을 교육했다. 그들은 자신이 담당하는 학생들에게 효율적으로 정보를 전달하며 깊은 사고를 유도하기 위해 〈뇌의 스위치를 켜라 – 5단계 학습과정〉을 사용했다. 그들은 자신의 수업을 5단계 학습과정에 맞추어 실시했다. 어떤 학교에서는 전체 교과과정을 메타인지화 했다. 나는 그들에게 커리큘럼을 3주 단위로 끊어 재구성할 것을 조언했다. 이는 학생들의

'기억 구축'을 최대한 돕기 위해서였다.

만일 당신이 학업을 마치고 직장 생활을 하고 있다면, 〈뇌의 스위치를 켜라 - 5단계 학습과정〉을 통해 어떤 유익을 얻을지 궁금해할 것이다. '이것은 학교 다니는 사람들에게나 도움이 되겠지?'라고 생각하기 쉽지만, 명백한 오산이다. 직장인에게도 이 학습과정은 도움이 된다!

올바른 도구만 있으면, 우리는 아주 많은 일을 해낼 수 있다. 학교는 물론 직장에서도 이 학습과정이 통하는 것은 서두에서 밝힌 것처럼 오늘날 수많은 일터에서 '지식 경영'이 매우 중요한 요소로 자리매김했기 때문이다. 21세기 경제계의 본질은 '경쟁'이다. 이는 수많은 회사들로 하여금 효율적 정보처리의 중요성을 인식하게 했는데, 〈뇌의 스위치를 켜라 - 5단계 학습과정〉이 이 필요를 채워 준다. 이를 시행할 때, 당신은 물론 당신이 속한 조직은 뇌의 스위치를 최대한 올려서 효율적으로 정보를 처리할 수 있다.

기업 차원에서 이 학습과정을 적용할 방법은 수없이 많다. 나는 대기업의 CEO들에게 5단계 학습과정을 가르쳤다. 그들은 이사회 회의 및 다양한 컨퍼런스를 준비하기 위해 산적한 서류를 꼼꼼히 읽고 정리해야 했다. 그래서 그들에게 메타인지 작성법을 권했다. 서류를 읽고 이해하고 정리할 때, 메타인지를 작성하게 한 것이다. 그들에게 메타인지는 회의 준비를 위한 최고의 도구가 되었다.

당신이 어떤 문제를 해결하거나 정보를 기억하려 할 때, 메타인지는 매우 강력한 도구가 될 것이다. 〈뇌의 스위치를 켜라 - 5단계 학습과정〉을 거치는 동안, CEO들은 깊이 생각하면서 메타인지에 기재할 15-35%의 핵심 개념에 집중했다. 그 전에는 서류에 기록된 거의 모든 단어에 일

일이 신경 쓰느라 깊은 생각은 꿈도 못 꾸었다고 한다.

이 다섯 단계의 학습과정, 특히 3단계의 메타인지는 회의나 강연의 노트 작성에 최적화된 도구이기도 하다. 이를 위한 최고의 훈련은 뉴스나 유튜브 강연을 시청하면서 메타인지를 작성해 보는 것이다.

메타인지는 시간 관리나 스케줄을 짜는 데에도 도움이 된다. 특히 구글캘린더와 같은 프로그램과 병용할 때 효과가 크다. 나는 연간 및 월별 계획을 세울 때 메타인지를 사용하고, 이후 구글캘린더에 이를 적용한다. 내가 〈뇌의 스위치를 켜라 - 5단계 학습과정〉을 가르친 회사들과 여러 기업체와 기관들, 학교들에선 브레인스토밍, 문제 해결, 경영, 작업 순서도, 전략, 프로젝트 매니지먼트, 조직 기술 등에 이 학습과정을 적용하여 놀라운 효과를 맛보았다. 이 프로그램은 올바르게 생각하는 법, 깊이 생각하는 법을 가르쳐 주어 우리로 하여금 유용하고 의미 있는 장기기억을 구축하게 한다. 올바르게 생각하는 훈련을 통해 당신의 한계는 사라져 버릴 것이다. 당신은 영원토록 성공을 향해 달려갈 수 있다.

기억의 특징과 기억 형성 방식에 관한 최근 과학 연구의 동향을 알고 싶으면, 21장과 22장을 참고하라.

이 책에 기록해 둔 기억 증진 방법들이 나와 내 가족 및 전 세계 수많은 사람들에게 도움이 된 것처럼, 독자들에게도 큰 도움이 되길 바란다.

〈뇌의 스위치를 켜라 - 5단계 학습과정〉 요약

〈뇌의 스위치를 켜라 - 5단계 학습과정〉은 종합적·효율적으로 기억을 구축하는 방식이다. 하나의 정보가 장기기억으로 이어지도록 수지상돌기에 기억을 세워 나갈 때, 지식은 견고해질 것이다. 5단계 학습과정을 통해 당신은 이 지식을 올바르게 적용하는 방법도 깨닫게 될 것이다.

이 학습과정의 각 단계는 뇌의 전역에 양자적·화학적·전기적 유동(流動)이 효율적으로 흐르도록 뇌 구조물들을 자극하는 데 목적을 두고 있다. 아주 섬세하게 고안한 방법이므로, 이를 통해 의미 있고 성공적인 학습이 가능해진다. 이 학습을 통해 '생각에서 이해로' 이어지는 마음속의 과정은 향후 당신이 생각하고 배우는 방식을 영원토록 바꿔 놓을 것이다. 당신은 지금껏 상상도 못해 본 가능성의 영역으로 들어가게 된다.

초등학생부터 고등학생까지 5단계 학습과정은 올바르게 생각하는 법, 올바르게 학습하는 법을 알려 줄 것이다.

대학생에게 이 5단계는 각종 시험에 필요한 모든 정보를 이해하고 기억하도록 도와줄 것이다. 참고로 학습 결과, 두꺼운 전공서적들을 술술 읽어 나가게 될 텐데, 이것은 보너스이다!

교사들에게 이 5단계는 중요한 지식을 학생들에게 100% 전달하도록 도와준다. 또한 이 학습과정을 통해 교사들은 학생들 스스로 생각하고 공부하는 법을 가르칠 수 있다.

훈련가에게 이 5단계는 핵심 내용을 효율적으로 정확하게 전달하는 방법을 제공한다. 그러므로 훈련가들은 필요한 내용을 훈련생에게 정확히 전달할 수 있고, 훈련생들은 전달받은 정보를 완벽하게 이해할 수 있다.

기업의 전문가들에게 이 5단계는 지식 경영 능력 및 독서 능력을 증진시켜 준다. 당신이 읽은 각종 서류의 내용을 기억하도록 도와주고, 회의를 주최·진행하는 데 도움을 준다. 또한 문제해결 능력 및 갈등해결 능력도 증진시켜 준다.

다음 몇 장에 걸쳐 63일의 훈련기간 동안 어떻게 기억이 형성되는지,

그 과정을 좀 더 흥미롭게 설명해 두었다. 당신은 내가 세운 이론들의 기저에 놓인 과학 원리들을 배우게 될 것이다.

4부

과학

21장

기억이란 무엇인가?

 어쩌면 당신은 이 유명한 문구를 들어 보거나 읽어 보았을 것이다. "함께 불타오르는 신경이 서로 연결될 때 기억이 형성된다." 뉴런들의 연결, 즉 '시냅스' 활동을 통해 기억이 형성된다는 것이다(그림 20.2 참고). 하지만 이 말을 액면 그대로 받아들여서는 안 된다.
 이 장에서 나는 기억이 어떻게 형성되는지를 설명할 것이다. 결론부터 말하면, 나는 기억 형성과 관련된 기존의 이론과 개념들에 이의를 제기한다.

마음의 활동

 우리는 하루 종일 '사건'을 경험한다. 그리고 매 순간 그 모든 사건들에 반응한다. 이것은 분명 '마음의 활동'이다. 마음의 활동은 뇌 속의 양자·전자기·전기화학 활동 등, 다양한 형태의 활동을 유발한다.
 그런데 우리가 경험했다고 해서 그 모든 사건과 이에 대한 반응들이 모두 기억되는 것은 아니다. 사건을 경험하고 일일이 반응한다고 해도,

그 기억이 장기기억으로 전환되지 않을 수 있다. 간단한 예를 들어 보겠다. 당신은 지난주 금요일 아침, 출근길에 일어났던 일들을 (세부사항까지) 다 기억할 수 있는가? 지난달, 당신이 누구를 만나서 어떤 이야기를 나누었는지 전부 기억할 수 있는가? 굳이 지난주, 지난달까지 거슬러 올라갈 필요가 없다. 어제 당신은 직장에서 누구와 대화했는가? 그와 나누었던 대화의 내용을 상세히 기억할 수 있는가?

우리는 뇌의 건강을 위해 기억해야 할 것을 '선별'한다. 그래서 어떤 것들은 기억하고, 어떤 것들은 쉽게 잊는다. 종종 잘못 선별하여(제대로 기억하지 못해서) 중요한 정보를 필요할 때 꺼내지 못하는 일도 생긴다. 반면, 기억하지 않는 편이 더 나은 정보를 장기간 기억하기도 하는데, 이것은 해로운 기억이다. 해로운 기억은 말 그대로 우리에게 해롭다.

이처럼 마음과 뇌의 건강은 전적으로 '건강한 기억'에 의존한다. 참고로, 학습을 중단하는 것은 뇌 세포를 해롭게 하는 일이다. 뇌는 지속적이고 의도적인 '깊은 생각'을 통해 건강하게 성장하도록 설계되었기 때문이다.

당신은 어떻게 생각하는가? 또 어떻게 기억을 구축하는가? 이것을 알면, 당신은 ADHD에 대한 오해(신화)도 쉽게 떨쳐 낼 수 있고 치매도 예방할 수 있다. 오늘날 많은 사람이 오진을 받는다. 그렇게 잘못된 라벨을 붙인 채, '상자 안'에 갇혀 살아간다. 하지만 애초에 상자 같은 것은 없다! 모든 사람은 자신만의 맞춤형 사고를 확인·계발하여 기억을 구축할 수 있어야 한다. 누구나 그 방법을 배울 수 있다!

기억의 역사

기억의 형성과정과 관련하여, 아주 오랫동안 학계의 지배적이었던 의견은 다음과 같다. "기억은 뉴런 간의 시냅스 연결을 통해 저장된다." 공항이나 기차역에 비치된 잡지 중 표지에 뇌 그림이 있는 과학 잡지 아무것이나 하나를 골라서 읽어 보라. 아마도 그 모든 잡지는 신경세포(뉴런)들 간의 복잡한 연결 속에 기억이 저장된다고 말할 것이다.

만일 그것이 사실이라면, 그야말로 낭패다! 시냅스 연결을 통해 형성되는 기억은 모두 단기기억이기 때문이다. 기껏해야 24시간, 길어야 48시간 정도밖에 지속되지 않는데, 얼마나 끔찍할지 생각해 보라. 하루 전의 일도 기억하지 못하는 의사를 찾아가 병을 고쳐 달라고 할 수 있겠는가?

과거, 나는 남아프리카의 한 대학으로부터 의학생들을 훈련해 달라는 요청을 받았다. 당시 계약 조건 중 하나는 그들에게 장기기억을 구축해 주는 것이었다. 이런 내용으로 요청해 온 학장이 말했다. "우리 의학과 학생들은 배운 내용을 잘 기억하지 못합니다." 참으로 안타까운 일 아닌가?

시냅스 연결을 통한 장기기억 형성이라는 오해는 어디서부터 시작되었는가? 시냅스 연결 이론은 1906년 라몬 카할에 의해 처음 주창되었다(그림 21.1 참고).[1] 그리고 1940년 도널드 헵은 "함께 불타오르는(발사되는) 신경은 서로 연결된다"는 가정을 세웠다.[2] 이 문구가 의미하는 바는, 강력한 시냅스 연결을 통해(시냅스가 활성화될 때 연결됨) 기억이 생성·저장된다는 것이다.

당시 사람들은 '연산' 행위와 '정보를 저장'하는 일이 동일하다고 생각했던 모양이다. 정보를 분석하여 의미를 만들어 내는 연산 행위는 뉴런 세포체의 활동에 의해 생성된다. 그러나 정보를 저장하는 행위(기억)는 수지상돌기의 신호로 생성된다. 이제 우리는 연산과 기억, 이 둘이 같지 않다는 사실을 안다.[3]

시냅스 간의 연결은 '단기기억'만을 생성한다. 한 번 생각해 보라. 우리가 기억하는 정보의 양은 방대하다. 하지만 시냅스의 연결로는 이 방대한 기억을 저장할 충분한 공간을 마련하지 못한다. 다시 말해, 시냅스 연결로는 장기기억을 저장하지 못한다.[4] 시냅스 연결은 유동적이고 불안정하므로 장기기억을 저장할 수 없다. 그러므로 시냅스는 뇌의 저장 기능을 감당하지 못한다.[5]

성공적인 기억

우리 모두는 이른 바 '성공으로 이끄는' 기억을 구축하기 원한다. 성공하고 싶으면, 우리는 수지상돌기에 기억이 저장되는 방식으로 생각해야 한다. 이것은 지속적인 성공을 이끌어 내는 방법이라고 할 수 있다. 하지만 결코 단기간에, 쉽게 얻을 수는 없다.

시냅스 연결은 누군가와의 '첫 만남' 같다. 한 번 만나는 것으로는 상대를 다 알 수 없지 않은가? 당신은 그와 자주 만나며 오랜 시간 동안 유대관계를 쌓아야 한다. 그래야 그 사람을 알 수 있다. 시냅스 연결이 '첫 만남'을 대변한다면, 수지상돌기의 저장 활동은 그 사람과 오랜 시간을 보내며 '유대관계 형성'하는 것을 대변한다. 처음 만난 사람과 관계를 형성할 때 엄청난 노력을 기울여야 하듯, 수지상돌기에 기억을 저장하는 일 역시 오랜 시간을 투자해야 가능하다.

수지상돌기는 뉴런의 세포체로부터 성장하는데(그림 20.1 참고), 선형이 아닌 수많은 가지들로 구성된 복잡한 모양을 하고 있다. 시냅스는 이러한 수지상돌기의 비선형 nonlinear 구조에 크게 영향을 받는다. 가지들이 복잡하게 뻗어난 곳에는 이온들의 출입구(미세한 양자 출입구 역할을 함)가 많아서, 그리로 이온들이 지나며 정보를 운반한다. 마음으로부터 시작된 전기적 메시지, 양자 정보적 메시지들이 그 입구를 통해 전달되는 것이다.

당신이 깊은 생각에 잠기면, 수지상돌기가 이 작업(깊은 생각)에 관여한다. 이것은 매우 자연스러운 일이다. 관심 있는 일에 골몰하면, 아무래도 오랫동안 기억할 수 있지 않겠는가? 수지상돌기에 장기기억이 저장된다는 사실을 잊지 말라.

우리가 너무 많은 자극을 받아 혼란스러운 상태이거나 조바심이 나서 유해한 스트레스를 받는다면, 우리의 기억은 와해될 것이다. 이러한 상황은 기억을 제대로 구축해 내지 못한다. 기억이 제대로 형성되지 않을 경우, 정보는 왜곡되거나 잊힌다. 상황이 이렇다면, 당신은 회의나 컨퍼런스에 참석하지 않는 편이 더 나을 것이다. 성공하지 못할 것이기 때문이다.

생각은 빛의 속도보다 빠르다

생각의 속도는 굉장히 빠르다. 당신이 떠올리는 생각은 75-100조 개에 달하는 체세포 모두에 '즉각적인' 영향을 미친다. 우리의 뇌 속에서 일어나는 양자 연산 computing 활동만 봐도 생각의 속도가 빠르다는 사실을 알 수 있다.[6]

뇌에는 양자 연산을 주관하는 특정 구조물이 있다. 3부에서 소개한 5단계 학습과정을 통해 맞춤형 사고를 활용하면, 깊은 사고와 관련된 뇌의 구조물이 '양자 연산'에 관여한다.

여기서 잠시, 양자에 대해 생각해 보자. 양자는 '에너지'이다. 당신의 마음은 당신이 숨쉬고 생각하는 동안, 그러니까 매일 매 순간 양자 에너지를 생성해 낸다. 우리가 할 일은 이 에너지를 '해를 끼치는' 방향이 아닌 '도움이 되는' 방향으로 사용하는 것이다. 따라서 우리는 올바른 사용법을 배워야 한다.

최근의 연구들을 통해, 우리는 생각이 '우주'처럼 빠르고 복잡하다는 사실을 알게 되었다. 그러므로 생각을 뉴런과 시냅스의 전자기적 발사firing (불타오르는 무언가가 발사되듯 이동함) 현상으로 설명하려는 고전물리학은 한계에 봉착했다. 생각의 속도와 무한성을 설명하기에 고전물리학은 너무 느리다. 이제 우리는 생각의 '목적'과 '방법'에 대한 질문을 양자물리학에 던져야 한다.[7]

수지상돌기는 '양자 활동'을 통해 시냅스 및 세포체와 동역하며 '생각'(기억)의 임무를 수행한다. 앞서 간단하게 언급했듯, 수지상돌기의 이온 출입구에서는 이온의 활동이 매우 활발한데, 이러한 이온 활동이 양자적 특성을 띠고 있다.[8] 정보의 내용과 (생각에 달라붙은) 감정들을 보관하는 뇌 구조물(수지상돌기)은 양자 원리에 따라 작동한다.[9] 수지상돌기는 우리가 매일, 매 순간 체험하는 다양한 경험의 기억을 보관하기 위해 가지를 뻗으며 성장한다. 즉, 우리가 무언가를 배우는 동안 수지상돌기는 가지를 뻗고 성장하는 것이다. 이것은 '신경가소성'이 실현된 결과이다. 참고로 수지상돌기는 기억을 저장하며 성장하는 반면, 뉴런의 세포

체(그림 20.2 참고)는 연산하는 computational 방식으로 생각을 체험한다.[10]

양자 구름

잠시 시냅스, 세포체, 수지상돌기 등은 접어 두고 '양자 구름'에 대해 알아보자(앞에서 나는 양자 구름에 대해 잠시 언급했다). 양자 효과는 '가능성들'이 덩어리져 있는 '구름'이라 할 수 있다. 양자 구름은 마음의 활동이 빚어낸 모든 선택사양의 집합체로서 '자유선택'을 상징한다.[11]

우리가 무언가를 선택하기 전, 파동함수가 여러 선택 가능성들을 통합시킨다. 사실, 이 모든 가능성은 실제 파동이라기보다 '힐버트 공간'으로 불리는 '개념 공간' 안의 확률파(선택 가능성)이다. 참고로 '힐버트 공간'은 근대 수학계에 가장 큰 영향력을 미친 수학자 데이비드 힐버트의 이름을 딴 수학적 개념이다.[12]

'파동' 혹은 '구름'의 붕괴는 관찰자(당신)의 지식이 한층 업그레이드 되었음을 말해 준다. 당신이 힐버트 공간 안에서 자신만의 맞춤형 방식으로 생각하고 느끼고 선택할 때, 파동은 붕괴되고 당신은 한 가지를 선택하게 된다.[13] 여기서 '가능성들'은 특정 상황 속에서 당신이 취할 수 있는 선택사양들의 합이며, 그 수는 수백만에 이른다.

분석하는 동안(깊게 생각하거나 무언가를 느끼는 동안) 당신은 양자 중첩 상태로 들어가게 된다. 원자 차원에서 중첩을 설명하자면, 중첩은 두 개의 소립자가 0과 1의 자리에 동시에 존재하는 상태를 말한다(이를 양자비트 quibit, 퀴빗라 한다).

'선택' 행위의 결과, 두 개의 소립자는 붕괴되어 1 또는 0으로 수렴한다. 하지만 이렇게 수렴하기 전, 양자 얽힘 quantum entanglement에 의해 두 소립자가 1과 0에 동시에 놓이는 상태가 유지되는데, 이를 중첩이라 한다. 이 말은 다양한 선택들(가능성)을 따져 보는 동안, 우리가 다중적인 관점을 견지할 수 있다는 뜻이다. 참고로 일상에서 우리가 접하는 가능성들은 "지금 시험공부를 해야 하는가, 다른 일을 해야 하는가?", "직장 동료를 용서해야 하는가, 벌을 줘야 하는가?" 등과 같이 무한하다.

'의사 결정'은 마음의 활동인데, 양자컴퓨터 같은 우리의 뇌는 마음의 활동에 대한 반응으로 서로 다른 연산을 수행한다. 이는 우리가 동시에 여러 가지 관점을 견지할 수 있다는 뜻이다.

마음의 활동은 다양한 물리 형태를 띤다. 마음의 활동은 에너지 파동이 된 후 원자 차원으로 돌입한다. 그리고 여러 사양 중 하나를 선택하는 단계에 이르러서는 가능성들의 '양자 구름' 형태로 변한다. 마음과 뇌의 능력은 참으로 놀랍다!

단기기억

정보(당신이 읽는 것, 건강검진 결과, 직장에서의 상황, 기회, 친구와의 대화 등)는 오감을 통해 뇌로 들어가 뉴런 안에서 전기화학적 반응 및 양자 활동을 일으킨다. 이후 당신이 입력정보를 분석하는 동안 뉴런의 세포체가 활성화된다. 이때 시냅스들이 불타올라 다른 시냅스를 향해 신경물질을 발사하는데, 이런 식으로 시냅스들이 연결되는 것이다. 구체적으로 설명하면, 앞 뉴런의 축색돌기 말단에서 뒤 뉴런의 수지상돌기(수상돌기)를 향해 신경물질을 발사·전달하는 것이다. 이렇게 시냅스가 연결됨으로써 단기기억이 생성된다.[14]

당신이 뉴런 속으로 들어간다면, 아주 놀랍고 경이로운 '이상한 나라'

를 발견하게 될 것이다. 뉴런 한 개 안에는 '미세소관'으로 불리는 작고 세밀한 관들이 약 1천만 개가 들어 있다.[15] 미세소관은 '튜불린'이라는 단백질로 구성되는데, 튜불린 단백질은 트립토판이라는 아미노산의 결합체이다. 원자 차원에서 살펴보면, 트립토판은 6개의 탄소원자로 구성되어 있다. 이들 탄소원자는 고리 형태를 이루고 있으므로, 이를 가리켜 '방향족성 고리'aromatic ring라고 한다.[16] 여기까지 잘 따라왔는가? 조금만 참으라. 이제 곧 핵심을 이야기할 것이다.

양자 활동은 '진동하는 전자' 차원에서 발생한다. 전자가 진동하며 고리의 한쪽 끝에서 다른 끝으로 이동할 때, 양자 활동이 유발되는 것이다(이 고리 안에서의 양자 운동은 고리의 각 지점들 사이를 오가며 진동하는 전자 차원에서 이루어진다). 진동하는 전자들은 고정된 지위를 갖지 못하는데, 이것은 하이젠베르크의 '불확실성의 원리'[17]로 설명할 수 있다(하이젠베르크는 양자물리학의 창시자이다). 이를 마음속 상황으로 치환하여 설명하면, '아직 결정을 내리지 못한 상태'라고 할 수 있다. 당신은 무언가를 분석하는 중이고, 또 여러 가능성들을 계산하고 있다(즉 양자 구름이 붕괴되지 않은 채, 그대로 유지된 상태이다).

방향족성 고리들은 서로를 넘나들면서 전자구름을 공유한다. 그렇게 1과 0의 중첩상태로 돌입하는 것이다(양자 비트 또는 퀴빗).[18] 중첩상태로 돌입하는 경로는 다양하기 때문에, 이를 가리켜 위상적topological 양자 비트라 부른다. 중첩상태에서는 양자 비트 여럿이 함께 작동하므로, 이를 '결 맞음'coherence이라고 한다.[19]

맞춤형 사고대로 깊이 생각하면 할수록, 우리는 더 많은 '결 맞음'을 얻게 된다. 그 결과, 중첩상태로 돌입할 때, 긍정적인 선택을 하게 되는 것이다. 이렇게 힐버트 공간 안에서 하나의 가능성을 채택하면, 나머지 파동(또는 양자 구름)은 붕괴된다.[20] 이러한 선택은 여러 가능성 중 하나를 골라 실체화하는 과정이라고 할 수 있다. 선택 전, 그러니까 '가능성'의 상태에서는 아무것도 아니지만, 그중 하나를 선택할 경우 선택은 '무언가'(실체)가 된다. 이때 우리가 선택한 그 '가능성'은 우리의 말과 행동으로 이어진다.

가능성을 무너뜨리고 하나를 선택하는 일, 곧 파동함수(혹은 구름)가 붕괴되는 것을 가리켜 '결 어긋남' decoherence 이라 한다.[21] 골똘히 생각하면서 하나의 가능성을 선택할 경우, 그 가능성은 유전자 발현 과정을 거쳐 뇌 안에서 '실체화'된다. 즉, 선택이 뇌 속 구조물에 물리적 변화를 일으키는 것이다. 바로 이때 수지상돌기에 기억이 구축된다. 그러므로 무엇을 생각하든, 가장 많이 생각하는 것이 크게 자라는 법이다! 양자물리학자인 크리스토퍼 푸크스가 양자이론을 '생각의 이론'이라 부른 것은 결코 놀랄 일이 아니다.[22]

그렇다면 이 모든 사실이 우리에게 시사해 주는 바는 무엇인가? 우리는 끊임없이 기억을 구축하는 존재이고, 새로운 정보와 격상된 지혜로 자신의 무의식을 끊임없이 업데이트하는 존재라는 것이다. 물론, 올바르게 선택한다는 가정 하에서 말이다. 그러나 올바르게 선택하지 않으면, 업데이트된 기억은 유해할 것이므로 우리의 뇌를 손상시킬 것이다. 선택은 당신의 손에 달렸다.

양자 제논 효과

유용한 기억을 생성하고 저장하기 원하는가? 그렇다면 자신의 머릿속으로 무엇이 들어가는지 주의하여 살펴봐야 한다. 바꿔 말하면, 자신의 생각에 고도로 집중함으로써 생각을 통제해야 한다는 뜻이다. 양자물리학에서는 이를 가리켜 '양자 제논 효과의 활성화'Quantum Zeno Effect 라고 한다. 양자 제논 효과는 우리가 생각하고 느끼고 선택한 결과(물리적 기억이 구축된 결과), 양자 구름이 붕괴되는 일종의 '결 어긋남' 현상이다.[23]

양자 제논 효과는 우리가 언제, 어떤 방식으로 무엇에 집중하는지, 또 어떻게 생각하고 느끼고 선택하는지(파동 함수를 붕괴시키는지)를 설명해 준다. 장기기억은 믿음체계로 전환되는데, 믿음체계로 굳어진 장기기억은 훗날 우리가 어떤 선택을 할지에 영향을 미친다. 무엇을 생각하든, 가장 많이 반복하는 생각이 가장 크게 자라는 법이다.

단기기억과 장기기억

세포체의 활동 후, 그리고 양자 구름의 붕괴 후 일어나는 '시냅스 연결' 현상은 단기기억을 구축한다. 만일 3주 동안 〈뇌의 스위치를 켜라 - 5단계 학습과정〉을 시행함으로써 뇌를 계속 자극하면, 뉴런의 수지상돌기는 우리의 경험들을 '장기기억'으로 전환하여 저장할 것이다.

오감을 통해 들어온 정보들(우리가 경험한 일들)은 세포체의 활동과 시냅스 연결을 활성화하여 단기기억을 생성해 낸다. 그런데 우리가 그 정보(경험)를 이해하고 기억하기 위해 깊이 생각하면 할수록 시냅스의 연결은 더욱 활성화되고, 세포체 활동과 수지상돌기의 활동도 활발해진다. 그 결과 수지상돌기에 장기기억이 저장되는 것이다.

장기기억을 구축하는 데에는 이처럼 많은 시간과 노력이 소요된다. 단지 몇몇 정보 조각을 수용하는 것으로는 유용한 장기기억을 형성할 수 없다. 우리는 그 이상의 노력을 기울여야 한다. 그 노력이 바로 '깊은 생각'이다.

장기기억을 구축하면서 효과적으로 학습하려면, 의지를 들여 '깊게' 생각해야 한다. '성공적인 기억 형성'을 돕는 일이야말로 내 사역의 목표이며, 이 책을 집필하게 된 동기이다. '자가 정신 케어'를 사고구조, 맞춤형 사고, 학습, 이렇게 세 부분으로 나누어 설명한 것 역시 깊은 생각을 돕기 위해서이다(사고구조를 위해서는 '사고구조 가이드'를, 맞춤형 사고를 위해서는 '은사 프로파일'을, 학습을 위해서는 〈뇌의 스위치를 켜라 – 5단계 학습과정〉을 제시했다).

학교에서 수업을 듣거나 직장에서 상사의 지시를 따라야 할 때, 우리는 다음의 경험을 하게 된다.

- 뇌에서 일어나는 양자 구름 활동
- 세포체에서 일어나는 연산 활동
- 자신이 처한 상황과 환경에 대해 곰곰이 생각할 때, 점점 커지는 시냅스의 힘: 생각은 시냅스의 '발사'(불타오름)를 반복시킨다. 이때 시냅스에서 고주파의 자극이 발생하는데, 이를 가리켜 '장기강화작용'$_{\text{Long-term Potentiation, LTP}}$이라 한다. 기억에 관한 과거의 이론에서는 '장기적 강화작용'을 '장기기억'으로 오인했다. 그러나 불타오르는 시냅스의 '발사'는 단기기억과 관련이 있다. 물론 단기기억은 장기기억으로 전환될 '가능성'을 지니고 있다. 하지만, 시냅스 연결을 통해 생성되는 것은 어디까지나 단기기억이다.
- 생각이 좀 더 깊어질수록 수지상돌기의 성장세가 두드러진다. 그

결과 장기기억이 형성되기 시작한다.

의도적으로 자아를 성찰하는 등 깊은 생각에 잠길 때, 당신의 뇌는 더욱 활발하게 반응한다. 그렇게 깊이 생각하는 동안 뇌는 새롭게 디자인된다. 실제로 수지상돌기에 변화가 생긴다!

깊은 생각을 반복할 경우, 수지상돌기는 '돌기'(또는 '융기')를 만들어 내는데, 수지상돌기가 만들어 내는 돌기들은 나뭇가지 위에 새 잎이 움트기 전의 '망울'처럼 생겼다(그림 20.1 참조).[24] 이러한 돌기들은 깊은 생각에 대한 반응으로 생성되며, 오랜 기간에 걸쳐 그 모양이 바뀐다.

돌기는 '약한' 기억이다. 하지만 시간이 지나면서 돌기가 막대사탕 모양으로 변하는데, 이러한 변화는 기억이 점점 견고해진다는 것을 뜻한다. 이후 막대사탕은 버섯 모양으로 변하고, 기억은 더욱 견고해진다. 이때 버섯 모양으로 변한 돌기를 수지상 척추 dendritic spine 라 부른다. 수지상 척추로 변화되었을 때, 기억은 가장 강력하다. 장기간 기억의 '유지'가 가능한 상태이다. 수지상 척추가 생성된 것은 장기기억이 형성되었음을 말해 준다. 수지상돌기 위의 여러 돌기들이 덩어리 형태로부터 버섯 형태의 수지상 척추로 변화될 때, 기억은 점점 강화되어 장기기억으로 전환된다고 보면 된다.

반대 상황도 마찬가지이다. 시냅스가 동력을 잃지 않으려면, 끊임없이 활동해야 한다. 그런데 우리가 깊게 생각하지도 않고, 자주 생각하지도 않으며, 아예 아무런 생각조차 떠올리지 않는다면, 시냅스(혹은 시냅스 관련)의 활동은 줄어들거나 멈출 것이다. 결국 시냅스는 동력(에너지)을 잃고 만다. 이때 민감한 시냅스부터 그 주변의 단백질이 사라지기 시작한다. 수지상돌기 위 돌기들의 수도 급격히 줄고, 급기야 수지상돌기의 개체수도 줄어든다. 단백질은 변성되겠고, 당신은 해당 체험에 대한 기억을 상실하게 될 것이다. 이 같은 '잊는' 과정을 가리켜 장기 억압 Long-term Depression, LTD이라 부른다.[25]

어떤 정보가 수지상돌기에 저장되느냐, 마느냐는 그 정보에 대해 얼마나 깊이, 얼마나 자주, 얼마나 오랫동안, 그리고 얼마나 많은 노력을 들이는지에 달려 있다. 우리가 무엇을 기억하고 배우느냐는 전적으로 우리 손에 달려 있다. 이 사실을 잊지 말라.

생각의 세 가지 레벨

생각에는 세 가지 레벨이 있다. 이 내용을 살피기 위해 우리는 앞에서 배운 〈뇌의 스위치를 켜라 – 5단계 학습과정〉으로 되돌아가야 한다. 참고로 이번 장은 앞에서 배운 5단계 학습과정과 연관되어 있고, 또 이 책 전체에 대한 과학적 근거도 제공해 준다. 앞 장들에서 소개한 모든 도구들을 활용할 때, 당신은 이 장의 놀라운 가르침들을 쉽게 시행할 수 있을 것이다.

레벨 1) 빠르게 흘러가는 생각 단계 – 흘러가는 생각들은 매우 빠른 속도로 사라진다. 약 24-48시간 안에, 어쩌면 그보다 더 빨리 사라질 것이다.[26] 이 단계에 '깊은 생각'은 포함되지 않는다. 그러므로 수지상돌기나 수지상 척추가 새로 만들어지지 않는다. 오직 '세포체 활동'과 '시냅스 연결', 그리고 '양자 구름'만 활성화된다.

레벨 2) 좀 더 의도적인 생각 단계 – 의도적인 생각을 통해 수지상돌기와 수지상 척추가 성장한다. 그러나 얼마 지나지 않아 더 이상 기억에 양분을 공급하지 않으면, 기억의 대부분을 잃어버리고 말 것이다.

물론 잠시이긴 하지만, 의도적인 생각을 했기 때문에 수지상돌기와 수지상 척추는 성장한다. 그러나 깊이 생각하기를 멈추면, 그것들은 안정화되지 않으므로 대다수는 크기가 줄어들거나 얼마 안 있어 사라져 버릴 것이다. 5–14일 사이가 고비이다. 이 기간 중 깊은 생각을 멈추면, 이 같은 참사가 벌어진다.

레벨 3) 지속적이고 의도적인 생각 단계 – 적어도 3주 연속 이러한 생각활동을 이어가야 한다. 지속적인 깊은 생각은 버섯 형태의 수지상 척추를 포함하여 튼튼한 수지상돌기를 만들어 내는데, 이는 곧 장기기억이 형성되었다는 증거이다. 〈뇌의 스위치를 켜라 – 5단계 학습과정〉은 이 세 레벨의 생각들을 효율적으로 활성화한다.

기억은 자동화되었을 때에만 유용하다. 자동화는 '습관'의 기저에 놓인 과학 원리인데, 간단히 설명하면 21일 이상의 반복을 거쳐 기억이 습관처럼 장착되는 과정을 의미한다. 자동화 과정을 거쳐 기억이 유용해지려면, 일단 많은 에너지를 머금어야 한다.

어떻게 해야 기억에 에너지를 부여할 수 있는가? 답은 간단하다. (5단계 학습과정을 활용하여) 기억된 정보를 반복하여 생각할 경우, 기억은 수많은 에너지 묶음 quanta 양자을 얻게 된다. 이때 뇌 속 신경화학물질의 구성과 구조가 변화되므로 해당 기억은 유용한 형태가 된다. 이것이 앞에서 내가 이야기한 '양자 제논 효과'이다. 반복된 노력이 학습을 가능하게 한다! 매일매일 의도적으로 생각하는 습관을 최소 63일(21일 사이클 3회 반복) 반복하면, 자동화가 가능해진다. 완벽한 습관으로 구축되는 것이다.[27]

앞에서 말했듯, 유용한(자동화된) 기억은 많은 양의 에너지를 머금고 있기 때문에 언제든 '접속 가능'하다. 언제든 떠올릴 수 있는 기억이라는 뜻이다. 이처럼 접속 가능한 상태의 기억은 '선택'을 돕는다. 예를 들어, 당신이 시험 문제지를 읽는 동안 뇌 속 기억이 답을 알려 주는 것과 같다.

그러나 자동화하지 못하면, 당신은 그 기억에 접속할 수 없고 또 그 기억도 당신에게 아무런 도움을 주지 못할 것이다. 장기기억을 정착시키기 위해 당신은 시간을 들여 고된 작업을 수행해야 한다. 구체적으로 말하면, 새로운 정보를 습득한 후 63일 동안 그 정보에 대해 반복적으로 생각해야 한다. 당신이 〈뇌의 스위치를 켜라 - 5단계 학습과정〉을 시행해 보면, 이 사실을 좀 더 쉽게 이해할 수 있다.

그러나 안타깝게도 대부분의 사람이 첫 주에 포기한다. 63일을 다 채우는 사람은 거의 없다. 그 결과 처음부터 다시 시작해야 하는 '수고'를 반복해야 한다.

이처럼 중도 포기 후 다시 시작해야 할 경우, 사람들은 그저 "지루하군", "실망스럽네"라며 넘어가려 하지만, 사실 중도 포기는 매우 위험하다. 중도 포기는 '부정적 피드백 순환 고리'를 생성하기 때문에 사태는 생각보다 심각하다.

지름길은 없다. '쉽고 빠른' 뇌 개발 프로그램이 있다는 주장은 망상에 지나지 않는다! 부디 그들의 속임수에 넘어가지 말라.

맞춤형 사고는 기억을 구축한다

맞춤형 사고는 뉴런 세포체 안에서의 활동을 양자 차원에서 전자기적으로 지속시킨다(참고로 세포체 안에서 이루어지는 활동은 정보의 연산 및 정보 전달이다). 이것이 바로 우리의 뇌에 물리적 변화를 일으키는 '마음의 활동'이다.

입력된 정보를 이해하고 기억하기 위해 '깊은 생각'에 빠지면, 당신은 맞춤형 사고 안에서 '생각의 일곱 모듈 사이클'을 더 많이 활성화하게 된다. 이때 당신의 뇌는 단순한 연산, 정보 전달, 시냅스 연결 등의 활동을 넘어 수지상돌기의 활동에 적극 관여하게 된다. 이런 식으로 우리의 뇌는 장기기억을 생산·저장한다.[28]

내가 고안한 〈뇌의 스위치를 켜라 – 5단계 학습과정〉을 활용하여 맞춤형 사고로 깊이 생각할 때, 수지상돌기, 세포체, 뉴런의 시냅스 사이를 오가는 신호들은 '고도의 동시성'synchronizing, 동기화을 지니게 된다. 신호의 '동시성'(동기화)은 학습 및 마음의 해독解毒을 위한 '새 기억 구축'에 매우 중요한 요소이다.

깊이 생각하면 동시성(동기화)이 증대된다. 그 결과 유용하고 의미 있는 기억들이 더욱 풍성하게 생성된다. 이에 당신은 삶의 여러 영역에서 성공을 거두게 될 것이다. 중요한 정보를 이해도 못하고 제대로 기억하지 못하는데, 어떻게 학교, 직장, 가정에서 성공할 수 있겠는가?

우리는 종종 '정보의 비동시성'을 겪는다. 무언가를 알긴 하는데, 도통 기억나지 않아서 애를 먹었던 경험이 있는가? '아! 그때 바로 기억해

냈으면 보다 좋았을 텐데…', '효율적이고 성공적으로 일할 수 있었을 텐데…' 하고 아쉬워했던 적이 얼마나 많은가? 은사 프로파일과 〈뇌의 스위치를 켜라 – 5단계 학습과정〉을 활용하면, 당신은 유익한 방향으로 마음을 사용할 수 있게 된다. 그러면 이와 같은 정보의 비동시성 상황도 피할 수 있다.

수지상돌기의 중요성

지금까지 나는 수지상돌기를 강조했다. 수지상돌기에 기억을 구축하는 것이 중요하다고 수차례 말했다. 그렇다면 장기기억이 수지상돌기에 저장될 때, 어떤 일이 발생할까? 무언가를 의도적으로 깊이 생각하면, 일단 수지상돌기의 숫자가 늘어난다. 또 수지상돌기가 길어지고 견고해진다. 앞에서도 말했듯, 깊이 생각할 때 수지상돌기에는 마치 잎이 움트기 전 망울 같이 생긴 돌기들이 자라는데, 깊이 생각하면 할수록 돌기의 밀도가 높아지면서 더욱 크게 자라나 버섯 모양(수지상 척추)으로 변화된다. 수지상 척추의 밀도가 높아지는 것은 '장기기억'과 깊게 관련되어 있다.

그동안 수지상돌기의 변화는 주로 전두엽 피질과 해마상융기에서 일어나는 것처럼 보였다. 하지만 과학기술이 발전하면서 우리는 뇌의 더 많은 부위에서 동일한 변화가 일어나는 것을 관찰하게 되었다. 일단, 기억에 대해 연구하는 현재 단계에선 단기기억은 주로 해마상융기에, 장기기억은 주로 신新피질의 수지상돌기에, 그리고 개념과 관련된 기억은 뇌편도체에 저장된다는 사실만 알고 있으면 된다.[29]

앞에서 이야기한 것처럼 '기억 형성'은 무언가에 대해 깊이 생각할 때 시작된다. 깊은 생각을 통해 기억이 형성되기 시작한다. 이후 생각은 해마상융기의 세포체 및 시냅스 안에서 양자적·전기적 활동으로 변화된다. 이러한 활동은 시냅스의 기능과 장기강화작용을 활성화시킨다. 그리고 장기강화작용은 오랜 시간을 거쳐 수지상돌기와 수지상 척추에 보다 깊고 지속적인 변화를 선사한다.

수세기에 걸친 연구에도 우리의 뇌는 여전히 '미스터리'의 영역에 속한다. 뇌의 비밀을 푸는 일은 참으로 어렵다. 부디 이 사실을 기억하기 바란다.

기억은 평생 가지만, 시냅스 연결은 그리 오래가지 못한다. 이 말은 기억이 좀 더 깊은 차원에서 형성·저장된다는 것을 말해 준다. 뉴런 내부의 세포 골격을 이루는 주된 요소는 '미세소관'인데, 미세소관들이 이 같은 기억의 메커니즘을 제공하는 것 같다. 미세소관은 시냅스를 통제하고, 뉴런의 구조를 결정해 준다.[30]

수지상돌기의 미세소관은 여러 지엽으로 나뉜다. 그러므로 기억을 저장하는 장소로서 수지상돌기가 가장 이상적이라 할 수 있다. 미세소관은 튜불린으로 불리는 단백질로 구성되며, 튜불린은 뇌 전체 단백질의 15%를 이룬다. 바로 이 튜불린 단백질의 구성 물질을 통해 정보가 처리되는 것처럼 보이는데, 마치 양자컴퓨터처럼 작동하는 것 같다.[31]

눈꽃과 나노 푸들

기억의 형성 과정은 복잡하기 때문에 설명하기가 참 어렵다. 물론 이를 이해하는 것은 더더욱 어렵다. 어쨌든 이번에는 마음과 뇌의 능력에 주목하고, 또 마음과 뇌가 얼마나 복잡한지 살펴보고자 한다. 이것이 우리의 생각이 얼마나 강력한지 다시 한 번 확인하는 계기가 될 것이다.

생각하는 동안 마음에서 방출된 신호는 뉴런의 활동을 유발한다(그림 20.2 참고). 이때 뉴런 말단의 시냅스(축삭말단)가 활성화되는데, 시냅스의 활성화에는 칼슘 이온이 관여한다. 칼슘 이온은 정보를 전자기적·양자적 형태로 지니고 있다. 이를테면 '칼슘 이온'은 쇼핑백이고, '정보'는 그 안에 들어 있는 옷이라 생각하면 된다. 칼슘 이온들은 앞 뉴런의 축삭말단에서 나온 후 뒤에 위치한 뉴런의 수지상돌기(수상돌기) 시냅스 입구로 들어가는데, 이러한 시냅스의 입구를 '수용기'receptor라고 한다.

수용기를 통해 들어간 칼슘 이온은 CamK 11이라는 물질을 활성화시킨다. CamK 11은 기억 형성 과정에 핵심 역할을 수행하는 단백질이다. 그런데 그 모양이 흡사 '눈꽃'과 같다.

칼슘 이온에 활성화된 후, 이들 '눈꽃'은 다리 여섯 달린 모양으로 변한다. 이것은 마치 쇼핑백을 열고 새 옷을 꺼내 입어 새로운 모습으로 단장하는 것과 같다. 이렇듯 다리 여섯 달린 모양새를 보며, 나는 푸들 강아지를 떠올렸다. 그래서 '나노 푸들 강아지'라고 부르는 것이다.[32]

로저 펜로즈 경과 스튜어트 해머로프 교수의 광범위한 연구 덕에 나노 푸들들이 튜불린에 안착한다는 사실을 알게 되었다. 이때 나노 푸들의 각 다리(키나아제 효소 도메인)는 인산화 과정을 통해 정보를 에너지 형태로 튜불린에 넘긴다(참고로 인산화 과정은 단백질이 형성된 후, 인산기[인산염그룹]가 달라붙어 단백질의 기능이 변화되는 메커니즘을 말한다. 이때 키나아제라 불리는 효소가 인산염그룹을 단백질에 붙이는 역할을 한다).[33] 인산화 과정 중 시냅스의 정보는 한동안 암호화된 채 보관된다. 이것이 기억의 흔적인 것이다.

나노 푸들이 정보를 튜불린에 넘기는 모양새는 마치 퍼즐판에 퍼즐조각을 끼워 맞추는 모습과 같다. 이는 튜불린의 공간에 나노 푸들의 '정전기적 접합재'가 딱 들어맞기 때문이다. 그러므로 튜불린은 기억의 '내부 기지', 또는 '정밀한 양자컴퓨터의 인코딩 장소'라 불린다. 이곳은 당신의 생각이 '물리적'으로 저장되는 곳이기도 하다.[34]

튜불린 미세소관으로 구성된 중심소체는 세포분열에 관여하는데, 한마디로 이것은 '분류'하는 작업과 같다. 중심소체는 후성적 기억을 저장하므로, 특정 습성을 후대에 전달하는 역할을 한다. 또한 중심소체는 우리가 신체를 움직이는 방식에도 영향을 준다.[35] 이것은 마음과 몸의 긴밀한 유대관계를 잘 보여 주는 예라 하겠다.

뇌는 이러한 미세소관과 나노 푸들로 가득하다. 이러한 구조물들은 세포막과 세포골격 단위로도 정보를 처리할 수 있다.[36]

뇌 주름과 뇌 녹 rust

튜불린 단백질에는 정말 재미있는 특징이 있는데, 스스로 뭉치고 다시 또 뭉친다는 것이다. 열역학 제2법칙을 아는가? 쉽게 설명하면 시간이 지남에 따라 질서에서 무질서의 방향으로 엔트로피(무질서의 정도)가 증가한다는 것인데, 튜불린은 엔트로피 법칙을 거스른다. 대표적인 예가 바로 뇌의 주름과 뇌의 녹(산화되어 생기는 녹)이다. 튜불린의 이러한 특징은 뉴런의 성장과 기억의 발전에 크게 기여한다.[37]

하나의 미세소관이 만들어지려면 수천, 혹은 수만의 튜불린이 결합해야 한다. 그런데 뉴런 한 개에는 엄청난 양의 미세소관이 들어 있다. 그러므로 한 개의 뉴런을 이루려면, 그 모든 미세소관을 구성하는 수십억의 튜불린이 결합해야 한다.

튜불린은 질서 정연하게 결합한다. 그런데 결합 시, 튜불린 주위에 달라붙은 수분이 대부분 유실된다. 이러한 이유로 질서 정연한 상태(결합 후)에서의 튜불린 무게는 무질서한 상태(결합 전)에서의 무게보다 가볍다. 바꾸어 말하면, 결국 튜불린의 질서 정연한 결합으로 만들어진 미세소관이 무질서하게 떠다니던 튜불린보다 '더 무질서하다'는 뜻이다(질서에서 무질서한 방향으로 전환되면 무게도 가벼워져야 하지만, 튜불린은 질서 정연할 때보다 무질서할 때의 무게가 더 무겁다).

이러한 사실은 자유의지 같은 '무작위' 개념과의 물리적 연관성을 시사해 주기 때문에 매우 중요하다.[38] 무질서는 우리의 생각이 무한하고, 또 한없이 변화된다는 사실을 반영한다. 우리에게는 이러한 선택(자유선택)을 관장하는 시스템이 필요한데, 튜불린과 양자 구름이 이 작업에 적합해 보인다.

모든 세포 속에서 미세소관들은 세포 중앙으로부터 바깥쪽으로, 마치 수레바퀴 살처럼 연속적으로 배열된다. 이러한 모양새를 가리켜 '세포 골격 구조'라고 한다.

우리 몸의 모든 세포 중 신경세포인 뉴런에 가장 많은 미세소관이 존재하는데, 이는 뉴런(신경세포)의 구조가 모든 세포 중 가장 복잡하기 때문이다. 그러나 뉴런의 수지상돌기에 들어 있는 미세소관들은 짧고, 그 배열 또한 연속적이지 않다. 이들의 배열은 혼합된 '양극단 결합$_{network}$' 양상을 보인다. 즉, 수지상돌기의 미세소관들은 '세포 골격 구조'를 이루지 못한다.

수지상돌기의 미세소관들은 다른 중요한 기능을 하는데, 마취전문의이자 인간 의식 연구의 권위자인 스튜어트 해머로프 박사의 말에 의하

면, 수지상돌기의 미세소관은 정보를 제공하고 가공하고 기억을 저장하는 데 최적화된 구조라고 한다.[39]

해머로프 박사는 다음과 같이 말했다.

> 튜불린은 우리의 '마음'이 얼마나 놀라운 능력을 발휘하는지 넌지시 보여 준다. 각각의 뉴런에는 엄청난 양의 미세소관이 들어 있다. 그러므로 뉴런 내, 미세소관을 구성하는 튜불린의 수는 대략 십억에 이른다. 그런데 튜불린은 매초마다 변한다. 사실, 튜불린은 메가헤르츠 단위로, 1초당 백만 번 정도 변한다. 이 말은 하나의 뉴런 속에서 1초에 대략 10의 16승 가지의 활동이 이뤄진다는 뜻이다.[40]

인공지능을 연구하는 과학자들은 10의 16승 정도의 복잡한 연산이 가능해질 때, 인공지능이 '지적 의식'을 지니게 되며, 인간처럼 스스로 지혜와 이해력을 계발할 수 있으리라 믿는다. 그러나 해머로프 박사의 말은 다르다.

> 그들은 10의 16승이라는 숫자를 전체 뇌가 1초에 수행하는 작업의 수로 생각해서 그 같이 말한 것 같다. 하지만 사실 10의 16승은 뇌 전체가 아닌 한 개의 뉴런이 1초에 수행하는 작업의 수이다.

이것이 해머로프 박사의 설명이다. 뇌에는 약 천억 개의 뉴런이 있다. 그러므로 뉴런 하나가 1초에 수행하는 10의 16승에 천억을 곱해야 전체 뇌의 능력에 근접해진다. 그렇게 되면 대략 10의 27승이 되는데, 이처럼 풀가동할 경우 우리의 뇌는 초당 10의 27승 가지의 기능을 수행할 것이다(뇌는 1초에 약 4천억 개의 작업을 수행한다).[41]

우리는 뉴런, 미세소관, 그리고 양자컴퓨터처럼 작동하는 튜불린을 좀 더 깊게 들여다봐야 한다. 이러한 구조물들은 양자의 속도로 외부 세계에 접속하여 정보를 처리하고 에너지를 생산해 낸다. 펜로즈와 해머로프에 의하면 이들 구조물은 시간-공간의 기하 차원(가능성)으로 끊임없이 깊게 들어가는데, 이는 인간의 '영성'과 결을 같이한다. 즉, 우리의 마음에서는 우리가 알아차리는 것 이상으로 많은 일들이 일어난다. 이러한 사실은 양자물리학과 양자생태학의 연구가 진행될수록 점점 더 분명해진다.

측지모델의 양자적 측면

뇌가 마음에 반응하지, 마음이 뇌를 따르는 것이 아니다. 양자이론은 마음과 뇌의 이러한 상호작용을 설명할 열쇠이다(양자이론은 뇌와 마음의 관계를 설명하기 위해 수학을 사용한다).[42]

사실 인간의 뇌는 마음이 활동하는 기저, 즉 '회로기판'의 역할을 한다. 그러므로 '뇌가 마음을 주관한다'고 주장하는 고전물리학으로는 '마음이 뇌를 통제하는' 관계를 설명할 수 없다. 인간의 의식 및 선택의 힘에 대한 연구가 진행될수록, 인간이란 존재는 인과관계로 설명할 생물학적 기계가 아니라는 사실이 더더욱 분명해진다. 양자물리학자인 헨리 스태프는 이렇게 묻는다.

'지구 미니어처'처럼 생긴 물체(뇌)의 움직임이 어떻게 인간에게

'감정'과 '이해'와 '지식'을 가져다줄 수 있는가? 고전물리학자들은 "언젠가는 그 둘(뇌와 감정, 이해, 지식) 사이의 관계가 밝혀질 것"이라고 말한다. 그러나 '관계'라는 요소를 제거해 버린 그들의 이론이 어떻게 그 관계를 설명할 수 있겠는가?[45]

고전물리학은 우리의 '독특한' 경험을 설명하지 못한다. 고전물리학은 인간의 마음에 담긴 '가능성'보다는 이미 정해진 틀 안에서의 물리적 현실에 더 집중하기 때문이다. 반면, 양자물리학에서 우리는 물리적 실체(뇌)의 변화를 주도하는 '공동 창조자'로 인식된다.

관찰자

양자물리학을 주창하여 1932년에 노벨상을 수상한 베르너 하이젠베르크는 고전 법칙의 양자 일반화를 제안했다. 하이젠베르크는 숫자를 '행위'로 치환했는데, 이러한 재편은 개별 관찰자를 양자역학의 핵심부로 부각시키는 결과를 낳았다.

여기서 숫자는 '물리 시스템의 특징'을 대변한다. 반면, '행위'는 자유의지를 지닌 채 물리 시스템(숫자)을 면밀히 조사하는 행위자를 대변한다. '숫자'를 대체한 '행위'는 고전물리학을 떠받치는 유물론(물질주의)에 위협을 가한다. 왜냐하면 양자물리학에서는 마음(개별 관찰자)이 뇌(물리 시스템)를 자유롭게 변화시키는 일이 가능하기 때문이다.

본질상, 인간의 의식과 자유선택은 물리 시스템(뇌)에 영향을 줄 수밖에 없는데, 이때 물질이 구조적으로 변화된다. 즉 마음과 생각에 따라 뇌가 변화되고, 뇌의 변화에 따라 말과 행동이 변화되는 것이다. 그리고 말과 행동의 변화에 의해 다시금 뇌가 변하고, 이러한 선순환 구조를 따라 결국 세상이 변화된다.

그러나 사실, 하이젠베르크는 무엇이 뇌를 변화시키는지 설명하지 못했다.[44] 법칙은 어디까지나 법칙일 뿐 스스로 작동하지 않는다. 고전물리학자들의 주장처럼, 법칙 자체가 뇌 변화의 원인이 될 수는 없다. 이때 존 폰 노이먼의 양자역학이 등장했다. 그는 '자유선택의지'를 지닌 인간을 상정함으로써 이 문제를 해결했다. 하이젠베르크의 '인과적 간격'을 메운 것이다.[45]

마음과 뇌의 연계를 설명한 양자이론을 '폰 노이먼 양자역학 정통 공식'Von Neumann Orthodox Formulation of Quantum Mechanics이라 부른다.[46] 폰 노이먼의 이론은, 인간의 심리적 혹은 외도적 표현(마음)이 물리적 표현(예를 들면, 뇌)에 어떤 영향을 미치는지를 설명한다.

이 이론은 기초 물리법칙을 동원하여 마음과 뇌의 인과적 연계성을 구체화했다. 즉, 마음속 생각이 말과 행동으로 이어지고, 그 결과 뇌가 변화되는 일련의 과정을 설명한 것이다. 게다가 이 이론은 마음이 뇌에 영향을 주지 못한다는 데카르트 이원론(심신이원론)의 한계마저 극복했다(데카르트는 마음과 뇌의 연계성을 언급한 심신이원론의 주창자이지만, 그의 심신이원론은 거센 반박을 이겨내지 못했다. 데카르트의 심신이원론은 인간의 마음이 어떤 식으로 뇌에 영향을 주는지 제대로 이해하지 못한 결과물이었다). 인간의 의식은 "원자의 무분별한 춤을 아무 비판 없이 '있는 그대로' 수용하는 증인들"과 같지 않다.[47] 우리는 원자나 DNA가 시키는 대로 그 장단에 맞춰 춤추고 놀아나는 존재가 아니다.

앞에서 보았듯, 인간의 뇌는 양자적 특성을 지니고 있다. 뇌의 양자적 특성은 (고전물리학으로는 설명할 수 없다) 양자물리학 연산 과정 및 양자신경생태학을 통해 입증된다. 뇌신경에서 발생하는 이온화 과정만 봐도 그렇다. 이 과정은 원자 차원에서 일어나므로, 그 규모가 너무 작아 고전물리학으로는 설명할 수 없다. 그런데 바로 이 이온화 과정이 인간의 뇌를 통제한다.

고전물리학의 한계를 보여 주는 또 다른 예로는 세포 유출 과정이 있다. 세포 유출은 우리의 뇌가 신경전달물질 분자를 시냅스로 쏟아붓는 프로세스를 말한다. 그런데 이를 설명하려면, 좀 더 미세하게 조정된 양자역학 기술을 도입해야 한다.[48]

양자이론은 마음 활동의 중요성, 마음과 뇌 연계의 중요성, 지성과 의지와 감정이 지닌 힘의 중요성을 분명히 보여 준다. 이러한 것들이 우리의 뇌를 물리적으로 변화시킨다! 그 결과 양자이론은 신경과학 및 신경심리학과 더불어 학습과 기억의 중요성을 설명해 주는 매우 강력한 도구로 자리매김했다. 그래서 나는 내가 개발한 '측지 정보처리 이론'_{Geodesic Information Processing Theory}에 양자물리학을 접목하였다(측지 정보처리 이론은 마음과 뇌의 연계성을 잘 설명해 준다. 측지 이론에 대해서는 다음 장에서 살펴보겠다).

철학자이자 신학자인 키스 워드는 양자이론을 가리켜 '가장 깊은 것을 이해할 수 있도록 도와주는 유사 이래 개발된 이론 중 가장 정확한 모델'이라고 말했다.[49] 키스 워드가 말한 '가장 깊은 것' 두 가지는 언젠가 한 번은 답해야 할 중요한 질문들로 대변되는데, 하나는 "인간으로서 우리는 어떻게 생각하는가?"이고, 다른 하나는 "우리는 왜 사는가?"이다. 양자물리학은 우리의 마음이 얼마나 강력한지를 보여 줌으로써, 인간이 지닌 삶의 목적을 과학적으로 설명해 냈다.

게다가 양자물리학은 개인의 선택에 따라 뇌와 신체와 세상이 변화될 수 있음을 시사한다. 이처럼 양자물리학은 생각의 중요성 및 우리가 얼마나 독특한 존재인지를 강조하는 과학이론이다.

종합하면, 양자물리학은 우리가 직관적으로 느끼는 '그 무언가'를 입증해 준다. 그것은 우리의 생각에 '물리 시스템'을 변화시킬 만한 능력이 담겨 있다는 사실이다.

얽힘

양자물리학은 이 세상이 얼마나 얼기설기 얽혀 있는지를 알려 준다. 지구로부터 10억 광년 떨어진 곳에서 광자$_{photon}$가 생겨났다고 하자. 물론 당신은 그 사실조차 모를 것이다. 하지만 그처럼 먼 곳에서 일어난 광자의 발생 사건도 당신에게 영향을 미친다.

'벨의 정리'$_{Bell's\ Theorem}$ (1964년 제네바 CERN에서 발표)[50]로 유명한 존 벨은 이 우주의 모든 구성 요소 사이에 결코 분리할 수 없는 '양자 연관성'이 존재함을 이야기했다. 시간적·공간적으로 아무리 멀리 떨어져 있는 요소들이라도 서로서로 관계를 맺고 있다는 것이다. 이러한 양자적 관계는 시공을 초월하여 존재한다.

22장

측지 정보처리 이론

드디어 마지막 장까지 왔다! 그동안 수고가 많았다! 이 장에서 우리는 이 책의 모든 내용을 받쳐주는 '과학적 근거'가 무엇인지 살펴볼 것이다. 어렵다고 느껴진다면, 이 장을 읽지 않아도 된다. 이미 이 책에서 많은 유익을 얻었을 테니 말이다.

그럼에도 나는 이 장에 매우 중요한 과학적 개념을 실었다. 물론 내가 개발한 5단계 학습과정의 기초를 잘 이해하길 바라는 마음에서 최대한 간단하게 설명하려고 노력했다.

이 장에서 우리가 다룰 내용은 매우 복잡한 개념들이다. 그러나 '자가 정신 케어'나 '깊은 생각 너머'로 나아가는 데 필요한 핵심 포인트들이다.

약 30년 전, 나는 측지 정보처리 이론을 개발했고, 이후 계속해서 이 이론을 업데이트시켜 왔다. 이 책에 제공된 다양한 도구들과 내가 개발한 프로그램들은 모두 측지 정보처리 이론에 뿌리를 내리고 있다.[1] 은사 프로파일과 〈뇌의 스위치를 켜라 – 5단계 학습과정〉 역시 측지 모델의 기반 위에 세워졌다.

이 장을 읽어나가는 동안 〈그림 22.1〉을 여러 번 반복해서 확인하면 좋을 것 같다.

측지 이론은 다양한 구성요소를 지니고 있다.

- 일곱 개의 메타인지 모듈이 있다: 내면(성찰), 대인관계, 언어, 논리/수학, 운동(감각), 음악, 시각/공간

- 각각의 메타인지 모듈마다 4개의 처리 시스템이 있다. 4개의 처리 시스템은 말하기, 읽기, 쓰기, 듣기이다.

- 말하기, 읽기, 쓰기, 듣기의 처리 시스템은 각각 3개의 '메타인지 변역(도메인)'으로 나뉜다: 서술 변역('무엇'에 해당하는 기억 속 정보), 절차 변역('어떻게'에 해당하는 기억 속 정보), 조건 변역('언제/왜' 또는 기억의 목적과 감정 요소에 해당)

- 메타인지 변역은 '기술記述 체계'(기억)의 구조를 제공한다. 당신만의 독점적인 '기억'은 이들 세 가지 메타인지 변역에 자리한다.

- 메타인지 변역에서 일어나는 활동은 '마음'의 규제(생각, 느낌, 선택)에 의해 통제된다. 학습의 90-99% 정도가 이뤄지는 무의식 차원에서는 이러한 마음의 규제를 '역동적 자기규제'dynamic self-regulation라 하고, 학습의 1-10%가 이뤄지는 의식 차원에서는 이것을 '능동적 자기규제'active self-regulation라고 한다.

〈그림 22.1〉 측지 정보처리 모델

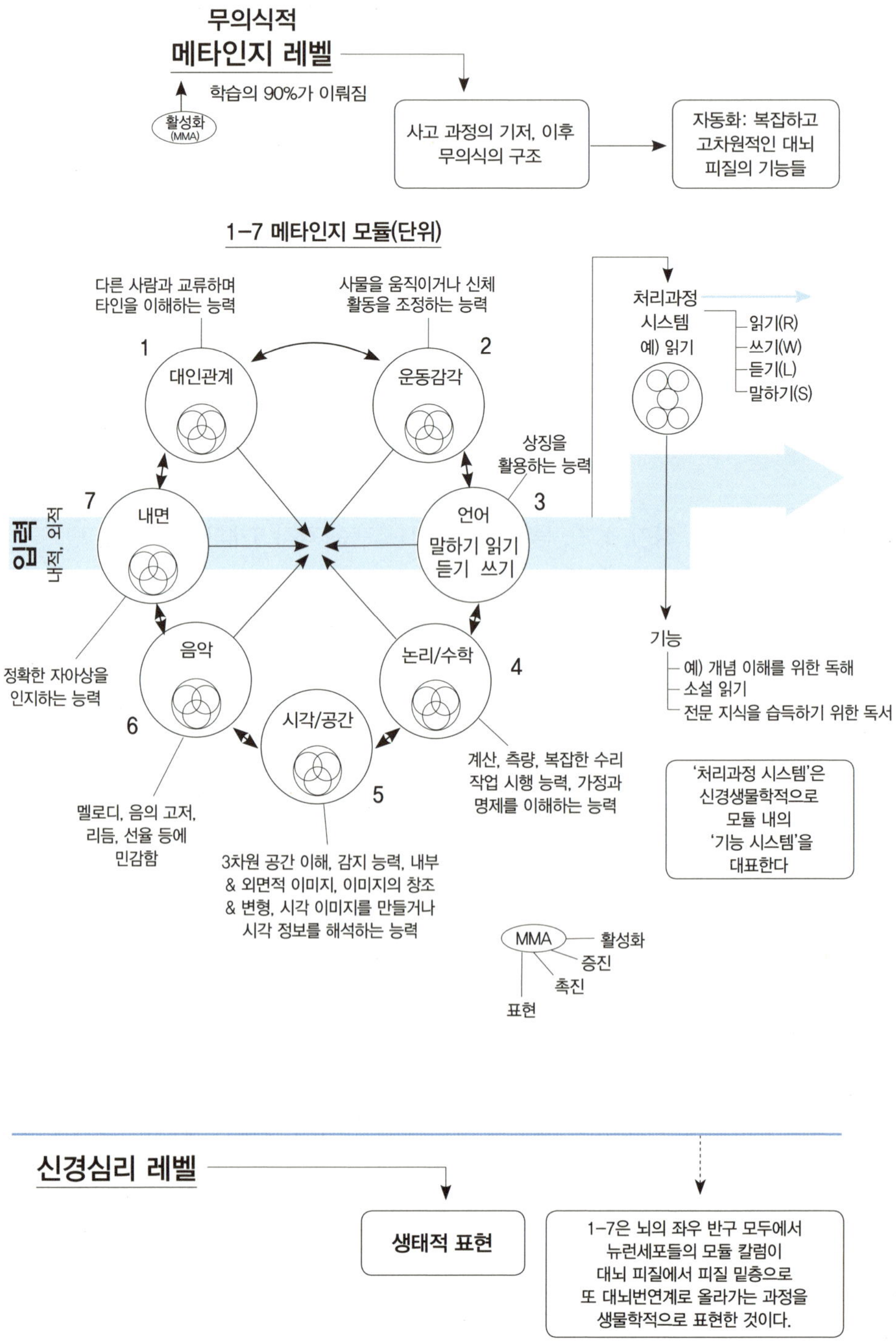

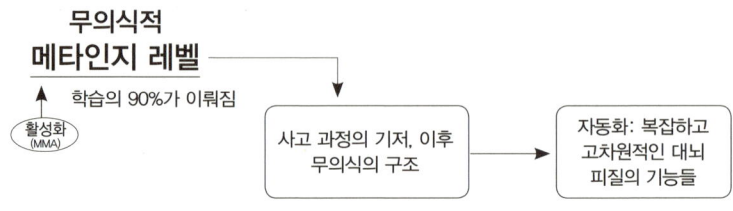

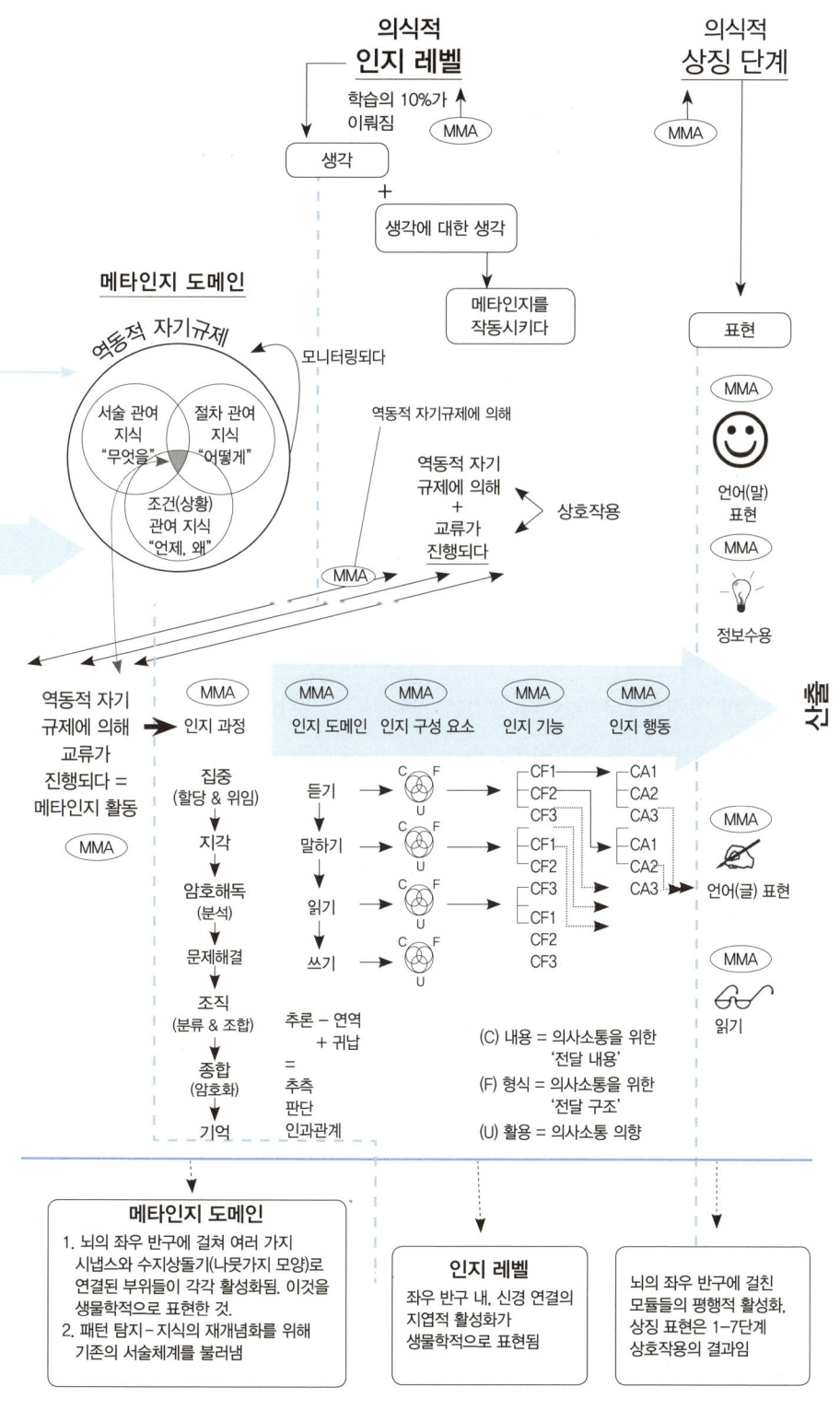

- '메타인지 활동'은 한마디로 '깊은 생각'을 말한다. 당신이 깊이 생각할 때 서술, 절차, 조건(무엇, 어떻게, 언제/왜)으로 대변되는 메타인지 변역이 당신의 깊은 생각과 교류하는데, 이 같은 깊은 생각을 메타인지 활동이라고 한다. 다시 말해서 기억 속 '무엇, 어떻게, 언제, 왜'를 이끌어내는 깊은 생각이 메타인지 활동인 것이다. 의도적인 깊은 생각(의도적 사고)을 할 때, 의식 차원에서의 '능동적 자기규제'가 활발해지는데, 이때 의식의 '능동적 자기규제'와 무의식의 '역동적 자기규제'의 교류도 활발해진다.

- 가장 많은 에너지를 담고 있는 기억: 무의식의 기억들이 의식 영역으로 이동한다. 본질상, 기억은 생각이다. 반복적으로 주의를 기울여 접근 가능한 형태로 내장되어 있을 뿐, 기억 역시 생각이다. 어떤 기억이 의식의 영역으로 이동했다는 것은, 우리가 그 생각(기억)을 자주, 오래도록 품어 왔다는 사실을 반영한다.

일곱 개의 메타인지 모듈

일곱 개의 메타인지 모듈은 서로 뒤얽히는 방식으로 작동한다. 그리고 그 방식은 사람마다 다르다. '은사'라는 구조 안에서 일곱 개의 메타인지 모듈들은 복잡한 양자 무의식 영역에 내재하는데, 참고로 우리의 무의식은 1초에 10의 27승 속도로 하루 24시간 쉼 없이 활동한다.

일곱 개의 메타인지 모듈은 인간의 지식과 지적 잠재력의 범위를 대표한다(메타인지 모듈은 지적 잠재력을 '포괄적'으로 나타내기보다는 '대표적'으로 나타낸다). 참고로 인간의 지식과 지적 잠재력의 범위에는 제한이 없다.

모든 사람은 일곱 개 메타인지 모듈의 전체 스펙트럼을 지니고 있다. 다만 사람마다 그 조합 방식이 다를 뿐이다. 그러므로 각 사람은 저마다 독특한 인지 형태를 나타내 보인다. 결국 각 사람의 맞춤형 사고 역시 다르다. 우리는 2부에서 배운 은사 프로파일을 통해 이 사실을 확인했다.

여기서 주의할 점은, 내가 개발한 측지 모델의 일곱 개의 메타인지 모듈이 하워드 가드너가 개발한 '다중지능이론'multiple intelligences의 '일곱 가지 지능'과는 다르다는 것이다.[2] 측지 모델에서의 일곱 모듈은 메타인지 도메인(변역)의 세 가지 지식을 한데 아우른다. 여기서 세 가지 지식이란 서술적 지식, 절차적 지식, 조건적 지식을 말한다. 그러나 가드너 모델에서의 '지능'은 오직 절차적 지식만을 통합한다. 그러므로 인간 지성의 범위를 생각하면, 가드너의 모델은 불완전하다고 할 수 있다.

우리는 환원주의의 입장으로 인간의 생각과 느낌과 선택을 다룰 수 없다. 각각의 모듈은 독특한 인지 능력을 지닌 채 독자적으로 작동하지만, 우리가 정보를 처리할 때(생각하고 느끼고 선택하는 과정 중) 모듈들은 서로 교류한다. 메타인지 모듈들의 상호 교류로 인한 최종 결과물은 '모듈의 질적 향상'이다. 그래서 고차원의 생각이 생성된다.

일곱 개의 메타인지 모듈은 '조화'를 이루며 활동한다. 물론 어떤 사람의 말과 행동을 관찰한다고 해서 그 사람의 메타인지 모듈이 어떠한지 전부 파악할 수는 없다. 우리는 그 사람의 일곱 모듈이 그에게만 유효한 방식으로 교류하여 만들어낸 최종 산물(말, 행동)만을 볼 뿐이다. 이렇게 만들어진 말과 행동은 그 사람의 전인성全人性을 반영하게 된다.

처리 시스템

앞서 언급했듯이 일곱 개의 메타인지 모듈은 말하기, 읽기, 듣기, 쓰기의 처리 시스템을 수행한다. 그리고 각각의 처리 시스템은 다양한 '기능'을 보유하고 있다. 예를 들어 '읽기'라는 처리시스템은 개념화 작업을 위한 읽기, 유흥을 위한 읽기(소설 등), 정보 습득을 위한 읽기(복잡한 매뉴얼 독서) 등의 기능을 보유하고 있다. '쓰기'도 마찬가지이다. '쓰기'에는 이메일 쓰기, 소설 쓰기 등의 기능이 있다. '말하기'도 마찬가지이다. '말하기'라는 처리 시스템은 연설, 친구와의 대화 등 다양한 기능으로 분류된다.

하나의 처리 시스템은 다양한 과정의 총체이다. '읽기'라는 처리 시스템을 예로 들어 보자. '읽기'는 일곱 메타인지 모듈 중 '언어 영역'의 모듈에 속해 있는데, 눈으로 활자를 따라 확인하는 과정, 시각적으로 활자를 분별하는 과정, 각각의 활자를 의미 단위로 묶는 처리 과정, 그 의미를 이해하는 과정 등으로 구성된다. 그리고 '읽기'(처리 시스템)에는 다양한 기능이 포함된다. 이를테면 사실 습득을 위한 읽기, 소설 속 등장인물에게 일어난 일들을 확인하는 읽기, 단순한 유희를 위한 읽기 등이다. 우리는 각자의 필터와 해석의 틀(이것이 '맞춤형 사고'이다)을 사용하여 이 작업을 수행한다.

신경학적으로 볼 때, 처리 시스템은 뇌 속의 여러 다양한 부위의 상호작용으로 진행된다. 이러한 처리 시스템(말하기, 읽기, 듣기, 쓰기)은 인지 활동(깊은 생각)을 거쳐 '상징'이란 결과물을 낸다. 여기서 상징체계란 말과 행동을 뜻한다(그림 22.1을 참고하라). 측지 모델에서 처리 시스템은 하나의 통로와 같다. 측지 모델의 처리 시스템을 통해 특정 변역(기억의 서술, 절차, 조건)에 속한 지적 능력이 발현된다.

자신의 맞춤형 사고로 생각하고 〈뇌의 스위치를 켜라 - 5단계 학습과정〉을 활용할 때, 당신은 각 기능을 효율적으로 선택하고 통합할 수 있다. 그 결과 인지활동(깊은 생각)을 통해 최고의 성과를 내게 된다. 즉, 상황에 알맞은 말과 행동을 수행하게 된다는 뜻이다.

역동적 자기규제

책을 읽거나 연설을 하려면, 특정한 처리 시스템이 활성화되어야 한다. 이렇게 처리 시스템을 활성화시키는 과정을 가리켜 '역동적 자기규제'라고 한다. '역동적 자기규제'는 무의식을 작동시키는 강력한 원동력이자 '맞춤형 사고'를 가능하게 만들어 주는 매우 독특한 요소이기도 하다.

앞에서 언급했듯, 무의식은 24시간 내내 쉬지 않고 활동한다. 그러므로 무의식을 활성화시키는 역동적 자기규제 역시 항상 활동한다. 당신의 무의식은 '분석 과정'을 멈추지 않는다. 그 모든 기억(일상의 경험에 대한 반응을 통해 변화되고 성장하는 기억)을 끊임없이 분석하고, 청소하고, 읽어내고, 종합한다.

무의식의 이 같은 활동은 고차원의 의사결정을 책임진다. 물론 당신은 무의식의 활동을 알아채지 못할 수도 있다. 그렇다 해도 무의식에서의 의사결정 활동은 지속된다. 무의식의 역동적 자기규제는 사고와 학습의 90%까지 통제하고, 장기기억 및 믿음체계(세계관)를 활성화하여 그 결과물을 의식의 영역으로 이동시킨다. 이에 우리의 의식은 기억과 믿음체계를 인식하고, 이렇게 인식한 기억과 믿음체계는 우리가 생각하고 느끼고 선택하는 방식에 지대한 영향을 미친다. 이를 내적 재건축 과정(기억의 재설계, 기억의 성장, 기억의 변화)이라 한다. 내적 재건축이 진행되는 동안 역동적 자기규제는 일곱 메타인지 모듈 안에 경각심, 깨어 있는 의식을 꾸준히 주입한다.

능동적 자기규제

의식 영역에서 이뤄지는 인지 사고cognitive thinking를 '능동적 자기규제'라고 한다. 우리가 깊은 사고를 거듭할수록(깊은 생각에 빠져들수록) 의식 영역에서의 능동적 자기규제는 무의식 영역에서의 역동적 자기규제와 더욱 활발하게 교류한다. 성격상, 능동적 자기규제는 다분히 의도적인 성향을 띤다. 즉, 무언가에 집중하기로 '결정'한 당신의 '선택'에 의해 통제된다는 뜻이다. 능동적 자기규제의 효율성은 일정 시간 동안 당신이 무언가에 얼마나 깊이 집중하느냐로 평가된다.

생각(기술[記述]체계 또는 기억이라고도 함)은 의도적·반복적·의식적인 인지 사고를 통해 자동화(습관처럼 굳어짐)되는데, 이 사실을 이해하는 것이 중요하다. 무언가를 완전히 이해하기까지, 이러한 종류의 사고가 최소 63일(21일 주기 3회) 동안 반복되어야 한다.

메타인지 변역(도메인)과 기술체계

일곱 개의 메타인지 모듈은 각각 '메타인지 변역(도메인)'이라 불리는 작동 시스템을 갖추고 있다. 메타인지 변역(도메인)은 '서술'(무엇) 지식, '절차'(어떻게) 지식, '조건'(언제/왜) 지식을 이용하여 기술記述 체계, 즉 패턴 형태의 기억들을 구축한다(형성되는 기억에 '패턴'이 나타나는 것이다). 이렇게 구축된 기억(기술체계)은 믿음체계 또는 세계관으로 성장·발전하고, 더 나아가 우리의 태도에 스며든다(여기서 '태도'는 기술체계가 확장되고 강화된 결과물이다).

매일, 매 순간 우리는 주변 환경 속에 융합된다. 환경을 보고, 생각하고, 느끼고, 선택하면서 무언가를 배우고 '생각'들을 뇌 속에 심는다(생각은 물리적 실체이다). 이 정교하고 복잡한 과정은 생각, 감정, 선택, 이 세 타입의 지식이 메타인지 변역에 첨가되어 기억(기술체계)이 확장되고 견고해지는 과정이다.

우리의 마음속에서 이 과정은 하루 24시간 쉼 없이 진행된다. 심지어 우리가 잠을 잘 때에도 멈추지 않는다! 물론 자신의 마음속에서 어떤 일이 일어나는지, 우리는 일일이 알지 못한다. 그래도 우리는 참 멋진 지적 知的 존재이다!

메타인지 영역에서 일어나는 일은 사람마다 다르다. 저마다 고유한 지각과 해석의 틀을 갖고 있기 때문에, 이를 기반으로 사람마다 다른 기억을 생성하고 저장하는 것이다. 따라서 동일한 사건을 접하더라도 이에 대한 기억은 저마다 다르며, 기억을 생성하고 저장하는 방식 또한 사람마다 다르다.

정보가 유입되면, 그 정보에 맞는 독특한 방식으로 신경계 안의 다양한 메커니즘이 활성화되고, 그 결과 뇌 안에 구조적 변화가 일어난다. 이러한 과정 역시 사람마다 다르다. 뇌의 연산장치들이 반복적으로 사용되고, 서로 협력하고 교류할 때 '지식'이 형성되는데, 이렇게 만들어진 지식 역시 당신에게만 유용하고 유의미하다. 그러므로 측지 모델에서의 메타인지 변역은 다음과 같은 사실을 말해 준다고 할 수 있다. "인간은 특정한 정보(지식)에 대해 자신만의 독특한 방식으로 민감해진다."

예를 들어 당신과 내가 동일한 정보를 접했다고 하자. 이때 당신과 나의 마음은 작동하기 시작한다. 마음은 뇌의 회로판을 통해 정보를 분석해 낸다. 당신의 '자기규제'는 나의 '자기규제'와 완전히 다르기 때문에, 당신의 정보 이해(지식)와 나의 정보 이해(지식) 역시 완전히 다르다. 각 사람은 자신만의 맞춤형 사고를 사용하여 자신만의 독특한 방식으로 일련의 정보처리 과정을 수행한다.

즉지 정보처리 모델에서 '기억'은 인지 과정의 일부로 간주된다. 인지 과정이 진행되는 사이 새로운 기술체계는 재디자인된다. 기억, 곧 기술체계의 재개념화가 이뤄지는 것이다. 재개념화된 기억은 적절한 메타인지 모듈의 적절한 메타인지 변역에 '서술 지식', '절차 지식' 또는 '조건 지식'의 형태로 저장된다. 이처럼 재개념화된 기억은 의식 영역에서 강화된 후 메타인지 영역에 저장된다. 메타인지 영역에 저장된 지식은 훗날 새로운 지식들이 재개념화될 때 참고 자료로 활용된다.

메타인지 행동과 준비 전위

의도적이고 고의적인 능동적 자기규제는 역동적 자기규제와의 교류를 활성화시킨다. 이 둘이 활발하게 교류한 결과는 '깊은 생각'인데, 이것을 가리켜 '메타인지 활동'이라 한다. 기억을 형성하고 있는 '무엇', '어떻게', '언제/왜' 등의 요소들은 '깊은 생각'을 통해 활발하게 교류하고, 그 과정 중 기억은 충분한 에너지를 얻어 의식의 영역으로 이동한다. 이렇게 무의식 속의 기억이 의식으로 이동할 때까지 메타인지 활동은 계속된다.

그러나 만일 생각이 깊지 않다면, 다시 말해 63일의 시간 동안 생각이 반복되지 않는다면(참고로 의도적인 생각은 '이해력 증진'에 목적을 둔 생각으로, 능동적 자기규제와 역동적 자기규제의 상호교류를 통해 만들어진 결과물이다), 그 생각은 무의식의 영역에 그리 큰 영향을 미치지 못할 것이다.[3] 지금 당신은 이 책을 통해 메타인지 행동(깊은 생각)의 활성화 방법을 배우고 있다.

의도적인 생각, 깊은 생각은 당신의 세계관을 형성한다. 깊은 생각은 무의식의 영역에까지 뿌리를 내리는데, 그 뿌리가 무의식의 깊은 곳에 위치하므로 우리가 의식적으로 인지하기는 어렵다. 비록 의식적으로 이 같은 생각들을 떠올릴(인지할) 수는 없지만, 무의식의 생각들은 생각, 느낌, 선택 등 의식의 최종 결과물에 큰 영향을 미친다. 무의식에 뿌리박힌 생각들이 의식 영역의 생각, 느낌, 선택에 영향을 미치는 것이다.

그러나 무의식의 생각들을 인지하는 것이 전혀 불가능하지만은 않다. 만일 우리가 '맞춤형 사고'를 통해 깊은 생각에 잠긴다면, 무의식에 내재한 생각들을 인지해 낼 수 있다. 왜 그런가? '맞춤형 사고'가 무의식의 생각들에 충분한 에너지를 부여하여 무의식의 생각들을 의식 영역으로 이동시키기 때문이다. 충분한 에너지를 부여받은 무의식의 생각들은 의식 영역으로 이동하게 되어 있다.

그러므로 메타인지 활동은 맞춤형 사고를 통해 형성되고, 맞춤형 사고의 본질적 요소로 표현되는 '깊은 생각', '깊은 느낌', '깊은 선택'이다. 무의식의 기억이 에너지를 얻어 의식 영역으로 이동할 때, 당신은 그 기억을 인식하게 된다. 물론 그렇게 인식한 기억이 현재 당신이 집중하고 있는 생각에 영향을 미칠 수도 있고, 그렇지 않을 수도 있다. 그것은 당신의 의식적 선택에 달렸다.

무의식의 기억이 의식 영역으로 이동할 때, 그것과 연관된 기억들도 무의식에서 의식으로 이동한다. 즉, 새로운 지식들(연관 기억)이 기억에 첨가되므로, 당신의 경험은 확대되고 풍성해진다. 더욱 깊은 생각에 빠질수록 기억의 통합 방식은 더 나아진다. 게다가 깊은 사고는 지식의 재개념화에도 크게 기여한다.

그러나 우리는 단지 기억 속에 새로운 사실들을 첨가하는 것이 아니다. 우리가 인지한 새로운 정보 조각들로 기억을 재디자인하는 것이다. 만일 당신이 깊게 사고하는 사람이 아니라면(의도적으로 집중하여 생각하지 않고, 반복하여 생각하고, 느끼고, 선택하지 않으며, 자신이 배운 것에 대해 책임지려고도 하지 않는다면), '입력'input 은 인지적·감정적·행동적·학문적 변화를 일으킬 만큼 강력하지 않을 것이다.

이 책 전반에 걸쳐 말했듯, 우리가 맞춤형 사고 안에서 자신만의 방법으로 깊게 생각하고(18장의 은사 프로파일 참고) 〈뇌의 스위치를 켜라 - 5단계 학습과정〉을 활용하면, 뇌의 신경가소성이 활성화된다. 실제로 깊은 생각을 통해 우리의 뇌가 변하는 것이다. 마음은 뇌 속 뉴런과 수지상돌기의 활동을 읽어 내고 분석한다(수지상돌기는 마음의 신호에 의해 생성된 기억들이 저장되는 곳이다). 더욱 깊이 생각함으로써 메타인지 활동량을 늘려갈수록 우리는 물리적 형태의 기억에 더 많은 영향을 끼치게 되고, 그 결과 기억은 더 많은 변화를 겪게 된다. 이제 기억은 추후에 메타인지 활동을 통해 '다시 읽힐' 준비가 된 상태이다. 그리고 곧 기억의 재개념화가 이뤄질 것이다. 물론 우리의 뇌가 제대로 작동해야 이 모든 과정이 차질 없이 진행된다.

과학자들은 '준비 전위'readiness potential (인간이 움직이려고 의도[의식]하기 전, 뇌 안에선 이미 그 운동을 일으키려는 전기적 활동이 일어나는데, 이것을 '준비 전위'라 부른다 - 역자 주) 안에서의 무의식적 역동적 자기규제 활동이 어떻게 이뤄지는지 그 경위를 추적한다. 준비 전위는 역동적 자기규제와 능동적 자기규제의 교류에 개입한다. 참고로 역동적 자기규제와 능동적 자기규제의 상호교류를 활성화시키는 것은 의도적이고 깊은 사고이다.

일단 둘 사이의 상호교류를 통해 인지 과정이 시작되는데, 인지는 메타인지에 의해 규제되며, 메타인지 처리 시스템(말하기, 듣기, 읽기, 쓰기)을 가동하여 상징(말과 행동)이란 결과물을 생산해 낸다. 이 책에 소개된 도구들을 사용하면, 당신은 이 과정을 활성화시킬 수 있다.

의식의 문제

인간의 의식 연구 분야에서 개척자와 같은 벤자민 리벳은 인지와 메타인지에 대한 연구를 시행했다(그의 연구는 인지와 메타인지를 대상으로 한 초창기 연구 중 하나였다).[4] 리벳의 연구는 1980년대 초반부터 시작되었는데(내가 졸업논문을 처음 시작할 즈음이었다), 그의 연구는 인간의 의식 문제를 다루는 수많은 후배 과학자들의 연구 선례가 되었다.

연구 중 리벳은 피실험자들에게 EEG(뇌에서 일어나는 전기활동 측정 기구 - 역자 주)를 연결한 후 그들에게 간단한 운동, 이를테면 버튼을 누르는 등의 자의적 운동을 요청했다. 그리고 다음과 같은 주의사항을 일러두었다. "어떤 버튼을 누를지 결정할 때, 그 선택에 의식적으로 집중하시기 바랍니다." 실험 결과, 어떤 버튼을 누를지 의식적으로 선택하기 직전, 대략 200ms(0.2초) 전, 피실험자들의 뇌에서 '의식 활동'이 시작되었다는 것을 알 수 있었다(뇌에서 전기활동이 관측되었다). 리벳은 이러한 현상을 발견하고 이를 '준비 전위'라 불렀다. 그리고 어떠한 의식적 활동이 시작되기도 전에 피실험자들에게서 무의식의 활동이 나타난다는 것을 알아냈다(리벳은 피실험자들에게서 의식 활동이 시작되기 전, 대략 0.35초 즈음에 무의식의 활동이 진행되는 것을 관찰했다).

이후의 연구는 인간이 무언가를 의식적으로 선택하기 전, 무의식에서 일어나는 강화buildup 현상을 10초전까지 추적해 냈다. 적어도 의식 활동이 일어나기 10초 전부터 무의식이 작동하기 시작한다는 사실을 밝혀낸 것이다.[5]

그러나 유물론을 추종하는 사람들은 리벳의 실험 결과를 자기 입맛에 맞게 해석하며, 이를 근거로 "인간에겐 자유의지(선택 능력)가 없다"고 주장한다. 그들은 다음과 같이 말한다. "이와 같은 연구는 의식의 주체가 '뇌'라는 사실을 보여 줄 뿐이다. 인간이 의식적 결정을 내리기 전, '준비 전위'가 시작되는 것만 보더라도 이 사실을 알 수 있다. 뇌가 인간의 생각을 지배한다."[6] 그들은 '인간에게 자유의지가 있다'는 사실을 부인하고 싶어서 이러한 입장(해석)을 강력히 내세운다.

그러나 추후에 이뤄진 많은 연구는 그들의 주장이 잘못되었음을 보여 주었다. 인간이 의식적인 결정을 내리지 않을 때에도 여전히 '준비 전위'가 시작된다는 연구결과가 속출했기 때문이다(즉, 의식적인 결정과 상관없이 '준비 전위'가 시작되는 것이 관찰되었다). 일례로 한 실험에서 피실험자들의 눈앞에 여러 모양의 물체를 지나가게 한 후 정육면체가 나타날 때에만 버튼을 누르도록 요청했는데,[7] 이때 피실험자들의 뇌 활동을 관찰해 보니 자극이 주어지기도 전에(어떠한 도형도 보여 주지 않았는데) 이미 버튼을 누르려는 '준비 전위'가 시작된 것을 알 수 있었다.

> 우리의 실험결과는 놀랍습니다. 자극이 주어지기 훨씬 전부터 (운동 반사 전에 일어나는) 신경활동이 활성화된다는 사실을 알게 되었으니까요. 어떤 도형도 보여 주지 않은 상태였기 때문에 실험 참가자들은 왼쪽 버튼을 눌러야 할지, 오른쪽 버튼을 눌러야 할지 알 수 없었습니다. 그럼에도 그들의 신경활동은 이미 활성화되었습니다.
> 게다가 자극이 주어지기 전에 신경활동이 활성화되었으므로, 왼쪽 버튼을 누르겠다는 결심에서의 신경활동 양상과 오른쪽 버튼을 누르겠다는 결심에서의 신경활동 양상은 별반 다르지 않았습니다. 즉, 이것은 둘 중 하나의 버튼을 누르기 위해 결심하고 준비하는 과정으로 볼 수 없습니다.[8]

그러므로 우리는 "뇌가 어떤 버튼을 누르도록 결정했다"고 말할 수 없다. '준비 전위'는 눌러야 할 버튼이 있든 없든(혹은 자극이 주어지든, 주어지지 않든), 이미 존재했기 때문이다. 바꿔 말하면, 뇌는 결정의 주체가 아니라는 뜻이다. 우리가 결정을 내리는 시점에서 뇌가 아닌 다른 무언가가 결정 행위를 주도한다. '왜 인간은 이런저런 결정을 내리는가?'에 대해 뇌를 보아서는 답을 할 수 없다. 왜냐하면 뇌는 그 사람의 경험이나 자유의지에 대해 아무것도 알려 주지 못하기 때문이다.

리벳은 자유의지의 존재를 부인하지 않았다.[9] 그는 뇌의 활동이 지속되는 동안에도 인간의 '마음'이 이를 거부할 수 있다는 사실에 주목했다. 그는 이러한 현상을 '의식적 거부' conscious veto 라 부르는데, 이것은 성경

전반에 걸쳐 등장하는 '자유의지'를 지지해 준다. 혹 뇌가 자발적으로 작동하여 특정 임무를 수행한다 해도, 최종 결정권은 뇌가 아닌 '마음' 또는 '자아'(맞춤형 사고)에 있다. '맞춤형 사고'는 뇌의 활동을 막기도 하고, 거부하기도 한다. 그렇다. 우리의 '결정'이 중요하다!

앞에 소개한 연구는 우리의 뇌가 자발적으로 행동한다는 것을 증명하지 못했다. 뇌에는 자동조종장치가 없다. 몇몇 저명한 유물론자들의 주장과 달리, '자유의지'는 결코 허상이 아니다.[10] 오히려 (회로판과 같은) 뇌는 무의식에 반응하는 양상을 나타낸다. 혹은 무의식의 '마음'에 영향을 받는 것처럼 보인다고도 할 수 있다.

참고로 무의식을 지휘하는 것은 역동적 자기규제이다. 그리고 무의식의 기억들 중 어떤 것을 의식 영역으로 이동시킬지 선택하는 과정은 우리의 무의식 영역을 조화롭게 만든다. 결국 역동적 자기규제와 기억을 선택하는 과정이 우리의 무의식 안에 조화를 이루고, 우리의 뇌는 이러한 무의식에 반응하는 것이다. 일단, 무의식 속의 기억이 의식 영역으로 이동하면, 우리는 맞춤형 사고의 필터로 그 기억을 걸러 내어 필요한 정보를 뽑아내고, 그렇게 얻은 정보를 생각하고(생각) 느끼면서(느낌) 그 정보에 따라 행동할지 거부할지 선택한다(선택).

당신의 맞춤형 사고와 나의 맞춤형 사고는 다르다

각 사람의 맞춤형 사고가 다른 것은 일곱 개 메타인지 모듈의 구성이 다르고, 메타인지 변역이 다르며, 처리 시스템이 다르기 때문이다. 역동적 자기규제와 능동적 자기규제의 메타인지 활동(깊은 생각) 역시 다르다. 물론 마음을 활용하는 방식도 전부 다 다르다. 왜냐하면 '무엇을, 어떻게, 언제, 왜' 등의 모든 요소에 맞춤형 사고가 스며들기 때문이다. 역동적·능동적 자기규제를 다루는 방식에도 맞춤형 사고가 스며들어 있다.

'은사 프로파일'을 시행하는 동안 당신은 맞춤형 사고의 자물쇠를 풀게 된다. 그 결과 자아에 대한 인식이 깊어진다. 자신의 맞춤형 사고를 깊게 들여다보기 때문에 생각하고 느끼고 선택하는 능력이 증진되는데, 이것을 '지적인 깊은 생각'intelligent mindfulness 이라 부른다.

일곱 개의 메타인지 모듈은 서로 얽히는 방식으로 동시에 작동한다. 그런데 모듈들이 작동하는 양상은 각 사람마다 다르다. 모든 사람이 생각하고 느끼고 선택할 줄 알지만, 각 사람의 지문이 다 다르듯 그들의 맞춤형 사고 역시 다 다르다.

메타인지 모듈과 관련하여 일곱 개의 모듈이 동시에 작동할 때 발산되는 힘(합계 강도)이 중요하다. 뇌 외피가 수행하는 고차원 작업의 수준은 각각의 모듈이 얼마나 조화롭게 교류하느냐에 달려 있다. 모듈 간의 교류는 일곱 개의 모듈을 동시에 모두 활성화시킬 때에만 가능하다. 하지만 맞춤형 사고를 이탈할 경우, 모듈 전체의 활성화는 불가능하다. 올바르지 않은 생각은 일부의 모듈만을 활성화시킬 뿐이다.

그러므로 우리는 무엇에 집중하여 생각할지 유의해야 한다. 건강을 해치는 생각도 품을 수 있으므로, 이 책에 소개한 방법들을 사용하길 바란다. 그러면 당신은 올바르게 생각하며 성공을 꾀할 수 있다.

학습

'학습'을 다른 말로 표현하면, '지식의 창조적 재개념화'creative

reconceptualization이다. 자신만의 독특한 방식으로 새로운 정보를 수용하고, 또 그 정보를 '재개념화'하여 인식하는 것이 학습이다. 이러한 학습은 능동적·역동적 자기규제에 의해 통제된다.

각 사람의 관여도에 따라 학습의 질은 달라진다. 학습은 언제, 어디서나 이뤄질 수 있다. 그리고 학습의 정수精髓는 '의미'이다. 무엇을 배우느냐가 삶의 의미를 좌우한다. 왜 그런가? 학습이 우리의 세계관을 조형하기 때문이다. 우리는 사물을 볼 때 세계관이라는 '사고의 필터'로 걸러 내고, 그렇게 걸러 낸 것을 나만의 고유한 지식으로 수용한다.

맞춤형 사고로 생각하고 〈뇌의 스위치를 켜라 – 5단계 학습과정〉을 시행할 때, 우리는 건강한 방법으로 학습하여 건강한 기억을 쌓게 된다. 이 분야에 대한 (이론 물리와 차별을 둔) 실험 물리학의 노력을 통해 새로운 사실들이 밝혀질 때마다 '기억 형성'을 주도하는 '깊은 사고'와 '집중된 학습'의 중요성은 더욱 크게 대두된다. 나는 지난 30년이 넘는 기간 동안 해당 주제를 연구하며 이 사실을 입증해 왔다.[11]

그러나 맞춤형 사고를 이탈할 때, 우리는 왜곡된 방식으로 학습하여 유해한 기억을 구축하고, 그 결과 자신의 뇌와 몸에 손상을 입힌다.

스스로에게 이렇게 자문해 보라. "과연 나는 기억의 저장고에 어떤 기억을 쌓아 두길 원하는가?" 가장 많이 생각하고, 가장 많이 집중한 것이 가장 크게 자라나는 법이다. 그렇게 오랫동안 반복하여 생각해 온 것들이 우리의 믿음체계(관점 또는 세계관)를 형성하고 세계관에 영향을 미친다. 속담이 말해 주듯, "사랑하면 닮아간다." 당신이 무언가를 사랑하면, 당신은 그것처럼 변해 가게 되어 있다. 물론 무엇을 사랑하느냐에 따라 우리가 경험하게 되는 변화는 달라진다. 그것은 긍정적인 변화일 수도 있고, 부정적인 변화일 수도 있다.

맞춤형 사고를 활용하여 '올바른 사고구조'를 장착하라. 〈뇌의 스위치를 켜라 - 5단계 학습과정〉을 적용하라. 그러면 당신은 생각하고, 배우고, 성공할 수 있다!

에필로그

사고구조에는 '힘'이 담겨 있다. 이 '힘'을 활성화시키는 것은 맞춤형 사고이다. 그리고 5단계 학습과정은 이 '힘'을 쌓아 올려 장기기억으로 전환시킨다.

사고구조는 '화대畫臺'이다. 혹은 캔버스와 물감이라고 할 수도 있다. 맞춤형 사고는 그림을 그려 내는 '힘'이다. 우리가 알고 있듯, 각 사람의 그림은 다 다르다. 어느새 작업이 완료되어 우리는 전시관 벽에 그림을 걸어 둔다. 이때, 벽에 걸리는 그림이 '기억'이다. 당신은 천재화가로서 유사 이래 그 누구도 그려본 적 없는 걸작을 완성해 냈다!

우리는 삶 속에서 일어나는 사건을 통제할 수 없다. 입맛에 맞게 환경을 바꿀 수도 없다. 그러나 사건과 환경에 대해 어떻게 반응할지는 통제할 수 있다. 생각하고 선택하면 된다! 사고구조와 맞춤형 사고에 담긴 힘이 얼마나 큰지 이해한 후 건강한 기억을 구축하기 위해 이 힘을 사용(통제)하면, 당신은 라이프 스타일을 바꿀 수 있다. 어떤 그림을 그리고 싶은가? 이것은 당신의 선택에 달렸다.

이 책에 소개된 여러 도구들은 성공하며 살아가도록 돕는 도구이지, 근근이 살아가도록 돕는 도구가 아니다. 이 도구들은 디지털 홍수의 위협 앞에서 우리가 어떻게 해야 의미 있는 삶을 살 수 있을지 알려 준다. 그 방법은 '깊게 생각하기', '효과적으로 배우기', '생각의 힘 통제하기'이다.

당신은 학교와 직장과 가정, 그 외 삶의 모든 영역에서 이 책에서 배운 대로 생각하고, 배우고, 성공할 것이다. 사람들이 당신을 가리켜 뭐라고 말하든, 당신이 자신을 어떻게 생각하든 상관없다. 과거에 당신에게 어떤 일이 일어났든 상관없다. 이제 당신은 그동안 꿈꾸어 왔던 삶을 살아갈 수 있다. 선택은 당신의 몫이다.

부록

여기에는 몇 가지 메타인지의 예시를 싣는다. 내가 작성한 메타인지를 보며 당신도 용기를 내어 메타인지를 작성해 보라.

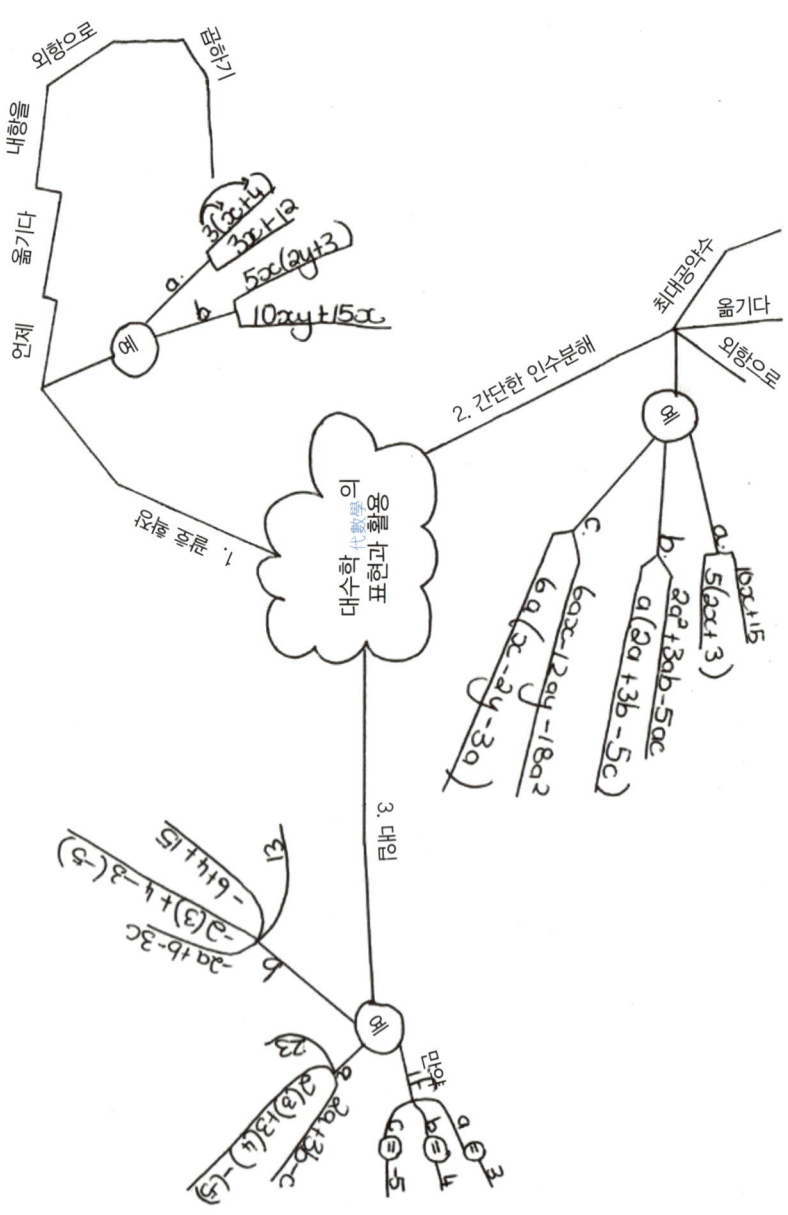

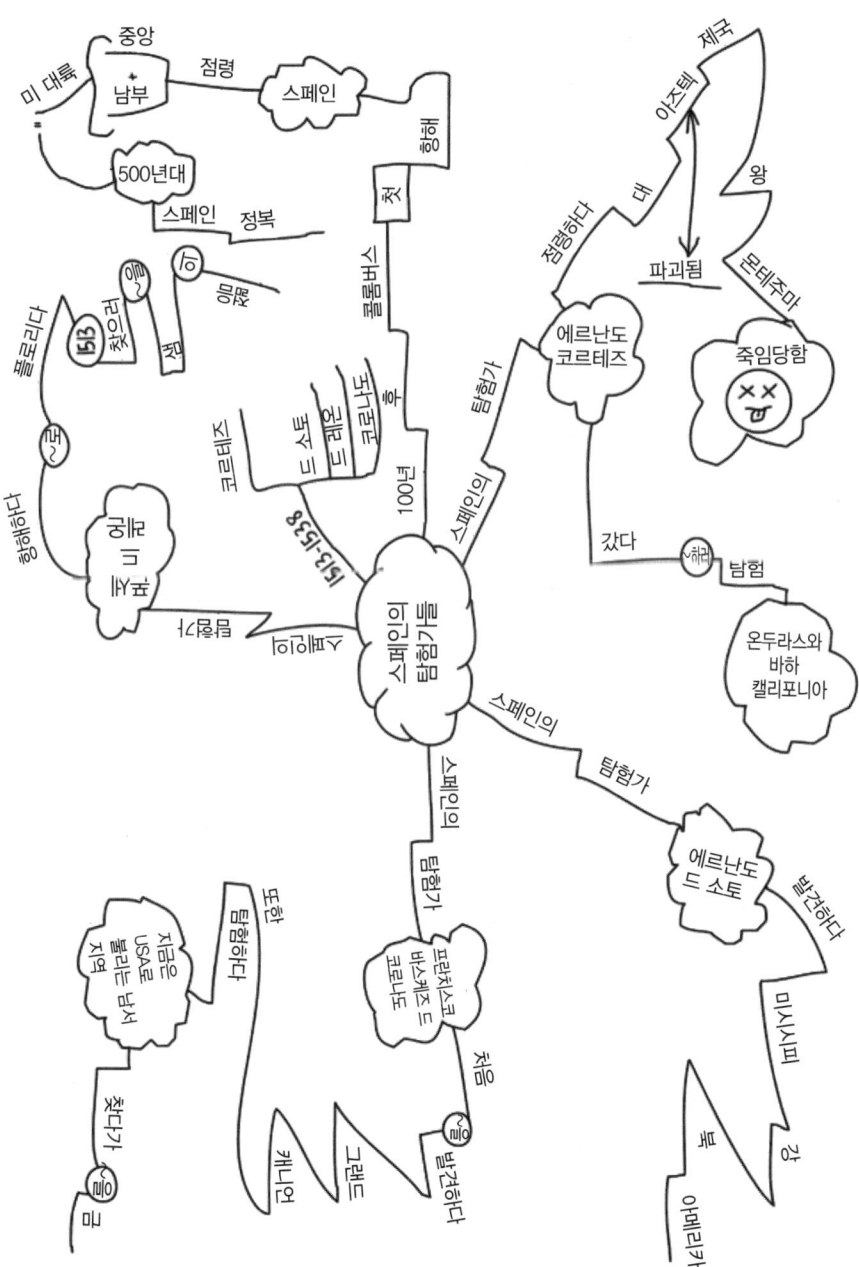

주

서문

1. 캐롤라인 리프, 《하나님이 디자인하신 완전한 나》(순전한나드, 2018).

머리말

1. 줄리안 홀트-룬스타드 외, "Loneliness and Social Isolation as Risk Factors for Mortality: A Meta-Analytic Review"(사망 위험 요인으로서의 고독과 사회적 고립: 메타분석 리뷰), 《Perspectives on Psychological Science 10, no. 2》(2015), pp. 227-37, 스테파니 카시오포 외, "Loneliness: Clinical Import and Interventions"(고독: 임상적 중요성과 개입 연구), 《Perspectives on Psychological Science 10, no. 2》(2015), pp. 238-49.
2. 필립 히키, "ADHD: A Destructive Psychiatric Hoax"(ADHD: 파괴적 정신질환), 《Mad in America》, 2016. 10. 30, https://www.madinamerica.com/2016/10/adhd-destructive-psychiatric-hoax.
3. 에릭 마이젤, "Future of Mental Health Interview Series: Interview with Joanna Moncrieff on the Myth of the Chemical Cure"(정신건강의 미래 인터뷰 시리즈: 화학적 치료의 맹신에 관하여, 조애나 몬크리프와의 인터뷰), Mad in America, 2016. 2. 15, https://www.madinamerica.com/2016/02/future-of-mental-health-interview-series-interview-with-joanna-moncrieff-on-the-myth-of-the-chemical-cure.
4. P. 킨더만, 《A Prescription for Psychiatry: Why We Need a Whole New Approach to Mental Health and Wellbeing》(정신질환에 대한 처방: 왜 우리는 정신건강과 웰빙 문제를 새롭게 다뤄야 하는가?, 런던: Palgrave Macmillan 출판, 2014).
5. 칼 베네딕트 프레이, 마이클 A. 오스본, "The Future of Employment: How Susceptible Are Jobs to Computerisation?"(직업의 미래: 노동의 '자동화' 추세에 우리의 일자리는 얼마나 민감하게 변동하는가?), 《Technological Forecasting and Social Change 114》(2017), pp. 254-80.
6. 앤디 호바스, "How Does Technology Affect Our Brains?"(기술은 우리의 뇌

를 어떻게 변화시키는가?), The Age, 2015. 6. 4, http://www.theage.com.au/national/education/voice/how-does-technology-affect-our-brains-20150604-3x5uq.html, 헤일리 크리스천 외, "Nowhere to Go and Nothing to Do but Sit? Youth Screen Time and the Association with Access to Neighborhood Destinations"(딱히 갈 곳도 없고 할 일도 없어서 그냥 앉아 있겠다고? 청소년들이 디지털 스크린을 사용하는 시간, 그리고 또래들과 함께 동네를 돌아다니는 일의 상관관계), 《Environment and Behavior 49, no. 1》(2017), pp 84-108.

7. 앤디 호바스, "How Does Technology Affect Our Brains?"(기술은 우리의 뇌를 어떻게 변화시키는가?), The Age, 2015. 6. 4, http://www.theage.com.au/national/education/voice/how-does-technology-affect-our-brains-20150604-3x5uq.html.

8. 토니 슈워츠, 크리스틴 포라스, "Why You Hate Work"(왜 우리는 일하기 싫어하는가), 뉴욕타임즈, 2014. 5. 30, https://www.nytimes.com/2014/06/01/opinion/sunday/why-you-hate-work.html.

9. 루트거 브레그먼, "Poverty Isn't a Lack of Character; It's a Lack of Cash"(가난은 인격의 핍절이 아니라 현금의 핍절이다), TED 동영상, 2017. 4월 녹화. TED 2017, 13분 59초, https://www.ted.com/talks/rutger_bregman_poverty_isn_t_a_lack_of_character_it_s_a_lack_of_cash/transcript.

10. 폴 A. 하워드-존스, "Neuroscience and Education: Myths and Messages"(신경과학과 교육: 신화와 메시지), 《Nature Reviews Neuroscience 15, no. 12》(2014), pp. 817-24.

11. 켈리 맥도널드 외, "Dispelling the Myths: Training in Education or Neuroscience Decreases but Does Not Eliminate Beliefs in Neuromyths"(신화 축출: 교육 및 신경과학 훈련은 신경신화에 대한 믿음을 낮추긴 한다. 그러나 완전히 제거되지는 못한다), 《Fronties in Psychology 8》(2017), p. 1314.

12. 켈리 맥도널드.

13. 재크 피트코우, 도라 E. 안젤라키, "Inference in the Brain: Statistics Flowing in Redundant Population Codes"(뇌의 추론 활동: 중복되는 인구 코드에 넘쳐나는 통계치들), 《Neuron 94, no. 5》(2017), pp. 943-53.

14. 맥도널드 외, "Dispelling the Myths"(신화 축출).

15. 캐롤라인 리프, "The Mind Mapping Approach: A Model and Framework for Geodesic Learning"(생각 지도 접근법: 측지 학습법의 모델, 출판되지 않은 박사학위

논문, 남아프리카 공화국 프리토리아, 프리토리아 대학, 1997).

16. 타일러 L. 해리슨 외, "Working Memory Training May Increase Working Memory Capacity but Not Fluid Intelligence" (작업 기억 훈련은 업무 메모리 용량을 증가시킨다. 그러나 유동적 지성은 증가시키지 못한다), 《Psychological Science 24, no. 12》 (2013), pp. 2409-19.

17. 다니엘 J. 시몬스 외, "Do Brain-Training Programs Work?" (뇌 훈련 프로그램은 효과가 있는가?), 《Psychological Science in the Public Interest 17, no. 3》(2016), pp. 103-86.

18. 컬릭 & 쇼어스, "뇌 훈련."

19. 모니카 멜비-러바즈, 토마스 S. 레딕, 찰스 흄, "Working Memory Training Does Not Improve Performance on Measures of Intelligence or Other Measures of 'Far Transfer' Evidence from a Meta-Analytic Review" (작업 기억 훈련은 IQ테스트 등의 지성 측정 시험에서의 성과를 높여 주지 못한다. 또한 학습의 원전이[遠轉移, Far Transfer] 테스트에서도 좋은 성적을 보장해 주지 못한다. 메타분석 리뷰를 통한 증거), 《Perspectives on Psychological Science 11, no. 4》(2016), pp. 512-34.

20. 슈바이고퍼 외, "작업 기억 훈련은 전이되는가?"

21. 캐롤라인 리프, "생각 지도 접근법."

22. 캐롤라인 리프, "The Mind Mapping Approach: A Therapeutic Technique for Closed Head Injury" (생각 지도 접근법: 폐쇄성 뇌손상에 대한 치료 기술, 출판되지 않은 석사 학위 논문, 남아프리카 공화국 프리토리아, 프리토리아 대학교 1990); 캐롤라인 리프, 《하나님이 디자인하신 완전한 나》(순전한나드 출판), 캐롤라인 리프, 《뇌의 스위치를 켜라》(순전한나드 출판).

1장

1. 울리히 W. 베거, 스티븐 러프난, "Mobilizing Unused Resources: Using the Placebo Concept to Enhance Cognitive Performance" (사용되지 않은 자원들을 동원하다: 인지적 행동을 증진하기 위해 플라시보 개념을 적용하다), 《The Quarterly Journal of Experimental Psychology 66, no. 1》(2013), pp. 23-28.

2. 엘렌 J. 랭어, 《반시계 방향》.

3. 린 맥태거트, 《The Intention Experiment: Using Your Thoughts to Change Your Life and the World》(의도 실험: 생각을 사용하여 자신의 삶과 세계를 변화시킨다, 뉴욕: Atria 출판, 2008, 킨들버전 loc), pp. 160-61.

4. 맥태거트, 《의도 실험》.
5. 파브리치오 베네데티 외, "When Words Are Painful: Unraveling the Mechanisms of the Nocebo Effect"(말 때문에 상처를 받을 때: 노시보 효과의 메커니즘을 파헤치다), 《Neuroscience 147, no. 2》(2007), pp. 260-71.
6. 파브리치오 베네데티, 엘리사 칼리노, 안토넬라 폴로, "How Placebos Change the Patient's Brain"(플라시보 효과는 환자의 뇌를 어떻게 변화시키는가?), 《Neurosychopharmacology 36, no. 1》(2011), pp. 339-54.
7. Ibid.
8. 제이미슨, 멘데스, 녹, "Improving Acute Stress Responses"(급성스트레스 반응 개선).
9. H. P. 스태프, "Quantum Interactive-Dualism: An Alternative to Materialism"(양자 교류 이원론: 유물론의 대안), 《Journal of Religion and Science 3》(2006), doi:10.1111/j.1467-9744.2005.00762.x, http://www-atlas.lbl.gov/~stapp/QID.pdf.
10. 브룩스, "Get Excited"(흥분하라).
11. 모나 데코븐 피쉬베인, "Wired to Connect: Neuroscience, Relationships and Therapy"(연결되다: 신경과학, 관계와 치료법), 《Family Process 46, no. 3》(2007), pp. 395-412.
12. 알렉스 폴, 제이나 체이커, 피오나 도이치, "Hypothalamic Regulation of Regionally Distinct Adult Neural Stem Cells and Neurogenesis"(지역적으로 분리된 성인의 신경 줄기세포와 신경 발생에 대한 시상하부의 규제), 《Science》(2017), eaal 3839.
13. 쇼얼스 외, "Use It or Lose It"(사용하든지 버리든지).
14. 알렉스 폴, 제이나 체이커, 피오나 도이치, "시상하부의 규제."
15. 푸젱 구오 외, "Pyramidal Neurons Are Generated from Oligodendroglial Progenitor Cells in Adult Piriform Cortex"(피라미드 모양의 뉴런은 조롱박 피질 안의 핍지 원종 세포에 의해 생성된다), 《Journal of Neuroscience 30, no. 36》(2010), pp. 12036-49.
16. 댄 G. 블레이저, 라일라 M. 헤르난데스 편집, 《Genes, Behavior, and the Social Environment: Moving Beyond the Nature/Nurture Debate》(유전자, 습성, 그리고 사회 환경: 자연/양육 논의 너머로, 워싱턴 DC: National Academies Press 출판, 2006).
17. Ibid.
18. Ibid.

19. Ibid.
20. 데어드레 A. 로버트슨, 로즈 앤 케니, "Negative Perceptions of Aging Modify the Association between Frailty and Cognitive Function in Older Adults"(노화에 대한 부정적 인식은 노인의 연약함과 인식 기능 사이의 연계를 수정한다), 《Personality and Individual Differences 100》(2016), pp. 120-25.
21. 패트릭 L. 힐, 그랜트 W. 에드먼즈, 사라 E. 햄프슨, "A Purposeful Lifestyle Is a Healthful Lifestyle: Linking Sense of Purpose to Self-Rated Health through Multiple Health Behaviors"(목적 있는 삶이 건강한 삶이다: 다양한 건강 습관을 통해 목적에 대한 감각을 스스로 평가한 건강 정도에 연계함), 《Journal of Health Psychology》(2017), pp. 1-9.
22. 캐롤라인 리프, 《Think and Eat Yourself Smart》(똑똑하게 생각하고 똑똑하게 먹으라, 그랜드 래피즈: Baker Books 출판, 2016).
23. 니콜라스 체르뷘 외, "Validated Alzheimer's Disease Risk Index Is Associated with Smaller Volumes in the Default Mode Network in the Early 60s"(60년대 초반, 공인 알츠하이머 위험도 색인은 초기화 네트워크 내의 소규모 색인과 연계됨), 《Brain Imaging and Behavior》(2017), pp. 1-10.
24. 수잔 C. 세거스트롬, "Optimism and Immunity: Do Positive Thoughts Always Lead to Positive Effects?"(낙관주의와 면역력: 긍정적인 생각은 항상 긍정적인 효과를 불러오는가?), 《Brian, Behavior, and Immunity 19, no. 3》(2005), pp. 195-200.
25. Ibid.
26. 캐롤라인 리프, 《뇌의 스위치를 켜라》(순전한나드 출판).
27. 캐롤라인 리프, 《뇌의 스위치를 켜라》(순전한나드 출판), 《하나님이 디자인하신 완전한 나》(순전한나드 출판).
28. Ibid.
29. 캐롤라인 리프, 우이스, B. 루, "An Alternative Non-Traditional Approach to Learning: The Metacognitive-Mapping Approach"(학습에 대한 새로운 접근: 메타인지 지도 접근), 《The South African Journal of Communication Disorders 45》(1998), pp. 87-102.

2장

1. 미국 심리학회, "Stress in America: Coping with Change"(미국의 스트레스: 변화에 대처하다), 《Stress in America™ Survey》(2007).

2. 티모시 D. 윌슨 외, "Which Would You Prefer - Do Nothing or Receive Electric Shocks!"(당신은 무엇을 더 선호하는가? 아무것도 안 하는 것, 아니면 전기 충격을 받는 것),《Science 345, no. 6192》(2014), pp. 75-77.
3. 데이비드 Z. 모리스, "Less Work, Less Sex, Less Happiness: We're Losing Generation Z to the Smartphone"(줄어든 노동, 섹스, 행복: 우리는 Z세대를 스마트폰에게 빼앗겼다),《Fortune》(2017), http://amp.timeinc.net/fortune/2017/08/06/generation-z-smartphone-depression/?source=dam.
4. 트웽,《Generation Me》('나' 세대).
5. 데이비드 블랙웰 외, "Extraversion, Neuroticism, Attachment Style and Fear of Missing Out as Predictors of Social Media Use and Addiction"(외전, 신경과민, 집착하는 스타일, 잊혀질 것에 대한 두려움 등은 SNS 사용 및 중독으로 인한 문제),《Personality and Individual Differences 116》(2017), pp. 69-72.
6. 크리스틴 A. 고드윈 외, "Functional Connectivity within and between Intrinsic Brain Networks Correlates with Trait Mind Wandering"(뇌 네트워크의 기능적 연계는 '멍 때리기'와 연관되다),《Neuropsychologia 103》(2017), pp. 140-53.
7. Ibid.
8. 칼리나 크리스토프 외, " Mind-Wandering as Spontaneous Thought: a Dynamic Framework"(임의적인 생각으로서의 '멍 때리기': 역동적 프레임),《Nature Reviews Neuroscience 17, no. 11》(2016), pp. 718-31.
9. Ibid)
10. 캐롤라인 리프,《뇌의 스위치를 켜라》(순전한나드 출판), 매튜 L. 딕슨 외, "Interaction between the Default Network and Dorsal Attention Network Vary across Default Subsystems, Time, and Cognitive States"(초기화 네트워크와 배측주의 신경망의 교류는 초기 하부시스템, 시간, 인지 상태 전반에 걸쳐 다양하다),《Neuroimage 147》(2017), pp. 632-49.
11. Ibid.
12. Ibid.
13. Ibid.
14. 체르빈 외, "공인 알츠하이머 위험도 색인."
15. 캐롤라인 리프,《하나님이 디자인하신 완전한 나》(순전한나드 출판).
16. 캐리 K. 모어웨지, 콜린 기블린, 마이클 I. 노튼, "The Perceived Meaning of Spontaneous Thoughts"(임의적 생각의 의미),《Journal of Experimental

Psychology: General 143, no. 4》(2014), pp. 1742-54.
17. 캐롤라인 리프, 《하나님이 디자인하신 완전한 나》(순전한나드 출판).
18. 리처드 모울딩 외, "They Scare Because We Care: The Relationship between Obsessive Intrusive Thoughts and Appraisals and Control Strategies across 15 Cities"(우리가 신경쓰기 때문에 그들은 두려워한다: 강박적이고 강압적인 생각들과 평가의 관계 그리고 15개 도시에 대한 통제 전략), 《Journal of Obsessive-Compulsive and Related Disorders 3, no. 3》(2014), pp. 280-91.
19. Ibid.
20. 로버트 베레진, "Psychiatric Diagnosis Is a Fraud: The Destructive and Damaging Fiction of Biological Diseases"(정신병 진단은 사기이다: 생태학 질병의 파괴적인 허구), 《Mad in America》(2016).
21. 윌리엄 H. 데이비스, "Leisure Poem"(여가 시), 《The Collected Poems of William H. Davies》(뉴욕: A. A. Knopf 출판, 1927), p. 18 - 역자의 번역.
22. "Is Cell Phone Radiation Safe?"(휴대전화 전자파는 안전한가?), ProCon.org, https://cellphones.procon.org), 전자기기 사용도/의존도를 줄여 보라.

3장

1. 존 사르노, 《통증 유발자, 마음》(The Divided Mind: The Epidemic of Mindbody Disorders, 승산 출판).
2. 캐롤라인 리프, 《뇌의 스위치를 켜라》.
3. Ibid.
4. Ibid.
5. Ibid.
6. 캐롤라인 리프, 우이스, 루, "학습에 대한 새로운 접근."
7. 제이슨 S. 모저 외, "Third-Person Self-Talk Facilitates Emotion Regulation without Engaging Cognitive Control: Converging Evidence from ERP and fMRI"(3인칭 관점의 혼잣말은 인지적 통제 없이도 감정을 규제할 수 있다: ERP와 fMRI 증거들을 한데 모음), 《Scientific Reports 7, no. 1》(2017), p. 4519.
8. 소냐 J. 루피엔 외, "Effects of Stress throughout the Lifespan on the Brain, Behavior and Cognition"(스트레스가 뇌, 습관, 인지에 미치는 효과), 《Nature Reviews Neuroscience 10, no. 6》(2009). pp. 434-45.

9. 마리안 클리브스 다이아몬드, 《Enriching Heredity: The Impact of the Environment on the Anatomy of the Brain》(유전을 풍성하게: 뇌에 미치는 환경의 영향, 뉴욕: Free Press 출판, 1988).
10. 존 드 마도, "The Cognitive Benefits of Bilingualism/Biliteracy"(이중언어 사용 인지의 유익), 《JDMLS》(2018).
11. 캐롤라인 리프, "생각 지도 접근법."
12. 캐롤라인 리프, "생각 지도 접근법."
13. 루드비히 H. 하이든리히, "Leonardo da Vinci, Architect of Francis I"(프란시스 1세의 건축가 레오나르도 다 빈치), 《The Burlington Magazine 94, no. 595》(1952), pp. 277-85.

4장

1. 캐롤라인 리프, 《뇌의 스위치를 켜라》(순전한나드 출판).
2. 다이앤 아라투지크, "Effects of Cognitive-Behavioral Strategies on Pain in Cancer Patients"(암 환자의 고통에 미치는 인지 습성 전략의 효과), 《Cancer Nursing 17, no. 3》(1994), pp. 207-14.
3. 리버만 외, "Putting Feelings into Words"(느낌을 언어로 표현하다), 뇌편도체에서 다뤄지는 주된 감각은 '공포'이다. 편도체는 공포를 느끼게 하는 데 중요한 역할을 한다. 그러므로 편도체의 활동이 둔해지는 것은 좋은 일이다 - 역자 주.

5장

1. 무에삼 외, "The Embodied Mind"(구체화된 마음).
2. 리사 펠드먼 배럿, "You Aren't at the Mercy of Your Emotions - Your Brain Creates Them"(당신은 감정에 휘둘리지 않는다 - 감정을 만들어내는 것은 뇌이다), TED talk, 2017년 12월 녹화. TED@IBM, 18분 29초.
3. 캐롤라인 리프, 《Who Switched Off My Brain: Controlling Toxic Thoughts and Emotions》(누가 내 뇌의 스위치를 껐는가: 유해한 생각과 감정을 통제하다, 내슈빌: Thomas Nelson 출판, 2009).

6장

1. 세이마 노린, 레이넷 N. 비어만, 말콤 D. 맥레오드, "Forgiving You Is Hard, but Forgetting Seems Easy: Can Forgiveness Facilitate Forgetting?"(당신을 용

서하는 것은 어렵지만 잊는 것은 쉬운 것 같다: 용서가 망각을 불러들일 수 있는가?), 《Psychological Science 25, no. 7》(2014), pp. 1295-302.
2. 나타니엘 G. 웨이드 외, "Efficacy of Psychotherapeutic Interventions to Promote Forgiveness: A Meta-Analysis"(용서를 증진하기 위한 정신치료의 효력: 메타분석), 《Forgiveness Therapy》(2014), p. 154.
3. 인드라젯 파틸 외, "Neuroanatomical Correlates of Forgiving Unintentional Harms"(용서의 신경해부학적 상관관계, 의도치 않은 해악), 《Scientific Reports 7》 (2017).
4. 메요 클리닉, "Learning to Forgive May Improve Well-Being"(용서하는 법을 배우면 삶의 질이 높아질 것이다), 《ScienceDaily》(2008년 1월).
5. Ibid.

7장

1. UC 버클리 Greater Good Science 센터, "Emilianna R. Simon-Thoms: Profile"(에밀리아나 R. 사이먼-토머스 프로파일), 《Greater Good Magazine》.
2. 켄트 C. 베리지, "Liking and Wanting Food Rewards: Brain Substrates and Roles in Eating Disorders"(좋아하고 원하는 음식 보상: 섭식 장애에 미치는 뇌의 기저[회로]판와 역할) 《Physiology & Behavior 97, no. 5》 2009. pp. 537-50.
3. 아코르, 《행복의 유익》.
4. 소냐 류보미르스키, 로라 킹, 에드 디에너, "The Benefits of Frequent Positive Affect: Does Happiness Lead to Success?"(긍정적 감정을 자주 가질 때 얻는 유익: 행복은 성공으로 이어지는가?), 《PubMed》 2005. p. 803.
5. 아코르, 《행복의 유익》.
6. Ibid.
7. Ibid.
8. 엘렌 베스 레빗, "University of Maryland School of Medicine Study Shows Laughter Helps Blood Vessels Function Better"(메릴랜드 의과 대학의 연구결과: 웃음은 혈관 기능을 개선한다), 《University of Maryland Medical Center》(2009).
9. Ibid.
10. Ibid.
11. Ibid.
12. 로버트 R. 프로빈, "Laughter as an Approach to Vocal Evolution: The Bipedal

Theory"(음성 진화 연구 접근 방식으로서의 웃음: 두 페달 이론), 《Psychonomic Bulletin & Review 24, no. 1》 2017. pp. 238-44.
13. 루비 T. 네들러, 라헬 라비, 존 폴 민다, "Better Mood and Better Performance"(더 나은 감정, 더 나은 성과), 《Psychological Science 21, no. 12》 2010. pp. 1770-76.

8장

1. 자밀 P. 반지, 마우리시오 R. 델가도, "Perceived Control Influences Neural Responses to Setbacks and Promotes Persistence"(인식된 통제는 실패에 대한 신경의 반응에 영향을 주며 끈기를 증진시킨다), 《Neuron 83, no. 6》 2014. pp. 1369-75.
2. 필리파 랄리 외, "How Are Habits Formed: Modelling Habit Formation in the Real World"(습관은 어떻게 형성되는가: 실제 세상에서 습관 형성 방식의 모델), 《European Journal of Social Psychology 40, no. 6》 2010. pp. 998-1009.

9장

1. 닐 개럿, 탈리 샤롯, "Optimistic Update Bias Holds Firm: Three Tests of Robustness Following Shah et al."(긍정적 편향성이 견고하게 유지되다: 세 가지 테스트), 《Consciousness and Cognition 50》 2017. pp. 12-22.
2. 루트거 예술·과학 학교, 《The Edison 9》 (2002).
3. 아코르, 《행복의 유익》.

10장

1. 프래틱 키니 외, "The Effects of Gratitude Expression on Natural Activity"(자연스런 감사 표현의 효과), 《NeuroImage 128》 (2016), pp. 1-10.
2. Ibid.
3. Ibid.
4. 알렉시스 매드리걸, "Scanning Dead Salmon in FMRI Machine Highlights Risk of Red Herrings"(FMRI 기계 안에서 죽은 연어를 스캔하기: 붉은 청어의 위험을 부각시키다), 《Wired》 (2009).
5. 로버트 A. 에몬스, 마이클 E. 맥컬러프 편집, 《The Psychology of Gratitude》(감사의 심리학, 런던: Oxford University Press 출판, 2004), p. 232.
6. 토시마사 소네 외, "Sense of Life Worth Living(Ikigai) and Morality in Japan: Ohsaki Study"(살만한 인생[이키가이] - 일본의 처세: 오사키 스터디), 《Psychosomatic

Medicine 70, no. 6》(2008), pp. 709-15.
7. 윌리 넬슨, 터크 핍킨, 《The Tao of Willie: A Guide to the Happiness in Your Heart》(윌리의 '도': 마음의 행복을 위한 가이드북, 뉴욕: Gotham 출판, 2007), p. 12.

11장

1. 로저 월쉬, "Lifestyle and Mental Health"(생활습관과 정신건강), 《American Psychologist 66, no. 7》(2011), p. 579.
2. D. B. 로페즈 루크, L. 노게라 아르티아가, "The Sense of Touch"(터치의 감정), 《Sensory and Aroma Marketing》(네덜란드 바게닝엔: Wageningen Academic Publishers 출판, 2017), pp. 472-88.
3. 케노비아 모릴, "Loneliness as Lethal: Researchers Name Social Isolation a 'Public Health Threat'"(위험한 고독: 연구자들은 사회적 고립을 '공공 보건 위험 요인'으로 부르다), 《Mad in America》(2017).
4. 홀트-룬스타드 외, "Loneliness and Social Isolation as Risk Factors for Mortality"(죽음의 위험요인으로서의 고독 및 사회적 고립).
5. Ibid.
6. Ibid.
7. 미국 심리학회 "How Do Close Relationships Lead to Longer Life?"(친밀한 대인관계가 수명을 늘리는 이유), 《ScienceDaily》(2017).
8. 후세오 B. 박, 《The Eight Answers for Happiness》(행복에 대한 여덟 가지 답, 블루밍턴: Xlibris 출판, 2014), p. 105.
9. 홀트-룬스타드, "죽음의 위험요인."
10. Ibid.
11. 더 많은 것을 알고 싶으면 www.wholemindproject.com을 검색해 보라.
12. 딕슨 치반다 외, "Effect of a Primary Care-Based Psychological Intervention on Symptoms of Common Mental Disorders in Zimbabwe: A Randomized Clinical Trial"(짐바브웨에서 일반 정신장애 증상에 대한 심리 치료: 무작위 임상 실험), 《JAMA 316, no. 24》(2016), pp. 2618-26.

12장

1. 홀트-룬스타드 외, "죽음의 위험요인."
2. 브룩 C. 피니 외, "Predicting the Pursuit and Support of Challenging Life

Opportunities"(인생의 위험의 목적과 도움을 예상하다), 《Personality and Social Psychology Bulletin 43, no. 8》(2017), pp. 1171-87.
3. 프랭크 J. 인퍼나, 수니야 S. 루터, "Resilience to Major Life Stressors Is Not as Common as Thought"(주요 스트레스 요인에 대해 유연성을 갖는 것은 생각만큼 쉽지 않다), 《Perspectives on Psychological Science 11, no. 2》(2016), pp. 175-94.
4. 홀트-룬스타드 외, "죽음의 위험요인."
5. M. J. 파울린 외, "Giving to Others and the Association between Stress and Morality"(다른 사람에게 손 내밀기, 그리고 스트레스와 죽음의 연계), 《Am J Public Health 103, no. 9》(2013), pp. 1649-55.
6. 아코르, "긍정적 지성."
7. Ibid.

13장

1. 제이미슨, 멘데스, "급성 스트레스 반응 개선", 낸시 L. 신 외, "Linking Daily Stress Processes and laboratory-Based Heart Rate Variability in a National Sample of Midlife and Older Adults"(매일의 스트레스와 실험실 기반의 심장박동수 연관성: 중년과 노년 대상), 《Psychosomatic Medicine 78, no. 5》(2016), pp. 573-82.
2. Ibid.
3. Ibid.
4. ibid.
5. ibid.
6. 크럼, 샐로비, 아코르, "Rethinking Stress"(스트레스를 다시 생각하다).

14장

1. 크럼, 랭어, "Mind-set matters"(사고구조가 문제다).
2. Ibid.
3. 존 D. 레빈, 뉴턴 C. 고든, 하워드 L. 필즈, "The Mechanism of Placebo Analgesia"(통증을 느끼지 못하게 하는 플라시보 효과 메커니즘), 《The Lancet 312, no. 8091》(1978), pp. 654-57).
4. 마티나 아만지오, 파브리지오 베네데티, "Neuropharmacological Dissection of Placebo Analgesia: Expectation-Activated Opioid System versus Conditioning-Activated Specific Subsystems"(통증을 느끼지 못하게 하는 플라시보 효과의 신경약

물학적 정밀 검사: 기대를 통해 활성화되는 아편계 약물 시스템 vs. 조건적으로 활성화되는 특정 하부 시스템〉, 《Journal of Neuroscience 19, no. 1》(1999), pp. 484-94.
5. 조 마찬트, "Placebos: Honest Fakery"(플라시보: 선의의 거짓말), 《Nature 535, no. 7611》(2016), pp. S14-15.
6. Ibid.
7. Ibid.
8. 피니스 외, "Biological, Clinical, and Ethical Advances of Placebo Effects"(플라시보 효과의 생태적·임상치료적·윤리적 진보).
9. 허버트 스피겔, "Nocebo: the Power of Suggestibility"(노시보 효과: 암시성의 힘), 《Preventive Medicine 26, no. 5》(1997), pp. 616-21.
10. 파브리지오 베네데티, 엘리사 칼리노, 안토넬라 폴로, "How Placebos Change the Patient's Brain"(플라시보 효과는 환자의 뇌를 어떻게 변화시키는가), 《Neuropsychopharmacology 36, no. 1》(2011), pp. 339-54.
11. 파브리지오 베네데티 외, "When Words Are Painful: Unraveling the Mechanisms of the Nocebo Effect"(상처 주는 말: 노시보 효과의 메커니즘을 파헤치다), 《Neuroscience 147, no. 2》(2007), pp. 260-71.
12. 베네데티, 칼리노, 폴로, "플라시보 효과."

15장

1. 롤란드 베나부, 장 티롤, "Willpower and Personal Rules"(의지력과 자기 절제), 《Journal of Political Economy 112, no. 4》(2004), pp. 848-86.
2. Ibid.
3. 피터 J. 로저스, "A Healthy Body, a Healthy Mind: Long-Term Impact of Diet on Mood and Cognitive Function"(건강한 몸, 건강한 마음: 다이어트가 기분과 인식의 기능에 미치는 장기적인 영향), 《Proceedings of the Nutrition Society 60, no. 1》(2001), pp. 135-43.

16장

1. 댄 뷰트너, 《세계 장수 마을, 블루존》(The Blue Zones: 9 Lessons for Living Longer from the People Who've Lived the Longest, 살림 출판).
2. 크리스티나 M. 푸찰스키, "The Role of Spirituality in Health Care"(건강 관리에 있어서 영성의 역할), 《Proceedings 14, no. 4》(2001), p. 352.

3. Ibid)
4. 알리스터 E. 맥그래스, 《우주의 의미를 찾아서: 과학과 종교, 삶의 의미에 대하여 말하다》(Surprised by Meaning, 새물결플러스 출판).
5. 힐, 에드먼즈, 햄프슨, "목적 있는 삶이 건강한 삶이다."
6. 패트릭 L. 힐, 니콜라스 A. 투리아노 "Purpose in Life as a Predictor of Morality across Adulthood"(성인기의 도덕성은 삶의 목적 여부로 가늠할 수 있다), 《Psychological Science 25, no. 7》(2014), pp. 1482-86.
7. 빅터 에밀 프랭클, 《죽음의 수용소에서: 죽음조차 희망으로 승화시킨 인간 존엄성의 승리》(Man's Search for Meaning: An Introduction to Logotherapy from Death-Camp to Existentialism, 청아 출판사).

17장

1. 빙햄턴 대학, "Researchers Can Identify You by Your Brain Waves with 100 Percent Accuracy"(연구가들은 당신의 뇌파로 100% 정확하게 당신을 찾아낼 수 있다), 《Science Daily》(2016)
2. 팀 스펙터, "Identically Different: Tim Spector at TED, YouTube Video"(동일하게 다르다, 팀 스펙터 TED 강연), YouTube, https://youtu.be/1W5SeBYERNI.
3. 아타나시아 D. 파노파울로스 외, "Aberrant DNA Methylation in Human iPSCs Associates with MYC-Binding Motifs in a Clone-Specific Manner Independent of Genetics"(인간의 만능유도줄기세포 내 DNA 탈메틸화는 유전학과 별개의 클론 방식 내 MYC 바인딩과 연계된다), 《Cell Stem Cell 20, no. 4》(2017), pp. 505-17.
4. Ibid)
5. 소피아 네모다, 모쉐 스지프, "Epigenetic Alterations and Prenatal Maternal Depression"(후성유전적 변화와 출산 전 산모의 우울증), 《Birth Defects Research 109, no. 12》(2017), pp. 888-97.
6. B. H. 립턴, "Insight into Cellular Consciousness"(세포 인식에 대한 통찰), 캐롤 S. 드웩, 《마인드셋: 원하는 것을 이루는 태도의 힘》(Mindset: The New Psychology of Success, 스몰빅라이프 출판).
7. Ibid.
8. 캐롤라인 리프, 《뇌의 스위치를 켜라》(순전한나드 출판).
9. Ibid.
10. Ibid.

11. 캐롤라인 리프, 《하나님이 디자인하신 완전한 나》(순전한나드 출판).
12. Ibid.
13. 조안나 몬크리에프, "Philosophy Part 3: Knowledge of Mental States and Behavior - Insights from Heidegger and Others"(철학 3부: 지식과 정신 상태, 그리고 습관 - 하이데거 및 다른 철학자로부터의 통찰), Joannamoncrieff.com.
14. 마이클 폴란, 《잡식동물의 딜레마》(The Omnivore's Dilemma: A Natural History of Four Meals, 다른 세상 출판).
15. 데이비드 J. 차머스, 《The Conscious Mind: In Search of a Fundamental Theory》(의식의 마음: 근간을 이루는 이론 연구, 런던: Oxford University Press 출판, 1996).
16. 샐리 사텔, 스캇 O. 릴리엔펠드, 《세뇌: 무모한 신경과학의 매력적인 유혹》(Brainwashed: The Seductive Appeal of Mindless Neuroscience, 생각과사람들 출판).
17. 브라이언 레스닉, "There's a Lot of Junk FMRI Research out There"(말도 안 되는 fMRI 연구가 너무 많다), 《Proceedings of the National Academy of Science 113, no. 28》(2016), pp. 7900-05.
18. Ibid.
19. 매드리걸, "죽은 연어 스캔."
20. Ibid.
21. 로버트 M. G. 라인하르트, "Disruption and Rescue of Interareal Theta Phase Coupling and Adaptive Behavior"(세타 단계의 연결과 적응 습관의 분열과 구조), 《Proceedings of the National Academy of Sciences》(2017), pp. 11542-47.
22. 스태프, "양자적 상호 교류 이원론."
23. 헨리 P. 스태프, 《Mind, Matter and Quantum Mechanics》(마음, 물질, 양자역학, 베를린: Sppringer 출판, 2009).
24. 캐롤라인 리프, "생각 지도 접근법."
25. 스태프, "Minds and Values in the Quantum Universe"(양자 우주에서 마음과 가치) 《Information and the Nature of Reality from Physics to Metaphysics》(2014), p. 157.
26. 로저 펜로즈, 《유행, 신조, 그리고 공상》(Fashion, Faith, and Fantasy in the New Physics fo the Universe, 승산 출판).
27. 로저 펜로즈, 《황제의 새 마음: 컴퓨터, 마음, 물리법칙에 관하여》(The Emperor's New Mind: Concerning Computers, Minds, and the Laws of Physics, 이화여자대학교

출판부).

28. Ibid., p. 423.
29. Ibid.
30. 닥터 수스, 《Happy Birthday to You》(닥터 수스의 생일 축하해, 뉴욕: Random House 출판, 1959).
31. 캐롤라인 리프, "생각 지도 접근법."
32. 스티븐 J. 디어몬드, 매들린 M. 푸스코, 메이나드 M. 듀이, 《Structure of the Human Brain》(인간의 뇌 구조, 뉴욕: Oxford University Press 출판, 1989).
33. J. 포도르, 《The Modularity of Mind》(마음의 모듈방식, 케임브리지: MIT/Bradford 출판, 1989), 피터 킨더만, 《The New Laws of Psychology: Why Nature and Nurture Alone Can't Explain Human Behavior》(심리학의 새 법칙: 왜 자연과 양육만으로는 인간의 습성을 설명할 수 없는가, 런던: Robinson 출판, 2014).
34. Ibid.
35. Ibid.
36. 캐롤라인 리프, "생각 지도 접근법."

18장

1. 스튜어트 해머로프, 로저 펜로즈 "Consciousness in the Universe: A Review of the 'Orch OR' Theory"(우주 안에서의 의식: Orch OR 이론), 《Physics of Life Review 11, no. 1》(2014), pp. 39-78.
2. Ibid.
3. Ibid.
4. 하루에 몇 가지의 생각을 하는가에 대한 연구결과는 다양하다. 찰리 그리어가 말했다. "국립 과학 재단에서 흥미로운 통계를 발표했다. 우리는 한 시간에 대략 1,000가지 생각을 한다고 한다. 글을 쓰는 중에는 달라진다. 약 한 시간 반 동안 2,500가지의 생각을 한다. 평범한 사람은 하루 중 대략 12,000가지의 생각을 한다. 그러나 깊은 사고를 습관화한 사람은, 매일 50,000가지 이상의 생각을 한다."
5. 캐롤라인 리프, "생각 지도 접근법."
6. Ibid.
7. 해럴드 패쉴러 외, "Learning Styles: Concepts and Evidence"(학습스타일: 개념과 증거), 《Psychological Science in the Public Interest 9, no. 3》(2008), pp. 105-19.
8. Ibid.

9. 패쉴러 외, "학습스타일."
10. 필립 M. 뉴턴, "The Learning Styles Myth Is Thriving in Higher Education"(고등 교육과정에서 여전히 횡행하는 학습스타일 신화), 《Frontiers in Psychology 6》(2015), p. 1908.
11. 론 핀리, "A Guerilla Gardener in South Central LA"(LA 남중앙부의 게릴라 정원사), YouTube video, TED강연.
12. 프로파일 완본을 원한다면 Perfectly You 앱을 확인해 보라(www.perfectlyyou.com).

19장

1. 빙햄턴 대학, "연구자들은 당신의 뇌파로 당신을 확인한다."
2. 와이즈만 과학 기구, "후각 지문."
3. D. 새뮤엘 슈와즈코프, 첸 송, 거레인트 리스, "The Surface Area of Human V1 Predicts the Subjective Experience of Object Size"(인간의 V1 표면은 물체 크기의 주관적 경험을 예견한다), 《Nature Neuroscience 14, no. 1》(2011), pp. 28-30.
4. 모란 거쇼니, 슈무엘 피에트로콥스키, "The Landscape of Sex-Differential Transcriptome and Its Consequent Selection in Human Adults"(성별 전사체와 성년기에 이르러, 성별에 따른 선택), 《BMC Biology 15, no. 1》(2017), p. 7.

20장

1. 윌러비 B. 브리튼 외, "Dismantling Mindfulness-Based Cognitive Therapy"(깊은 생각을 기반으로 한 인지 치료를 해부하다), 《Behaviour Research and Therapy》(2017).
2. 벤저민 C. 스톰, 션 M. 스톤, 애런 S. 벤저민, "Using the Internet to Access Information Inflates Future Use of Internet to Access Other Information"(정보 검색을 위해 인터넷을 사용하면, 앞으로 정보 검색을 위해 인터넷을 사용하는 횟수가 크게 증가한다), 《Memory 25, no. 6》(2017), pp. 717-23.
3. 에반 F. 리스코, 샘 J. 길버트, "Cognitive Offloading"(짐 내리기 인식하기), 《Trends in Cognitive Science 20, no. 9》(2016), pp. 676-88.
4. 스튜어트 월퍼트, "Is Technology Producing a Decline in Critical Thinking and Analysis?"(기술은 분석적 생각의 감퇴를 불러오는가?), 《UCLA Newsroom》(2009).
5. 제임스 슈뢰더, "More Bad News about Smartphones: When Will We Heed the Warnings?"(스마트폰에 대한 더 나쁜 소식: 우리는 언제 경고에 주의하겠는가?), 《Mad in

America》(2017).
6. Ibid.
7. 롭 프라이스, "Billionaire Ex-Facebook President Sean Parker Unloads on Mark Zuckerberg and Admits He Helped Build a Monster"(억만장자 페이스북 전 회장 션 파커는 마크 저커버그에게 떠넘겼다. 그리고는 자신이 괴물을 키우는 데 일조했노라 고백했다), 《Business Insider》(2017).
8. 트래비스 J. A. 크래독, 잭 A. 투진스키, 스튜어트 해머로프, "Cytoskeletal Signaling: Is Memory Encoded in Microtubule Lattices by CaMKII Phosphorylation?"(세포 골격 신호: 기억은 CaMKII 인산화를 통해 미세소관 격자무늬에 새겨지는가?), 《PLoS Computational Biology 8, no. 3》(2012).
9. 조지 캐스텔라키스 외, "Synaptic Clustering within Dendrites: An Emerging Theory of Memory Formation"(수지상돌기 안 시냅스 덩어리: 최근의 기억 형성 이론), 《Progress in Neurobiology 126》(2015), pp. 19-35.
10. 캐롤라인 리프, "생각 지도 접근법."
11. Ibid.
12. 캐롤 드웩, "Implicit Theories of Intelligence Predict Achievement across Adolescent Transition: A Longitudinal Study and an Intervention"(지성에 관한 내재적 이론: 청년기에 걸쳐 놀라운 성과를 내다 - 장기적 연구).
13. 알바로 파스칼-레오네 외, "Modulation of Muscle Responses Evoked by Transcranial Magnetic Stimulation during the Acquisition of New Fine Motor Skills"(미세 운동기술을 습득하는 동안 TMS에 의해 유발된 근육반응의 조절), 《Journal of Neurophysiology 74, no. 3》(1995), pp. 1037-45.
14. 메이건 미사르 외, "Long-Term Effects of Interference on Short-Term Memory Performance in the Rat"(쥐 실험, 단기기억 방해의 장기 효과), 《PloS one 12, no. 3》(2017).

21장

1. "1906년 생리 의학 분야 노벨상"(Nobelprize.org).
2. 레이먼드 M. 클라인, "The Hebb Legacy"(헵 유산), 《Canadian Journal of Experimental Psychology》.
3. 마크 E. J. 셰필드, 다니엘 A. 돔벡, "Calcium Transient Prevalence across the Dendritic Arbour Predicts Place Field Properties"(수지상돌기 나무에 만연한 칼슘

전이는 장소를 예측한다),《Nature 517, no. 7533》(2015), pp. 200-204.
4. 크래독, 투진스키, 해머로프, "세포 골격 신호."
5. 파나이오타 포이라지, 바틀렛 W. 멜, "Impact of Active Dendrites and Structural Plasticity on the Memory Capacity of Neural Tissue"(활동적인 수지상돌기와 구조적 가소성이 신경세포의 기억용량에 미치는 영향),《Neuron 29, no. 3》(2001), pp. 779-96.
6. 크래독, 투진스키, 해머로프, "세포 골격 신호."
7. Ibid.
8. 스태프,《Mindful Universe》(깊은 사고의 우주, 베를린: Springer 출판, 2011).
9. 포이라지, 멜, "활동적인 수지상돌기, 구조적 가소성."
10. 마이클 호이서, "Storing Memories in Dendritic Channels"(수지상돌기 통로에 기억 저장),《Nature Neuroscience 7, no. 2》(2004), pp. 98-100.
11. 스태프,《마음, 물질, 양자역학》.
12. P. C. W. 데이비스, 닐 헨드릭 그레거슨,《Information and the Nature of Reality》(정보와 실체의 본질, 캠브리지 UK: Cambridge University Press 출판, 2010), p. 85.
13. 스태프,《마음, 물질, 양자역학》.
14. 호이서, "기억 저장."
15. 크래독, 해머로프, 투진스키, "양자: 삶과 의식이 시작되는 곳",《Biophysics of Consciousness》, pp. 459-515.
16. 크래독, 투진스키, 해머로프, "세포 골격 신호."
17. 스태프,《마음, 물질, 양자역학》.
18. Ibid.
19. 해머로프, "의식, 신경생태학, 양자역학."
20. 스태프,《마음, 물질, 양자역학》.
21. 에리히 주스 외,《Decoherence and the Appearance of a Classical World in Quantum Theory》(결 어긋남과 양자이론에서의 고전적 세상, 베를린: Springer 출판, 2013).
22. 크리스토퍼 A. 푸크스, "Distinguishability and Accessible Information in Quantum Theory"(양자이론에서 정보 식별과 정보 접속),《Cornell University Library》.
23. 스태프,《마음, 물질, 양자역학》.
24. 마크 R. 로젠크봐이그, 에드워드 L. 베넷, 마리안 클리브스 다이아먼드, "Brain Changes

in Response to Experience"(경험에 대한 반응으로서 뇌가 변한다), 《Scientific American 226, no. 2》(1972), pp. 22-29.
25. 시앙 주, 코이키 J. 혼마, 부 무밍, "Shrinkage of Dendritic Spines Associated with Long-Term Depression of Hippocampal Synapses"(해마 시냅스의 장기 저하와 관계된 수지상 척추의 축소, 2004), pp. 749-57.
26. 메이건 미사르, "장기 효과, 쥐 실험."
27. 랠리 외, "How Are Habits Formed"(습관이 형성되는 방식).
28. 캐롤라인 리프, 《뇌의 스위치를 켜라》, 《하나님이 디자인하신 완전한 나》(순전한나드 출판).
29. 마야 프랑크푸르트, 빅토리아 루인, "The Evolving Role of Dendritic Spines and Memory"(수지상 척추의 진화하는 역할과 기억), 《Hormones and Behavior 74》(2015), pp. 28-36.
30. 크래독, 투진스키, 해머로프, "세포 골격 신호", 브레이즈, 샨토, "The Unbearable Lightness of 'Thinking'(참을 수 없는 '생각'의 가벼움).
31. Ibid.
32. Ibid.
33. Ibid.
34. Ibid.
35. Ibid.
36. Ibid.
37. Ibid.
38. Ibid.
39. Ibid.
40. Ibid.
41. 제프리 미슐러브, "Consciousness and the Brain, part 4: The Orchestra of the Brain with Stuart Hameroff"(의식과 뇌, 4부: 뇌의 오케스트라, 스튜어트 해머로프와의 대담), YouTube http://m.youtube.com/watch?v=hHDfGAnDedw.
42. 헨리 스태프, "Minds and Values in the Quantum Universe"(양자우주에서의 마음과 가치), 《Information and the Nature og Reality from Physic to Metaphysics》(Cambridge University Press, 2014), p. 157.
43. 스태프, "양자 상호교류 이원론."
44. 베르너 하이젠베르크, 《물리학과 철학》(Physics and Philosophy, 온누리 출판).

45. 존 폰 노이먼, 《Mathematical Foundations of Quantum Mechanics》(양자역학의 수학적 기초, 프린스턴: Princeton University Press 출판, 1955).
46. Ibid.
47. 스태프, "양자 상호교류 이원론", pp. 43-59.
48. M. 뷰어가드 외, "Quantum Physics in Neuroscience and Psychology: A Neurophysical Model of Mind-Brain Interaction"(신경과학과 심리학에서의 양자물리학: 생각과 뇌의 연계성을 살피는 신경물리학 모델).
49. 키스 워드, '새로운 무신론자들'(YouTube 영상).
50. J. S. 벨, 《Speakable and Unspeakable in Quantum Mechanics》(양자역학에서 말할 수 있는 것과 말할 수 없는 것).

22장

1. 벨, 《양자역학에서 말할 수 있는 것과 말할 수 없는 것》.
2. 하워드 가드너, 《Frames of Mind》(마음의 틀, 뉴욕: Basic Books 출판, 2011년).
3. 캐롤라인 리프, 《뇌의 스위치를 켜라》(순전한나드 출판).
4. "리벳 실험"《The Information Philosopher》(정보 철학자), 2016년 10월 28일 복원, http://www.informationphilosopher.com/freedom.libet_experiments.html.
5. C. S. 순 외, "인간의 뇌 속 자유 결정의 무의식적 결정 요인", 《Nature Neuroscience 11》 no. 5, 2008년 4월 13일 pp. 543-545, doi:10.1038/nn.2112.
6. "리벳의 실험."
7. C. S. 헤르만 외, "Analysis of a Choice-Reaction Task Yields a New Interpretation of Libet's Experiments"(선택-반응 분석은 리벳 실험에 새로운 해석을 가한다), 《International Journal of Psychophysiology 67》(2008). p. 156.
8. Ibid.
9. 벤저민 리벳, 《Mind Time: The Temporal Factor in Consciousness》(마음의 시간: 의식의 일시적 요인, 메사추세츠: Harvard University Press 출판, 2004년).
10. D. 데넷 외, 《Neuroscience and Philosophy: Brain, Mind, and Language》(신경과학과 철학: 뇌, 마음, 언어, 뉴욕: Columbia University Press 출판, 2007년).
11. 쉬라 사르디 외, "Adaptive Nodes Enrich Nonlinear Cooperative Learning"(적응된 노드를 통해 비선형 학습이 풍성해진다), 《Scientific Reports 8》(2008), pp. 1-10.